獻給

為基督作證的忠誠、剛毅尚在考驗和痛苦中的

中華天主兒女

作者、編者及海外主內兄弟姊妹敬獻

二〇〇一、十二、八

封面簡介：

本書作者胡美玉女士將她坎坷的一生，以及為信仰所走過的路程，寫成本書，取名《樂在苦中》。按上海話，「樂」與「鹿」同音，因此本書編者以「鹿在苦中」影喻「樂在苦中」。封面中的三隻小鹿，優遊自在地在苦中奔跑、跳躍。這裡有十字架的苦、茨冠的痛，和在死亡邊緣的悲慘情景。然而作者仍像那些小鹿一樣，在天父的愛中自由自在地跳躍，化悲痛為喜樂，直到今天。深信作者因本書的出版和讀者的回響，一定會更堅強，更充實地走下去，願天主降福她！

目　　錄

序 —— 錢彌格神父

序 —— 顧光中神父

前　言　1

第　一　章　迷　惘　4

第　二　章　尋尋覓覓　7

第　三　章　找到寶藏　9

第　四　章　聖母軍——聖教會的急先鋒　17

第　五　章　我家的掃祿變成了保祿　21

第　六　章　見縫插針　26

第　七　章　冰封的愛情　30

第　八　章　我家的兩隻大老虎　33

第　九　章　平凡中的不平凡　36

第　十　章　一次不尋常的迎聖母　41

又第　十　章　六月十五日「九　八」的前奏曲　44

第十一章　暫　停　49

第十二章　山雨欲來風滿樓　52

第十三章　我們和聖母一起誕生　59

第 十 四 章	審　訊	63
第 十 五 章	她是地上的鹽	70
第 十 六 章	她是桌上的燈	73
第 十 七 章	狼群中的羊	77
第 十 八 章	相見恨晚	82
第 十 九 章	救人者必自救	87
第 廿 章	寂靜有聲	91
第 廿 一 章	一個不可思議的日子	96
第 廿 二 章	漫遊在各墓地中	100
第 廿 三 章	混入羊群中的狼	106
第 廿 四 章	屋倒又遭連夜雨	111
第 廿 五 章	天主的第二次召喚	115
第 廿 六 章	踏上征途	119
第 廿 七 章	白湖概況（附地圖）	123
第 廿 八 章	雙　搶	127
第 廿 九 章	逃大水	130
第 卅 章	狂風暴雨中的歌聲	134
第 卅 一 章	白湖第一位致命者——史獻芝修女	138
第 卅 二 章	寬嚴大會	141
第 卅 三 章	滴滴淚珠獻聖嬰	146
第 卅 四 章	分　飯	149
第 卅 五 章	雞蛋和花生的故事	154

第卅六章	地下的金剛石	157
第卅七章	不凋的松柏	161
第卅八章	他含笑而逝	165
第卅九章	好牧童——傅玉堂神父	169
第四十章	白湖——美麗的天使湖	171
第四十一章	神奇的牧靈工作	176
第四十二章	相逢何必曾相識	178
第四十三章	一場特殊的追悼會	182
第四十四章	一串珍珠項鍊	187
第四十五章	是因果還是懲罰	192
第四十六章	雨夜護送	196
第四十七章	晴天霹靂	199
第四十八章	碭山簡介	202
第四十九章	一代聖女——張依成姆姆	206
第五十章	罪人和義人	210
第五十一章	田園樂	215
第五十二章	站在比拉多衙門前	220
第五十三章	千里迢迢來探望	225
第五十四章	飛來橫禍	228
第五十五章	遺憾	233
第五十六章	為于右任捐軀的小尼姑	239
第五十七章	可敬可愛的施惠英姆姆	243

第五十八章	土皇帝	245
第五十九章	送一輪明月	249
第 六 十 章	緬懷章顯猷神父	253
第六十一章	是有期，抑無期？	257
第六十二章	小嚴蘊梁神父——俞建華神父	261
第六十三章	知　音	265
第六十四章	一首動人的交響曲	268
第六十五章	跨出牢門	274
第六十六章	當上教師	281
第六十七章	平　反	286
第六十八章	渾渾噩噩	290
第六十九章	天塹變通途	293
第 七 十 章	像霧又像雨	296
第七十一章	從零點開始	299
第七十二章	相見時難別也難	303
第七十三章	第二張判決書	307
第七十四章	聖母攙我走鋼絲	309
第七十五章	世外桃源	312
第七十六章	病中狂想曲	316
第七十七章	一石激起千重浪	320
第七十八章	兩袖清風的張希斌神父	324
第七十九章	這不是天方夜譚（一）	327

第 八 十 章　　這不是天方夜譚（二）　　330

第八十一章　　他們全家爭當致命者　　333

第八十二章　　東方的露德——佘山　　339

第八十三章　　法蒂瑪——世界的中流砥柱　　342

第八十四章　　水和祈禱的兩重奏　　346

第八十五章　　你往何處去？　　349

第八十六章　　破　繭　　352

第八十七章　　用立體角度透視生命　　355

第八十八章　　又是品梅的季節　　358

第八十九章　　稀世珍寶——百年的天爵　　362

第 九 十 章　　疾風見勁草　　365

編者的話　　367

序

我認識作者胡美玉女士已達半個世紀之久,她出身富裕的外教家庭,受過高等教育,青年時代,她反覆思索尋求真理,不顧家庭的傳統束縛和反對,領洗信仰羅馬公教。

在一九五五年大陸的天主教教難中,她和千萬公教青年一起為了堅持教會的至一至公性,不

錢彌格神父

畏強暴,不受利誘,毅然被迫離開家庭,放棄學業,寧被流放到荒無人煙的窮鄉僻壤,數十年來,歷經坎坷的生涯,為主作證。

美玉在勞改農場中以救死扶傷的精神愛護病人,以善表來傳揚基督的福音。出獄後當上教師,又以當地教育界所公認的傑出的教學成績來光榮天主。感謝天主奇妙的安排,最後,仁慈的天主讓歷經無數苦難的美玉,晚年時來到美國,她雖然身患絕症,但數次奇跡般又轉危為安,如今能提筆作

書。她在病痛退省中,總結了在自己一生所走的心路歷程以及在這冉冉流光五十年,在險惡教難大漩渦中,她有幸見到為數眾多神長、教友們的非凡聖德,他們中已有多人榮登天國,戴上殉道榮冠。美玉用既寫實又生動的文筆向讀者娓娓道來。

我不僅早就認識美玉,且有同窗之誼,此窗乃鐵窗也。在上一世紀六十年代我們曾同在安徽白湖勞改農場服苦役,因此當我閱讀此書時,過去在白湖的種種情景似乎又重現眼前,那時,我們許許多多的主內兄弟姐妹遍及全國各地,有青海、東北、江西、浙江……等地勞改單位,大家一起為保持信仰流汗,灑血,美玉寫出此書仍拋磚引玉之舉,我期待有更多作者來寫下近五十年來全國各地教會所受苦難的感人事跡,以豐富聖教會的近代史實。

《樂在苦中》此書是大陸教會受苦受難的縮影,是教會近代史的一部寫實資料,它可以幫助讀者了解無數的基督戰士堅貞不屈,可歌可泣的動人事跡。

耶穌會士錢彌格寫於
二千大禧年九月八日聖母聖誕日

序

關心大陸天主教會的人千千萬萬，真正了解的人卻為數不多。如今胡美玉女士在癌症、糖尿病、心臟病等種種疾痛的折磨下，把自己在大陸時的親身經歷和親眼目睹的苦難教會，將記憶所及，掛一漏萬用文字表達出來，使我們能認識到保持完整的信仰實非易事。

顧光中神父

本書中無數德高望重的神長，愛主愛人的修女及忠貞不屈的教友，他們寧罹天下萬苦，寧失天下萬福，而只求天主的光榮，忠心於教會的言行，使人讀後感嘆欽佩不已。

此書出版可使海外教友更了解，大陸教友為了保持這個信德，跟隨耶穌，背十字架，走加爾瓦略山的路，和初期教會信徒一樣，不惜付出任何代價，作出任何犧牲，保持慈母教會在大陸的完整信仰。

我本人在此書中受益匪淺，我想他也能鼓勵每一位中國教友，以先輩忠貞神長教友為榜樣，將天主教的信仰逐代延續下去。耶穌基督教導我們「只有堅持到底，才能得救」。

鐸末顧光中寫於二〇〇一年復活節

稀世珍寶——百年的天爵
上海教區龔品梅樞機主教

共患難,共歡笑於香港。鄧以明總主教(中)本書作者(左)與一同領洗、一同參加聖母軍、一同入獄的謝宗瑤女士(右)

作者與胞姊美珍在香港母親墓前1998年10月

作者的五哥庭森爵士1953年香港領洗

慶祝龔樞機九九大壽、晉鐸七十、晉牧五十、榮昇樞機二十感恩彌撒前，不少難友相聚。作者在第三排中。

本書作者的聖母軍指導司鐸
梅開和神父

莫克勤神父與作者合影於美國家中

二千大禧年十月一日赴羅馬參加中華列聖大典朝聖團，在羅馬"Quo vadis"飯店（作者右二）

美西朝聖團部份集體照

前　言

　　一代過去，一代又來，大地仍然存在；太陽升起，太陽落下，匆匆趕回家，重新再起。風吹向南，又轉向北，旋轉不息，循環周行；江河流入大海，大海總不滿溢。燕子去了有再來的時候，楊柳枯了有再青的時候，廿世紀五十年代的公教青年，為天主信仰所獻出的青春歲月，卻一去永不復返。它如今在哪裡？在哪裡？它已沉落在我們的心底，也依稀的留在一些人們的記憶中。

　　這段歷史難以忘卻，也不應忘卻。老一輩的神長修女教友中有的已用生命寫出了自己的傳記，已用鮮血染紅了聖教史，他們在中華大地所撒下的新教友的種子已如雨後春筍般地在萌芽　他們已榮登天國光榮地完成了天主所給予的使命。慶幸的我們有一些受過苦難的神長教友們，他們有卓越的寫作能力，他們傳奇式的人生更是寫作的泉源。但由於身在大陸，他們的文筆被苛政綁住，無法自由表達自己的信念，如何能真實地記錄下來過去數十年來的遭遇。那麼由誰來完成這一任務？天主自有祂的安排。

　　我，好像一個浪跡天涯的遊子，如今青春已逝，嚐盡人

間滄桑，落得一無所有，全身是病，有的只是天主所賞賜的平安和寧靜。不，我不是一無所有，我還有一支會寫文章的筆，我即使全身是病，但尚有清晰的記憶，我屈膝於地，雙手接下天主交付給我的使命。我要寫，寫出天主對世人的仁慈，我要寫，寫出天主聖意的奇妙偉大⋯⋯

我年輕時，時常喜歡觀摩畫家作畫，當我見到畫家用一堆堆的顏料往畫布上堆，搞不清為什麼這一堆是黑的，那一堆是黃的，過了一些時候，畫作完成了，才看出這位畫家畫的原來是一匹奔騰的馬，或是飛翔在天空的鳥。其實人生也是如此，我們度過了多少個春秋，每天發生的事情有喜有悲，有幸福也有苦難。所遇到的人有熱心幫忙的，也有見死不救的。這一切已發生的事，已接觸過的人，都是天主精心策劃的，如果將一生中所有點點滴滴連接起來，展現在我面前的是四個大字——「天主是愛」。過去只看到局部不完整的，圖像倒過去轉過來都看不出名堂，現在已逐清晰，也是應該領悟天主愛情的時刻了。

天主安排我來美國，讓我有充分寫作的自由，天主要我一病再病，使我可以拒絕一切工作中外界的干擾，有大量的時間從事寫作，這些都是寫作必需的條件。想到這些，我內心萬分激動，天主竟然揀選了我這軟弱無能卑微不堪的婢女來完成這一神聖任務。天主聖母所揀選的往往都是最不顯眼，最無能的人。聖女伯爾納德就是其中一例，她說如果聖

母能找到一個比我更笨更無能的人也許聖母會找別人。我要效法聖女伯爾納德，承認自己的無能，懇切祈求天主聖神的指引，使我純粹為了光榮天主，為了宣揚天主的仁慈，我要把五十年代那段可歌可泣的教難寫出來。

第一章

迷　惘

　　一葉小舟泛於湖心，直打轉轉，它不知去向何方？它在畫圈圈，似乎前進一步，實在是後退一寸。

　　天主在我們未出生以前，就已經愛了我們，不然怎能有我們的存在，在我未領洗前，天主的恩寵就一直與我同在，不然我怎能有超性的智慧來接受。信德是天主賞賜給我最大的奇異恩典。

　　天主召喚每個靈魂有不同的方式，我自幼出生在一外教家庭。家中生活雖不十分優越，但也足夠富裕，由於我從小沒有接觸過非常貧窮的親友，我根本沒有親身感受窮苦的滋味。正因為不知道什麼是窮，所以並不珍惜自己所擁有的，心想凡是人都可以過我這樣的生活。小學中學我上的是由聖心會修女所管理的聖心小學以及震旦女中，這些都是出名的女子貴族學校，學費昂貴，非一般家庭所能負擔。而我一直到初中那年，共產黨即將掌握政權，此時金圓券貶值。有一次我發現家中的儲藏室有一只用麻袋裝著的一袋鈔票，據說是爸爸要車夫背去給我們姐妹三人以及一個姪女付一學期的

學費。真是出乎我的意料之外，讀書竟然要付學費，而且付得那麼多。由此可見我對社會的認知愚蠢到如此的地步。那時除了求學以外，忙的是上電影院 星期日有時一連趕三場，飯可以不吃，但電影不能錯過。「亂世佳人」看了一遍又一遍，總共看過八遍。「魂斷藍橋」 「簡愛」等也都看過五遍以上，有的連台詞都能背出。寄給好萊塢電影明星的信一封接著一封，偶而得到他們饋贈一張簽名照，我捧為至寶，有時想想自己實在太傻，把明星作為偶像崇拜，而他們根本不知道我是何許人也。電影戲劇是我消耗精力時間最多的項目，但帶給我的卻是無限惆悵和迷惘。

　　有錢不一定能買到幸福，物質所帶給人們的快樂也僅僅是暫時的，名利地位皆是過眼雲煙，不然為什麼有些億萬富翁、紅牌明星服毒自盡，如果財富能填滿人的心，他們又何苦走上毀滅自己的道路？

　　從我記事開始，就意識到時光如流水，你不能將它留下，也無法催它快走。美麗晶瑩的雪花，遇著一口熱氣，即化為烏有。月亮圓圓缺缺向人們宣告年華在流逝。童年時代我一年中最盼望的是過農曆新年，家中裹粽子，包湯圓，宰雞殺鴨，做小孩子更是有福，糖果瓜子、放鞭炮、要啥有啥，再向長輩拜年，還有紅包。沒有比過新年更使孩子們高興的了。然而天下無不散的筵席，新年再開心，也要過去。在等待新年來到時，你即使用一根鞭子打著地球催它快走，

它仍是有條不紊按著自己的規律慢慢旋轉；新年來到後，你想拴住地球，希望它減緩步伐，它又怎會理你？畢竟人世間沒有永恒的東西，我也指望如果人能不死就好了，可以一輩子、兩輩子享受下去。但隨著年齡的增長，才明白每個人都要面對死亡的結局，人才會把現世的一切有個比較正確的認識。不然人與人之間的衝突，人與人之間的矛盾不知要演變得如何可怕了！

　　我徘徊，我徬徨，何處能找到生命的源泉，哪裡能尋覓到永生的真理？

第二章

尋尋覓覓

對於任何一艘盲目航行的船隻，來自任何風向的風都是逆風，對於一個正在尋求真理的人來說，任何一件小事都是認識天主的鋪路石。

天主聖神時刻在引導著我，須臾不離開我，讓我認識到現世的短暫空虛。於是我就想去找、去尋、去覓。我最早接觸的宗教是佛教。那時，在中國幾乎很少有人研究佛教的教義、教規。僅僅是數百年傳襲下來的風俗習慣，逢年過節就進廟燒香，求的無非是升官發財或早生貴子，我想要解決這些問題，只要能找到一個有財有勢的闊佬，或是找一個有經驗的醫生就可以了，又何必去將一些泥塑木雕的偶像當神明來朝拜。更何況當時的佛教徒無任何教義教規去遵守，除了進廟燒香外，未見有任何其他宗教活動，這怎麼能算是宗教？每年歲末我陪著媽媽去城隍廟，只見煙霧繚繞，當我一眼看到那些面目猙獰的四大金剛，滿臉陰氣的閻羅王時，怕得我睡覺時常做惡夢。燒香敬佛沒有帶給我絲毫的安寧和平靜。更不能使我空虛的心靈有所解脫。

我的四哥在聖約翰中學求學時，信奉了基督教（聖公會）。他常常向我宣講基督教的道理，當他講到聖子耶穌降生為人，釘於十字架，贖罪救世，第三日耶穌自死者中復活，戰勝了死亡。我想這樣的救世主是我盼望的救世主，因為他不只是人而且是神，尤其他已戰勝死亡，為我們打開了天堂之門。但當我聽到馬丁路德因他本身不遵守天主教教規而和教宗決裂，因此成立了基督教，我認為一個宗教的創始人就不遵守教規，那麼這樣的宗教怎能讓我信服去跟隨祂，我要繼續去尋找真正的宗教。

　　我的小船仍不斷在湖面打轉轉，雖在震旦女中求學多年，也去了多少年的慕道班，但由於我自幼個性倔強叛逆，像一匹脫韁的野馬，很難馴服。我還常常吹毛求疵的找修女、教友的麻煩，例如　某某修女為何包庇某某教友同學的錯誤缺點等等。記得有一次陸琮修女問我「你聽教理已有好些時候了，是否打算領洗？」我是有什麼講什麼，心裡怎麼想就怎麼說，我說：「陸姆姆，我不願做一個吃教的教友。」陸姆姆聽了有所不解，非常迷惑地問我「什麼是吃教？」我說「吃教是為了某種個人的企圖目的去進教，例如有人為了討好修女的歡喜，有人……，」陸姆姆說「既然你要純正你進教的意向，這樣也好，將來信仰在你身上會有更大的動力。」

第三章

找到寶藏

　　天國好像寶貝　人遇見了就把它藏起來，歡歡喜喜的變賣了所有財產，買這寶貝。天國又好像買賣人，尋找好的珍珠，找到漂亮的珍珠，變賣了一切，買下了這顆珍珠。

　　天主的仁慈和恩寵一直在眷顧著世人，每天不斷有人找到生命的源泉，認識接受天主教信仰，那時我曾聽到過洋涇浜有一家人家，原先全家附魔，鬧得雞犬不寧，到處請和尚、道士做法事，結果魔鬼越來越猖狂，後來請到了天主教神父，神父先嚴齋克己數日，走到現場，魔鬼大聲叫喊招架不住。從此全家領洗入教過著安定的日子。這是魔鬼幫著傳教。也有的在患病臨終時聽到了天國的福音，立即悔改認罪，也有的在求學時就讀於教會所辦的學校，長期薰陶在宗教教育下面而進教，雖然每個人接受信仰的途徑各有不同，然而信德是天主賞賜的特別恩典。

　　一九四八年下半年在中國上海，國民黨已節節敗退，物價飛漲，有不少的財主富人都紛紛帶著細軟物品逃離中國。我在香港的二哥也寄來機票，要爸爸和全家分兩批去香港。

但爸爸說 「我是奉公守法的生意人,不加入任何政黨,我看共產黨來了也不會對我怎麼樣,在日本人佔領時,我們全家也沒有逃過難,現在更沒有這個必要。」由於阿爸堅持留下來,全家只得陪同爸爸不走了。

就在這段期間我們就讀的震旦女中來了數位從國外歸來的神父,一位是沈士賢神父,一位是黎培里教廷公使的秘書陳哲敏神父。沈神父湖北漢口人,聖名若瑟,十八歲時即離家留學國外,曾先後到英國、愛爾蘭、義大利等國深造。卅三歲時回國已擁有神學、哲學及政治三個博士頭銜,不但學問淵博,智力超人,並享有很高的國際聲譽,更可貴的是他婉拒了羅馬傳信大學聘他為教授的邀請,毅然回國來傳教。

我開始接觸沈神父,並不是因為崇拜他的學識,而是他平易近人,和年輕人打成一片,在他身上找不到神父的威嚴,從不發號施令。對我這樣一個外教同學來說,喜歡接近這樣的神父,他既不說教又從不訓戒我們。他在和我們一起談話說笑中常常因勢利導,借著機會來教育我們,例如 有一次他帶我們到老大昌蛋糕店請我們吃點心,我說既是你請客,要吃就要吃最好的,神父立刻說 「要最好的,非常正確,在日常生活上要最好的,慢慢讀了聖經後愛天主也會像聖女瑪達肋納一樣揀選最好的中悅天主了。」我聽了這句話,心想沈神父真有辦法,我說什麼話他都能影射到天主的身上 這句話我一直記在心中。

又有一次我在物理考試中成績不很理想，大約只有八十分，我心裡很鬱悶，認為考試考得不如別人很丟臉。沈神父見我悶悶不樂，找我談心，我坦率地告訴他我的個性，我不能考到最好等於零分。沈神父教育青年從來不用消極負面的話，他用積極正面的態度來引導我，他斬釘截鐵地說「吾主耶穌也最不喜歡不冷不熱的教友，你十分有個性，只要運用得好，一切都是好的。尤其在目前教難來臨時期，更需要有剛強個性的教友。聖女小德肋撒看上去什麼事都沒有做，但她每天向天主交的試卷都是滿分，如今成了一位偉大的聖人。」我當初不太理解他的意思，我問他「什麼是向天主交的試卷都是滿分？」「那就是說每天用百分之百的愛去愛天主。」當時雖然不能懂得其中道理的深奧，但能依稀地理解到如果要成全就得百分之百去愛天主。

我的思想仍反覆有矛盾，雖感到世事無常、人心難測，必須有一正確信仰作為人生的歸宿，但又畏懼天主教教規太嚴格，因此總是疑而不決。直到一九四八年放學後的一個下午，我走到慕道班教室時，沈神父已經開始在講道，黑板上寫著「我們有個天上的媽媽」這句話強列地吸引了我，我急忙找個位置坐下，他說「天主為了讓每個人更清楚地認識聖母，祂給每個人都有一位媽媽，每個媽媽對自己子女的愛是那麼無私和崇高，天主教會也有一位媽媽中的傑出媽媽，那就是童貞聖母瑪利亞。聖母在領報時，明知要完成天

主的聖意 必然要接受極大的苦辱,但聖母非常謙遜地回答 『主之婢女在茲,希惟致成於我,如爾之言。』」童貞女生子,這是奇蹟中之奇蹟,我們還有什麼不放心的呢?接著他又結合自己的經歷,敘述了一段聖母對他的眷顧。神父說 「有一次我坐飛機從義大利飛到愛爾蘭,途中氣候惡劣,能見度極低,飛機不幸失事,那時身上佩戴著一只聖女小德肋撒的聖髑,在危急中我緊握唸珠,呼求聖母說:若我死去,也無所遺憾,但家中尚有老母,她日夜盼望我晉鐸成神父,回國去探望她,望聖母哀憐。」結果這飛機墜入大海,死傷很多人,而沈神父竟毫髮未損。對每個人來說,最親近的人總是媽媽,世上的媽媽已經使我們在生活中有了很大的支持,現在天主還要多送給一個天上的媽媽給我們,而且這位媽媽的權力很大,她可以不斷為我們轉求,豈不是一件大喜事。從那天開始我就非常認真去上教理課了。

　　我為什麼信仰天主教?其理由有二;一是天主教會每天奉獻彌撒聖祭,它是耶穌在加爾瓦略山苦難重演,是天人和好的唯一途徑,我們藉著吾主耶穌在十字架上的功勞,得以救贖。其次是剛才所提的聖母瑪利亞是我們的中保,是我們在這涕泣之谷的最大的依靠。這是其他任何宗教所沒有的。在聽了沈神父數次的教理課後,使我清楚地意識到當時是一九四八年底,國民黨部隊已失去徐州,蚌埠等地,解放軍正在渡江南下,南京上海將是他們的下一個目標,那麼對天主

教會來說將是一場嚴峻的考驗，無神和有神永不會妥協。有些教友提起共產黨已談虎色變。不少教友都已紛紛飛離大陸，而沈神父明知山有虎，卻往山上行。他本身的善表已使人欽佩。他並且不斷向我們講解 「因時代的不同，仇教者為難教會的手段也因而不同，這裡不會設置斷頭台，更沒有鬥獸場來處決忠貞信仰的教友，如今他們不讓你為信仰而死。仇教者用一些似是而非的理論，謊話連篇，魚目混珠，長時間的迷惑，威脅和利誘。他們的謬論猶似煤氣，人們在開始時對它毫不警覺。時間久了，開始頭昏目眩，當你知道自己中毒已無力站起去開門窗自救。另外他們更會利用教會中的一些軟弱者對我們進行分化，離間的工作，讓你們自己人搞自己人，手段非常惡毒。」所以神父一再提醒我們要常醒寤、祈禱免於誘惑。更要常常保持清醒的頭腦，純正的意向，目光堅定地盯著耶穌，不要左顧右盼。現在迫害教會的人不露猙獰的面目 只甜甜蜜蜜、冠冕堂皇的說 「我們不是要你們放棄信仰，我們要愛國，要反對在教會內的帝國主義份子，你們有責任去控訴、揭發他們的反動罪行……」如果有人軟弱，聽他們的話，為了保護自己的利益去檢舉別人，而那些被揭發的人當然要被「逮捕」監禁。 實質上中共把出賣他人 不道德的行為美其名說是「愛國愛教」

一九四九年三月我們有十位同學決定領洗，在領洗前需經沈神父口試。當我一進辦公室，沈神父開門見山的說

「現在教難即將來到，你為什麼要在這個時候進教，不是自討苦吃嗎？你知道嗎？大的考驗即將來臨，你準備為信仰流血犧牲嗎？」我說 「既然我已經認識了天主，在任何情況下，我都不願否定這真理。將來即使需用血來作證，我也願意，因為我們的教會這麼偉大，有這麼多有聖德的主教司鐸，比如說你吧，你在國外，有名譽、有地位，怎麼明知有教難，卻返回國內，你知道我們都喜歡看平克勞斯貝演的電影"Going My Way"，你也經常唱給我們聽，我一定與你同行。」他聽了哈哈大笑說 「你給了我最滿意的答案。不過我再提醒你一件事，教會的致命者不同於其他政黨的烈士，他們中絕大多數人在處決時，往往咬牙切齒懷恨在心。但致命者不同，而是效法比拉多衙門前的耶穌，像待宰的羔羊在十字架上以寬大為懷，臨終時為一切為難他的人祈求天主的赦免，這一點，你能做到嗎？」我直率地回答 「我做不到，我是外教出身，從小有一報還一報的思想，記得小時候，別人不當心弄髒我的書本，我非要在她的本子上也塗上一筆才算出了我的氣，童年時也聽到不少故事。很多人為了上一代的恩怨不惜一切去報仇以克盡孝道。現在你要我連仇人都愛都寬免，我怎能有如此高的靈修境界，神父將來你若能做得到，我是你所帶領的小羊，我一定效法你。」神父說 「我感謝你對我的坦率，你要知道，天主教友必需要學習寬大為懷。」

一九四九年四月十六日（望復活瞻禮）　宗瑤　美珍、我和其他八位同學，由沈神父在聖心修道院付洗；。他還送給了我們每人一份紀念品，一塊精緻的絲織品，上有一只船撐起一幅白帆，帆上有一紅色的十字架。神父解釋說「我們正坐在這艘伯多祿的帆船上航向彼岸。不論狂風駭浪，月黑風高，坐在這艘船上，總是有驚無險。」至今雖已事隔五十二年，宗瑤經過被捕以及十年浩劫，又輾轉漂流到香港以及美國十幾個州始終保存著這份珍貴的紀念品，現在仍掛在她臥室的牆上。

一九五〇年沈神父因患風濕性心臟病住在上海廣慈醫院，姐姐和我一起去探望。這是我們最後一次的見面。神父語重心長地對我們說　「照目前的情況，今後我可能無法再在中國自由地傳教了，如果我無法實現此一理想，但願天主賞賜給我致命的機會，讓我的血為中國的傳教事業而傾流。好在我有心臟病，將來如果他們逮捕我，不需多久，我就要歸天，至於你們是我親手付洗的，我升神父才幾年，付洗的教友寥寥無幾，我怎能忘記你們？」

一九五三年秋我收到四哥自香港寄來的信中告知，有一位法籍耶穌會神父 Father Jean Billot（萬里），被中共驅逐出境，到香港後寫了一篇文章，敘述他在上海市監獄醫院遇到垂危的沈士賢神父，他立即替沈神父放臨終大赦，沈神父最後的遺言，他沒有控告過別人，也沒有做過任何傷害別人

的事,至於所有迫害過他的人,他完全寬免,接著他伸開雙手作十字形,用所有的力氣說出最後一句話 「We are six. We are all martyrs of Christ!」(我們六位指的是 C. C. B 的陳哲敏、侯之正等六位神父)

收到這封信,我回憶起我曾向沈神父表示,如果他在臨終時能寬免難為他的人,我一定效法他。如今他已做到,我一生正在努力,不斷寬免那些難為我的人,指望在天大父也能寬免我一生的罪過。

領洗時,沈士賢神父送我這一塊精緻絲織品的禮物——伯多祿的帆船。

第四章
聖母軍——聖教會的急先鋒

凡是仇教者必先攻擊聖母，這是應天主在創世紀上對蛇所說的「……我要叫你和女人彼此為仇，你的後裔和女人的後裔彼此為仇，女人的後裔將踏破你的頭。」

一九四九年中共佔領了中國大陸，就在這時愛爾蘭藉的莫克勤神父在上海、北京、漢口、天津、廣州等地建立了兩千多個聖母軍支會。當時他也遭到某些神長們的反對，有的說教會已有聖母會等組織，何必再標新立異去成立聖母軍，還有的說參加聖母軍的會員絕大多數是十六、七歲的黃毛丫頭以及一些年輕小伙子，能成什麼大事？而莫神父在重重阻力下，排除了一切困難，成立了一個又一個的支會，是聖母親自挑選了軟弱無能的我們，不但要我們傳教牧靈，還要我們用眼淚和痛苦來保衛我們的慈母聖教會。

中共反對天主教會，這是必然的，自一九四九年到五一年，他們在策劃，我們在觀望，到底要採取什麼手段來迫害教會，誰也沒有料到剛成立不久的聖母軍竟成了共產黨所瞄準的目標。也許他們認為聖母軍剛成立不久，沒有強大的後

台，一些青年們肯定經不起他們的威脅利誘，只要聖母軍倒下，再引起骨牌效應，其他也會一倒百倒，從而控制整個教會。一九五一年十月八日這個永遠難忘的日子，全國各大報紙頭版頭條新聞「取締反動組織聖母軍，勒令所有參加者必須向政府交代登記」，一下子聖母軍在全國成了過街老鼠，人人喊打。在學校同學們因你是聖母軍不敢和你來往，在工作單位領導故意分配給你最髒最累的工作。街坊鄰居都在指指點點用篾視的目光掃蕩著你，如果你堅決抗拒登記，會遭到失學或失業，更有甚的因家中有一聖母軍，則全家株連，有的全家就此逼遷往青海新疆等荒蕪地區，一輩子不得回上海。

　　依靠聖母的蔭庇，上海教區的聖母軍會員除了極少數去登記交代，其他個個都堅定地站在第一道防線，寧受萬苦，寧失萬福，不願得罪於天主。仇教者的一個筋斗十萬八千里，但終究還是在天主的手中。他們的如意算盤打錯了，一九五一年以後的上海教區更欣欣向榮，牧靈工作日益豐收。

　　談到我自己，一九五一年時家中除了姐姐和我外，都是外教。我家是個大家庭，父母、兄弟、姐妹、哥嫂、姪子姪女等約有卅人左右。他們怎能容忍我們抗拒登記，帶給他們羞辱，每餐吃飯時圍坐一起，就如一場群眾鬥爭大會。共產黨總是鼓勵最親近的人去揭發告密。再加上穿制服的警察一天數次來我家，造成內外夾攻的緊張情勢。爸爸原來就是膽

小怕事的人，一聽到敲門聲就神經緊張，整天不斷哭泣，哭得我肝腸寸斷。那時我就讀於上海市聖約翰大學醫學院。校長為聖母軍事一再找我談話。我對天主說 「我曾向你許願，我願意為信仰流血受苦，但我並沒有說爸爸媽媽也要和我一起受苦，我現在最受不了的是見到年邁的雙親為了我的信仰受到致命性的打擊，親友們都在責怪我們，說都是由於這兩個叛逆的女兒，因此搞得全家雞犬不寧，眼看老先生快被折騰而死了。」

公安人員的追，學校的趕，爸爸的哭，兄長的吵，嫂嫂們的冷嘲熱諷，真是兵臨城下，四面楚歌，五味俱全，無以復加，我在心痛，痛得好似自己親手撕下一層層身上血淋淋的皮膚。

我在領洗時表示過，願為信仰不惜犧牲一切，但僅僅過了兩年半，考驗折磨劈頭蓋面而來，有的教友對我們說，每天唸廿串玫瑰經，可以求特恩。姐姐和我通霄達旦的唸，呼求聖母不要允許我們背棄她。有好幾個主日，家人將我們關起來，不許上教堂，但他們卻不能將我們的心關起來，不和天主接觸。我們反覆誦念 「我的母皇 我的母親，我及我所有的一切全都屬於你。」

我們決不反悔，也不徬徨，書可以不讀，在天主的手中有我們的前途和希望，但當時我實在不懂天主為什麼非要爸爸在聖母軍事件上受那麼劇烈的痛苦，以致臥床不起，最後

未隔兩、三個月便因高血壓中風，於一九五二年一月廿七日（農曆初一）歸天，全家萬分悲痛。使我們安慰的是他在臨終前領洗進教。第二天到上海市安樂殯儀館大殮，正巧旁邊兩個中廳都是上海的大資本家，悲慘的是三反、五反（針對資本家）運動已在開展。這兩位資本家都是服氰化鈉劇毒而自盡，遺體七孔流血，其狀慘不忍睹。我思想豁然開朗。原來天主精心安排爸爸為聖母軍受苦而賺得永生，就此可以逃過三反、五反這一浩劫。天主的愛是何等的細膩和周到，我們怎能不稱頌天主的仁慈及恩賜。

　　回憶我和爸爸最後的談話，至今仍清晰地留在我耳邊「爸爸，你一輩子忠心，對家人忠心，對朋友也忠心，你一定也希望你的女兒忠心於聖母，忠心於教會，自古以來沒有一個宗教團體一個政治組織會歌頌一個叛徒，你也肯定不要一個叛徒的女兒。爸爸，女兒如果連天主聖母都不愛，她會愛自己的父母嗎？」爸爸雖然老淚縱橫，但他嗯了一下就倒在床上躺下了。於是我們姐妹倆就將自己需用的日用品、肥皂、牙刷、牙膏、換洗衣服。和媽媽特地為我們倆每人做了一件新的花布棉襖，我們把這些物品打一個小布包，上面蓋一張面紙，我用毛筆清楚地寫著四個大字「天主第一」，這只布包一直放在我的枕邊。每晚省察　今天我有沒有做到天主第一？每天等待警察來逮捕。

第五章
我家的掃祿變成了保祿

為難教會的第一位致命聖人聖斯德望時，保祿（當時是掃祿）是一位積極的參與者，然而事隔不久在他去大馬士革的路上　耶穌特殊的恩寵感化了他。他放下屠刀，立地成佛。掃祿成了大宗徒保祿。

在聖母軍事件中，家中幾位哥哥一直對我們施加壓力，催促我們盡快去交代。哥哥中尤其四哥的態度最為惡劣，一則因為他孝愛爸爸，見到爸爸難過，心中不忍，再則他憐惜我們，心想我們若不去登記，一定會毀滅前途。所以他在吃飯時或晚上相聚總是不斷地嘮叨。星期日爸爸又派他來看管我們，禁止我們上教堂望彌撒。姐姐和我心中有說不出的難過，實在討厭他，我曾惡狠狠地罵他是共產黨的走卒，吃著自己的飯卻幫著政府做事，中共給階級敵人佈下天羅地網。想想在那時有多少像我四哥那樣的人，他們盲目無知，無意識地做著迫害教會的事，他們正如耶穌所說「他們不知道自己在做些什麼。」

一九五一年年底爸爸授意叫四哥來檢查我們房間中的書

籍。爸說 「這兩個孩子頑固不化，遲早要被警察抓去，你到她們房裡去看看有沒有反對共產黨的書，一定要拿走，不然又要多加一條罪名。」於是四哥在我們房裡 逐一閱讀所有的書籍，其中有一本《馬列主義和宗教》由陳哲敏神父所寫，哥哥邊看邊做筆記，我真怕他又要做什麼文章。到了晚上，他對我說 「陳神父所寫的這本書很有道理，我想和你們的神父討論討論可以嗎？」我說 「如果你真心誠意願接受天主，那十分歡迎，如果你和神父談話以後仍然不接受，那也可以。但千萬不能到派出所去告密，我希望你是一個光明磊落的正人君子。」他說 「我所以反對你們因為我對你們不了解，我純然站在從現世的觀點來維護你們，沒有任何別的用意。」

第二天清早，我上君王堂，遇見本堂朱樹德神父，向他談起了有關四哥的情況，他說 「每個人認識天主的道路各各不同，既然你哥哥有意找神父談談，請他過來，不管他過去對天主教會的看法，你也知道掃祿也能變成保祿。」

如此哥哥就每周去朱神父那裡，在一九五二年三月份他決定接受天主教信仰。朱樹德神父就將此事向上海龔主教回報，主教知道後十分高興，在四月十六日望復活瞻禮，特地在張希斌神父陪同下來到君王堂為哥哥付洗。

那天的情景回憶起來，仍歷歷在目，大約在下午四時左右，我們姐妹倆正坐在君王堂走廊裡，突然進來一位神采奕

奕的神父，因他走得較快，黑色的神父衣服的兩根飄帶像一對黑蝴蝶一樣的飄飄，他說話也很快，開頭第一句就問「誰是胡美珍、胡美玉？」我急忙站起，同時也拉著姐姐說 「我們就是。」神父立即和我們熱烈地握手「祝賀你們，你們已打了一場勝仗，你們的痛苦和眼淚已經得到天主的祝福，你爸爸以及哥哥的領洗 實在是天主很大的恩典。」我心想我們也不認識這位神父，姓甚麼名誰，我們姐妹倆也不知說什麼是好，只是眼淚汪汪的。數月以前實在太苦了，多少個不眠之夜，多少次跪在聖母像前深怕自己在考驗中背棄她離開她，常常向聖母呼求，把自己的軟弱託付於聖母手中。被捕並不可怕，父親病故也是正常，什麼事情都可以發生唯獨不能犯罪得罪天主。聖母啊！如果我下一分鐘要犯罪得罪妳，願天主在這一分鐘就收去我的靈魂。

神父見我們眼淚巴巴的，拍拍我們的肩膀說 「我是張希斌神父，真是非常高興能夠認識你們。付洗禮結束後，龔主教還要親自接見你們。」

在禮儀進行時，四哥因主教親自前來為他付洗，十分激動。他一直緊拱雙手，非常虔誠。當我聽到他用萬分堅定的語氣說 「我願意棄絕魔鬼，我願意接受天主教信仰」時，我熱淚奪眶而出，有什麼比這更感人的事呢？數個月前他盲目地反對教會，日夜對我們攻擊，如今已和我們同歸一棧。天主的仁慈實在值得我們稱頌。領洗儀式結束後，龔主

教在君王堂大廳裡接見了我們，並送了一些唸珠聖牌等紀念品　主教勉勵我們說　「要感謝天主，前面還有不少的路，一定要一步一個腳印，依靠聖母，不斷攀登。」

四哥領洗後每天望彌撒領聖體，並且為了痛悔過去，他常常嚴齋克己。朱樹德神父是他的神師。他不斷在我們面前說　「你哥哥別看他進教不久，但他愛天主的熱情已超過一般人。」後來，國內形勢日益緊張，常常要搞運動，我們就勸他早日離開上海。他說　「我走了，留下你們在這裡受苦，我怎能捨得，我還是在這裡陪著你們。」我們說　「走一個是一個，你到香港二哥公司裡做事，將來萬一我們逮捕，你可以在經濟上支援我們，否則大家都吊在一棵樹上　沒有出路。」

最後還是朱神父的一句話：「富水，為了教會，為了家庭，為了你自己，你必須走。」四哥就當機立斷說　「神師的命令，我一定聽。」當場他跪在朱神父面前求神父的降福。

四哥去港後，十分省吃儉用。他收入並不富裕，但他不斷給上海修道院，患病的修士郵寄各種藥品。數年以來他堅持這樣做。那時蔡石方、陳雲棠神父一有修士患病，總是叫我寫信給四哥請他寄藥，他從不拒絕。家中親人連保姆在內他都各個寄東西給我們。一九五五年我被捕後，也幸虧他在香港寄來了一些奶粉，食品。不幸的是他於一九六三年病逝

於日本大阪,香港以及日本的親友都一致誇獎,說他是一位真正充滿基督愛的天主教徒。每當思念他時,我總想念在他身上有那麼多值得我們效法的德行。在天的四哥請常常為你的妹妹祈禱。

第六章

見縫插針

　　吾主耶穌說　「不要怕。」因此我們要放棄恐懼，因為恐懼不適合心靈運作，會剝奪我們正確判斷的能力。因此我再重複，我們必須將恐懼遠遠地拋棄。我們要拋棄各種恐懼，只要保留一種，即是恐懼天主，你僅只對天主的恐懼，你便不怕人，也不怕這世界上的鬼神了（教宗庇護十一世一九三一年五月十七日演講。）

　　一九五一年一月莫克勤神父已經感到敵人在磨刀霍霍，窺測動態，打算向聖母軍進攻，於是他就下令解散所有的聖母軍友會，那時我已是震旦女中無玷之母支會的會長，一聽到聖母軍要解散，我心痛如刀割。我們的支會已有廿位正式會員，近一百個輔助會員。會員個個都去訪問病人，去醫院指導兒童。這樣一個富於生命力的團體，我能甘心讓它停頓下來嗎？不，一定不。這次我真的在支會指導司鐸梅開和神父（Edward Mac Elroy）面前，號咷大哭了一場，我說　「我們這麼膽小，共產黨還沒有動手，我們自己先豎了白旗，這是什麼意思？我不能接受這條命令。」梅神父聽了也感到

很是無奈,他說「這是區會的決定,我們不得不聽從 為了怕惹起更大的麻煩,我們寧可暫時退避一下,聖母當時為『逃避』黑落德對耶穌的謀害也避難到埃及 所以有時必要的退讓是明智的,你有工作的心火 可以繼續為主工作,沒有聖母軍,我相信你仍然會積極的工作。」既然大局已定,我這小小教友也無法扭轉乾坤。我從一九五一年元月開始每周一次上崇真堂去看望梅神父。我對神父說「我已成了不參加聖母軍的聖母軍 所以每周一次還得向你回報。」他也感到十分安慰。一直到一九五二年下半年有一次梅神父面呈難色地對我說「Rose,我希望你今後不要再來看我,因為將來萬一有事情,他們可能會將我驅逐出境,我吃不到大苦頭,但他們一定會大大的難為你,你知道嗎?我最怕的是什麼?我不怕被捕,也不怕判刑,就怕驅逐我出境。我衷心願意留下來和你們一起受苦。」我毫不猶豫地說「你要我不來看你,我做不到。我決定的事從不變更。將來如果要我為你受苦,我甘心情願,你不遠千里,拋棄家中舒適的生活去修道而來到中國的窮鄉僻壤地方傳教,毫無怨言。感情需要用感情來報答。」從此以後,我仍一如既往,一直到一九五三年六月他被逐出境。記得很清楚,他最後一句對我說的話「如果,萬一我被驅逐,我一定離開在中國最近的地方,將來可以最快的速度回到你們的身邊。」

梅神父說到做到，一九八四年十一月廿二日因心臟病逝於香港。卅餘年來，他可以去美國，去愛爾蘭……但他一直堅守在香港，等待有朝一日以最快速度回國。

一九五一年聖母軍解散後，十月八日遭政府取締，一九五二年開始我被趕出學校，我失學、失業。當時君王堂本堂朱樹德神父認為現在可以打游擊的方式進行傳教，我們能做多少就多少。堂口有一批青少年需要上教理班，我們這些公青完全可以負擔起帶領他們的任務。於是我們做了堂口裡的哥哥姐姐，每周數次替小朋友上課，有時帶他們望彌撒，望降福。君王堂是一個比較大的堂口，有不少的哥哥姐姐，而有些較小的堂口，例如靜安寺的普愛堂以及大通路德肋撒堂，十分缺乏教理人員，我就主動到這些堂口去，這些青少年也幸虧在那時上了一些教理課，對教會的一些教義、教規有了一些認識。這些少年現在也大約近六十歲左右。當我在白湖農場醫院遇見黃姓青年，他見到我後就叫我一聲「胡家姐姐」。我一聽這稱呼，百感交加 已有數十年沒有人稱我為「胡家姐姐」。我說 「你是誰？你為什麼要叫我胡家姐姐？」他說 「我是德肋撒堂口的，那時你經常替我們講教理。也由於我懂得了一些教理，我知道我們不應該脫離教宗，我在學習班中拒絕與教宗斷絕關係，因而被送來勞改，真想不到在這裡遇見了你，也正是天主奇妙的安排。」

那時由於在家裡閒得發慌，朱樹德神父一再要求我們利

用時間「見縫插針」做傳教工作，我自己對教理也是一知半解。為了要教別人，必須先看書，學習，現買現賣，煞有介事地向弟弟妹妹們講解教理。努力播下的種子，在天主聖神引導和灌溉中也慢慢茁壯成長，例如 我所提的黃姓兄弟，他也勇敢地為主作見證，走上苦路。

　　張希斌神父也對我說 「你雖然已離開大學，但仍然可以做些大專公青的工作。」大學生是教會的希望，大學生是否忠於教會，不僅是他自身的問題也是教會接班人的問題，在一九五二年我和交大約大幾位公青組織成立一個教理小組，每周一次在君王堂開會，經常討論一些在目前的形勢下如何保全信仰，如何採取對策來應付各種問題。參加的同學都積極表態，個個十分堅決，其口氣都有樂當致命者的氣勢。我常常自忖，也許考驗來臨時，我很可能是第一個跌倒者。我深知自己的軟弱以及家人對我的壓力，但怎麼辦呢？誰叫我生在這個時代。

　　我不想找麻煩，但麻煩偏偏找上我，想躲也躲不開，避也避不了。我總是求天主賜給我有像他們一樣的勇氣。遺憾的是在若干年後，才知道他們十餘人中僅有兩人為堅持信仰而被捕。

第七章

冰封的愛情

　　天主教友不是超人,有著和平常人一樣的感情和感受。在天主教少女心目中,也常常憧憬著一位白馬王子。關鍵在於,在愛天主或愛人的選擇時是否能為著天主第一而放棄一切。

　　自聖母軍被迫解散後,張希斌神父將大專公青組織起來。當時艾祖亮在交大,他英俊的外表,瀟洒的風度曾經使不少的女同學為他傾倒,都把他當作心中的白馬王子,期待有一天能得到他表面上否定實質上肯定的答覆,有時人世間最熾熱的感情卻要用最冷淡的姿態出現。這種超乎尋常的表達方式,實實在在是害怕自己對天主的愛有所分心或轉移。

　　一九五四年春由張希斌神父帶領我們一起到佘山為我們大專學生領避靜。在結束的一天艾祖亮特地找了一個機會和我談心,他說　「美玉,我已經決定去修道了,如今是流血致命的時代,為了堅持信仰,為了真正的保護自己,我必須築起圍牆,搭起城堡,才能脫離人間的困擾,把自己整個地奉獻給天主,你懂得這個道理嗎?至於妳,妳很可愛,張

神父把你為聖母軍而抗拒外教家庭作鬥爭的故事,逢人便講,不過妳要記得,妳以後若是跌倒,變成叛徒,就不再可愛了,妳只要記住這句話,我們在天主之內常常相遇。」我在那一時刻,清楚地意識到我們之間已建立了感情,但是這份感情沒有持續,一分鐘就立刻結束,因為短暫而無法改變,不如讓這份感情昇華,那種時候,那種環境我只好把這份感情冰封凍結,讓他一直埋在我的心靈深處。多少年來我不知他的情況。後來他也被判七年,一直在和我相隔不遠的農場中做重體力勞動。從不露面,從不炫耀自己是交大的畢業生而逃避繁重的農活。

不久以前從他的九弟處得知他於一九八一年蒙主召歸,恭賀他戴上了致命的花冠。恐怕在大公青中唯一的一頂花冠給了他,感謝好天主,也感謝他成全了自己,也挽救了我,如果我們當時談情說愛,天長地久,忘記了天主,背叛了教會,可能也會像某些夫婦選擇了庸俗,失落了天國,現世也不會有什麼幸福,一個連天主都不愛的人,又如何能愛別人呢?

這冰封四十餘載的愛情如今已啓封解凍,艾祖亮他已經在天主的身邊。當我每次思念他時,我的心靈得到了提昇,我們之間的感情已進入永恆。什麼梁山伯、祝英台、羅蜜歐、茱麗葉,他們的故事所以膾炙人口,家喻戶曉,只不過是殉情而已。因為他們沒有得到所以才顯得其味無窮,任何

人世間已得到的東西似乎都變成不珍貴了　人的希望一旦滿足，失望往往跟蹤而來，只有把人世間的愛情融化在天主的聖愛中才能和天地共長久。

　　我的一生有過繁花似錦，落英繽紛，也有過狂風暴雨月黑風高，但是艾祖亮的話讓我忠貞不渝，堅持到底，保持我少女時代的純真可愛，我藉著天主的恩寵常常勉勵自己。

殉道的白馬王子──艾祖亮

第八章
我家的兩隻大老虎

爸爸病逝於一九五二年元月,社會上已展開了針對資本家進行三反,五反運動,矛頭指向所有的資本家,一些稍有身價的人,本來在中共執政下已膽顫心驚,現在一聽到搞運動大家談虎色變,神志恍惚 更有甚者,有的運動才剛開始,即服毒自殺跳樓自盡。說起我家 天主仁慈收爸爸歸天,在國內留下的還有大哥三哥,毫無疑問的他們是被批評挨整的大老虎(那時把資本家比喻為吃人的老虎)。中共在發動每次運動,總號召大家要互相檢舉彼此揭發,最好子女控訴父母,丈夫妻子把枕邊人都交代出去,這叫做大義滅親,而實質上是滅絕人性。使每個人對任何人都不放心,完全失去基本的安全感。在這種政策下,勢必有一些狗急跳牆的,為了保衛自己的利益,任何人都可出賣,怎麼樣的謊言都可捏造,本來按照事實,我家的一家進出口公司,爸爸以及兩位哥哥一直奉公守法,從未有偷稅漏稅等行為,原以為可以輕易過關,誰知公司中出了一位叛徒,他是我們近親。數年以前他因失業每天到我家來。好像很可憐兮兮,爸爸為

了解決他家的生活問題就接受他到公司擔任會計，收入不菲。在這次運動中別的職工都非常實事求是的對待資方，獨獨他捏造了許多謊言，而且每天不斷惡毒謾罵兩個哥哥，有時還腳踢手拉，沒有多久中共的工作隊駐紮到公司，把我家的公司作為重點戶來打擊。我們一家大小廿餘口個個為大哥三哥擔憂。每天黃昏在巷子口等候見到他們兩人跌跌蹌蹌回來都圍著問長問短，有時他們說今天兩人跪了一個下午。有時說那位親戚亂咬亂說二哥離滬去港時曾抽逃資金五萬美元，一定要大哥簽字承認並答應立即拍電報給二哥囑他馬上匯回國。大哥不同意，就罰他面對牆站立數小時。那時他們兩人都尚未認識天主，遇到患難時也不知道如何祈禱，回家後欲哭無淚又怕年老媽媽忍受不住，想想明天早晨又得起來去受批。媽媽以及全家人都勸他們說有的事情，他們要強迫你們認賬，為了不使皮肉吃苦，不受更大的精神折磨，可以認的就認下來吧，其實我們的想法也是過份天真了，中共說坦白從寬，事實上你越坦白，你的罪行會更嚴重，會得到更重的懲罰，但他們沒有勇氣和工作隊對抗。工作隊說有人檢舉你們偷稅五萬元，他們只得簽字承認。第二天又變本加厲說還有四萬元尚未交代，由於第一道防線沒有守住，以後一切只得照單全收，這樣的批鬥持續了數個月，幸虧他們尚能回家，回家後家人總是給以安慰。大家都說房子可以賣掉，車子可以不要，一切財產置於度外，只要留得青山在，

不怕沒柴燒,好在我家在香港、日本已設有分公司,再怎麼也餓不死我們,唯一的只是希望兩位哥哥即使在最痛苦時候萬萬不能滋生厭世輕生的念頭。姐姐和我經過聖母軍這一場考驗,堅信天主一定會保護我家人,天主不允許任何悲慘的事在我家發生,謝謝天主我們家中兩隻不是吃人而是被人咬的特殊老虎,總算捱過了這一難關,雖然房子車子按計劃賣掉,逐步退賠,但這些都是身外之物,無足輕重。

三反五反運動過後,大哥打算去香港看看,由媽媽和四哥陪同,我們希望他去了也不要再回國,誰知他到香港不久,上海市陳毅市長直接發函到香港邀請哥哥回來,並要將我們公司與國營土特產進出口公司合併,任命大哥為第一經理,並出任區人民代表,大哥是個十足的「官迷」,想到回國後還有官可當。他真是好了瘡疤忘了痛,怎麼樣也不聽二哥的勸告,下定決心放棄香港的一切毅然回國,媽媽也只得陪同回來。以後厄運一直伴隨著大哥於一九五六年時間,反右,被戴上右派帽子下放農場監督勞動。一九六八年「文化大革命」又繼續被批鬥,家中毀滅性抄家,最後掃地出門,每月只拿人民幣廿四元的生活費用。一直到八十年代生活才有所改善。一棋之差,失去全局,但在信仰觀點來看,通過他親身數十年的經歷,才悟出天主教是我們唯一的信仰。一九八二年蔡石方神父替大哥大嫂講了教理受洗,大哥於今年三月廿五日妥領聖事而善終。至此,他們的痛苦已有了賞報。

第九章
平凡中的不平凡

　　什麼是平凡，什麼是不平凡，我提不出真正的定義。我認為云云眾生，都是天主的受造之物，在全能者天主的眼中都是平凡又不平凡的，然而因著聖子降生為人，釘於十字架，為我們打開天堂之門，人類才有資格可以稱天主為在天大父，這就變成了十分的不平凡。我們是平凡抑不平凡要看我們是否真正是天主的兒女。

　　我的大姐姐胡瑞琴，她比我年長十八歲，逝世至今已有四十八周年，她實在平凡得像路邊一棵小草。在她那個年代社會上封建意識還很濃厚。我家原籍寧波，一般寧波人都不太樂意培養女孩上大學。因此她沒有高深的學問，充其量不過初中畢業而已，更沒有社會地位。她在十八歲時，遵父母之命嫁給了一位比較有錢人家的獨子，姐夫家是典型的封建舊禮教家庭，要求女的三從四德，一心侍候丈夫公婆。在這點上姐姐勉力做到。但有些事情天主往往有祂奇妙的安排。姐姐先後一共生了四胎，胎胎都是女兒，偏偏姐夫是獨子，每次姐姐分娩時全家上下眼巴巴盯著姐姐，生產前已有人冷

嘲熱諷說 「『不孝有三 無後爲大』，做媳婦的如不能替家裏傳宗接代，那是大大的失責。」似乎不能生育男孩都是姐姐的罪過。在生育第二胎還是女孩時，姐姐精神略受刺激，開始患有心臟病，爸爸媽媽都竭力安慰她，下次可能會生男孩。姐姐不顧自己已患有心臟病仍堅持懷孕，結果第三、第四胎仍是女孩，到第四個女孩時，姐姐精神已近崩潰，心臟疾患也已到晚期，由於她長期處於被人歧視冷漠的處境，使她的心靈受到很大的扭曲，第四個女孩一出世，她就厭煩，認爲一切的不幸都由這嬰孩帶來，爸爸媽媽就將姐姐接回家中和我們一起度日。那時姐姐已是心臟病加上肝硬化，每次小便都需靠打利尿針，所以一肚子的腹水，大腹便便，臥床不起，十分痛苦。美珍和我常常爲她的靈魂而擔心，有時向她介紹一些教理，她似乎也聽不進去，一直到一九五二年四哥領洗後，他的言行有了顯著的改善，大姐說「阿四的轉變給了我很大的震驚，要移一座山並不太難，但要改變一個人的心不是那麼容易，我在阿四身上看到宗教的力量。你們不妨借幾本書給我看看。」我從君王堂借了幾本教理問答以及一個人爲什麼要信仰宗教等書。姐姐閱讀後逐步對天主教會有些認識，但由於她內在有個心結，一直沒有解開，所以單從理論上認識教會是遠遠不夠，眼看著她的疾病日益嚴重，我想來想去，救靈魂要打鐵趁熱不能慢慢來，萬一天主的時間到了，沒有領到聖洗，到那時後悔也無

用了。

一九五三年二月姐姐又被送進上海怡和醫院,醫生說她最多再能活三個月。在這關鍵性的時刻,我對姐姐直言不諱地說:「姐姐,你一生是個好人,但有一件事很遺憾,你對小女兒的愛護太不夠了!你不能因自己受到委屈而虐待她,使她幼小的心靈即蒙上一層陰影,其實說到底,我們每人身上都有罪惡和過錯,天主是仁慈的,再大的罪只要悔改,天主一定寬赦的。」姐姐說「你說得很有道理,我即將離開這個世界了,我應該對自己的言行作一總結,待我好好想一想再和你談。」

兩天以後,姐姐有堅定的領洗意願。我請了陳雲棠神父替她付洗,在她付洗前並辦了告解,在儀式完成後姐姐特地叫四個女兒站在床前一個個和她們行親抱禮,尤其對小女兒說「請原諒媽媽,從你出生即給你不公平的待遇,媽在臨終前請求你的寬免。」我在旁哭得像淚人似的,一個做媽媽的能謙卑自下向女兒請求原諒,這種例子並不太多。姐姐說,當她想到耶穌在十字架上寬免所有難為他的人,並說他們不知道自己在做些什麼?耶穌的心境何等寬廣?既然姐姐已領洗成為天主教友,她願意一心一意的效法耶穌。後來陳神父又替她傅油,放臨終大赦,領聖體等等。自從二月十日她領洗後,美珍和我日夜陪伴在她身旁,她要我們不斷唸聖書,和她一起唸玫瑰經。在將近一個月中,我替她講解了

右盜在十字架上悔過，立即得到耶穌的答覆，「我實話相告，今日將和我共登天國」。而法利塞人似乎一輩子在做好事，但事事處處追求自己的名利。這樣即使活了一生，也是虛度，事奉天主不在乎時間的長短，而在乎全心全意。姐姐一心效法右盜，常常為痛悔自己的罪過而流淚。眼見她一天天在聖德道路上邁進。她總是說「美珍、美玉，我比你們更有福，因為也許明天我將去天主那裡，天主真好，你看我躺在病床十年，十分痛苦，現在我將脫離痛苦，在我生命的最後一刻，聖母一定會來接我。我要求你們一件事，我死後你們不許流一滴淚，姐姐的離世是喜事不是喪事，因為天主將最寶貴的信德恩賜給我，同時我充分認識自己一生的欠缺，這實在是一件可賀的事。」一九五三年三月七日她逝世的那天，十分安詳喜樂，在她臨終前叫著美珍和我，唸善終經，她說「聖母要來接我了，我要走了。」於是她手拿著口罩，堅持要戴上，她說「臨終病人的呼吸會把大量細菌帶給你們」。我把口罩挪開說「你是心臟病沒有細菌。」她最後用力地說「聖母來了，聖母來了。」頓時滿室玫瑰花香，姐姐永遠安息了，安息在聖母懷中。

　　美珍和我遵守姐姐的遺言，尤其那陣濃郁的玫瑰花香，增加了我們超性的力量。我只有感動的眼淚而沒有悲痛的眼淚。我們幫著姐夫一起料理後事，現在當我思念姐姐的時候，總希望將來有一天我也能像她那樣得安死善終。

你說我姐姐平凡嗎?她實在平凡,一生沒有什麼事值得記載,你說她不平凡嗎?她確實不平凡。我一生曾送過數百人的臨終,像她死得那麼平安,實屬罕見。一切恩寵來自天主,天主願一切的光榮歸於祢。

第十章
一次不尋常的迎聖母

「聖母瑪利亞是地獄及惡勢力恐懼的目標。聖母莊嚴如整齊的軍旅（歌<6　10>），因為像一位英明總司令，聖母瞭解如何運用她的力量仁慈，祈禱以便使惡勢力混亂。使自己的僕人勝利。」聖阿爾方索黎高理。

上海君王堂地處上海市中心，是震旦女中的近鄰，離震旦大學以及聖芳濟中學都不遠，且教堂後面有兩塊很寬闊的草坪，內有很多會客室和大廳。本堂朱樹德，副本堂朱洪聲神父都是海外學成回國。他們具有淵博的知識和高深的德行。堂口教友中外皆有，著名的京劇演員言慧珠也是每主日上君王堂望彌撒。也有不少教友從徐家匯洋涇浜等地趕來望彌撒，究其原因，君王堂有第一流的唱經班，唱經班由美國神父 Fr.Palm 柏世安神父帶領，其中有兩位陳氏姐妹，是當時防癆協會主席陳湘泉的女兒，小的彈一手好的電子琴，有人這麼說，在上海彈電子琴最好的一位是在衡山路國際禮拜堂演奏，另一位則是君王堂的陳魯似，擔任女高音獨唱的是她的姐姐陳奇妍，她的女高音和柏神父的男低音配合得令人

叫絕。每逢復活節、聖誕節等大禮日，更是男女四、五部合唱，所以堂內總是爆滿，有時門口都站滿了教友，其次君王堂在兩朱的引導下，於一九五一年十一月張伯達神父逝世後，朱神父即在君王堂舉行用紅色祭披做的致命者彌撒聖祭。青年們個個都佩戴小白花以示紀念，接著兩位朱神父又邀請蔡石方、陳天祥、陳雲棠等神父來君王堂進行道理的七講八講，各堂口以及大專青年都紛紛趕來，不但用心聆聽，且做筆記。對我個人來講，這些聽到的教理在後來數十年牢獄中，既不能望彌撒又無聖事可領的情況下成了最佳的營養滋料。小朱神父還有一手絕技，經他嚴格訓練的輔祭者，個個端莊虔誠，在大禮彌撒中運起高吊爐時動作一致協調，連走路都是有板有眼。也許我說的有些誇張，近十餘年來我也周遊了幾個國家，但至今沒有發現在哪一個教堂的輔祭較君王堂更熱心虔誠。沒有一個唱經班比那時君王堂的唱經班更使我感動，這也許由於個人的思鄉情緒所致。

　　由於上述理由在一九五三年五月卅一日中華聖母占禮，龔主教指定君王堂為迎聖母的地點。五月份本來就是一年中最美的一個月，百花爭春，百鳥競鳴，那天正是星期日，天空萬里無雲，堂門外車水馬龍，人頭擠擠，教友中最遠的甚至從浦東唐墓橋、楊思橋等趕來。下午三時開始迎聖母，一尊清秀的法蒂瑪聖母像由四位大專公青抬著，緊接著是大專院校的公青，記得我們每人都佩上校徽，那時我已離校，但

交大公青王克明堅持我把舊校徽帶上，走在隊伍的較前面，後面還有很多哥哥姐姐和他們帶領的弟弟妹妹還有很多醫生、工程師等等，大家一面熱心地誦唸玫瑰經，也偶而唱幾首讚美聖母的頌歌。在大草坪的一側搭有一只長形檢閱台，台上正中就坐的是上海教區龔主教，兩旁是兩位朱神父以及蔡石方等各堂口的神父。我清楚地記得，當我們走過檢閱台時，向主教揮手致意，並且大聲說「偉大的主教，我們擁護您！偉大的主教，我們熱愛您！」

最後由龔主教講話「上海教區的教友們特別恭敬聖母，到佘山去朝聖幾乎已成了上海教友的習慣，我們依靠佘山聖母得以有今天堅定的信仰，我們也已聆聽到法蒂瑪聖母所發出的信息，要用祈禱補贖搶救普世的靈魂」，主教後來很深情地望了我們青年一眼，他十分感觸地說「你們是聖母皇冠上最大的寶石，所謂寶石就應該常常閃爍發光，以後不論在什麼情況下，要常常記得今天這一天，我已把整個上海教區奉獻給聖母了，也希望你們把自己完全奉獻，一生做個聖母的孝子賢女。」

這一天的情景始終很鮮明地留在我的腦海裡，那天有那麼多教友參加典禮，而且君王堂佔地面積很大，但一切都有條不紊地進行。至於麥克風的效果更是理想，君王堂真是人才濟濟，得天獨厚。

又第十章
六月十五日「九、八」的前奏曲

　　一九五三年六月十五日那晚，君王堂有一個盛大的遊藝會。堂口很多教友來參加。教師組演出精彩的戲劇「聖女依搦斯」，並有遊戲，聚餐等節目，非常熱鬧，晚上大家盡興而散，殊不知虎視耽耽的中共解放軍正等在黑暗陰影中猛撲過來。就是那一夜功夫，封鎖了上海教區的各個堂口，逮捕了一些本堂神父同時把所有外籍傳教士一網打盡。

　　六月十六日早上，君王堂及神父住屋的門口都有扛著槍的解放軍看守著，所有的神父不是被捕入獄就是囚禁在房間內，一批教友來後，見堂門緊閉都不願離去，大家都等候在堂場內。大約在九時半左右，他們放小朱神父出來做彌撒，但不許他講道理和聽告解。彌撒後又關進去，只看到他眼睛紅紅的，也許因一夜沒睡或流過淚，並看到他不斷撫摩給手銬擦痛發腫的手腕和手臂。雖然聖堂已不能進行正常的宗教活動，但教友們仍然堅持去聖堂，而且人數越來越多，每天直等到小朱神父做完彌撒出來，全體教友都跪在水泥地上請求神父的降福。有的更不顧一切，塞些麵包餅乾等乾糧給神

父,有的大聲說出自己的心裡話 「不論在什麼情況,我們永遠忠心於慈母聖教會,永遠跟隨您。」後來聽說南昌路匈牙利神父處也被封了,那位面孔酷似列寧的神父不斷有人送麵包給他,有的公青因送麵包被學校開除。徐家匯的蔡石方神父,伯多祿堂的錢彌格神父,君王堂的朱樹德神父,那時屬於本堂級的神父差不多都被捕。敵人要打擊羊群,勢必先要擒牧羊人,這是必然的規律。但是這些羊群也不甘示弱,手拉著手團結起來築起一堵牆送麵包,長時間跪在堂場上,就是要讓中共看到教友不是一嚇就倒的,至少遏止了他們在短期內不能再有任何瘋狂的行動。

一九五三年六月十五日的事件,中共稱之為「反帝愛國運動」,因矛頭也是指向外國傳教士和修女們。當時君王堂有美國神父 Fr. Plilips 斐神父被判四年徒刑,在監獄裡關了四年,在一九五七年六月和 Fr. John Houle 何雍之神父,一起被押解出境。他們外籍神父在被關押時,沒有家屬替他們送衣服被褥和補充的食物。本來他們離開物質富裕的美國來到中國傳教已是很大犧牲,現在再淪落到中國監獄,食不能飽,衣不能足,整天被囚居在斗室中,無任何自由,他們的祭獻比起我們的實在大好多倍。

何神父(Fr. John Houle)他原是君王堂的副本堂我每天出入君王堂但很少和他講話。只是常常見到他攀高趴低,裝置播音機,佈置燈光。一直到一九八九年我來到美國

何雍之神父（後排右二）

後，才知道這裡有很多美國教友都認識他並且非常敬愛他。我很自豪地說數十年前我曾是上海教區君王堂堂口教友，每天見到何神父。來美後才知他被判四年，這四年是多麼漫長難受的日子，不僅有長達數十小時的疲勞審訊，而且在監獄中連眼鏡、皮帶都被視為違禁品，由於他在監獄中受盡折磨以致全身關節肌肉疼痛，長期臥床。一九九〇年他的姪女把真福高隆卞的聖骨放在他身上，因為那時他已日夜昏迷不省人事。大家急切地求奇蹟。幾天後他已能坐在床上用餐及接待來看望他的朋友們。X光拍出來，他的腫瘤已消失。真福高隆卞治愈了何神父的肺腫瘤，救了他的牲命，但卻沒有減輕何神父脊椎腿膝的疼痛，要何神父繼續做補贖。我曾數次去德肋撒醫院探望，他對自己曾為主受苦無怨無悔，當他知道我曾是他的堂口教友時，且在監獄中的日子比他多了一些，他十分激動地說「感謝天主奇妙的安排，怎麼也想不到四十年以後我們重逢在美國 尤其我們都為天主受過苦，這是我們的特恩。我降福

你，願你一天比一天更愛慕天主。」一九九七年六月底在他生命垂危階段，我去看他，他已骨瘦如柴，醫院說他有傳染病，不允許任何人進入病房，我站在病房門口見到他時，好像看到聖像中的五傷比奧（Fr. Pio）神父，他雖然消瘦，但目光炯炯，充滿靈氣，我感動得哭泣起來，我看到了一位活聖人，他看來十分痛苦但異常安詳，手持念珠在唸玫瑰經 他已無力多說話，僅僅說 「你願意我降福於你嗎？」

何神父對龔天爵樞機的愛戴和敬仰十分忠信真摯，一九八八年當他得知龔主教到了美國康州，雖行動不便，一定要特地去拜望主教，並拖著病體和忍受著疼痛的膝蓋，從醫院出來，兩次跟隨龔主教去羅馬朝見教宗，並參加教宗給龔主教的樞機加冕權戒的典禮。

君王堂還有一位皋神父（Fr. Gatz），他常常在神功架上聽神功。我每周一次去他那裡辦告解。因為那時我不會說流利的英語，告解時皋神父總幫著我，有時他說 「你真正說不出英語，就用些中文也可以，好在耶穌也懂中文的。」這樣就消除了我對告解的恐懼。在六月十五日那晚，他和Fr. Palm被迫關在三樓氣樓上，六月的天氣，氣樓上炎熱非凡，神父有時探頭望望窗外，教友們總是不斷向他做做手勢，他頻頻劃十字降福大家。皋神父有個習慣，為了更方便和教友聯絡，他記下了很多教友的電話、地址。在關押時，

他深怕這本通信本被警察抄去而連累別人,怎麼辦呢?燒又無處燒,其他也沒有消毀的方法,於是他就一張張的撕下來,慢慢嚼碎,然而吞下去。這樣的事情只有內心充滿天主的愛情,為了不帶給別人任何麻煩,寧可自己受苦,皋神父已於數年前病逝於美國。

Fr. Palm 柏世安神父是教會中的「平克勞斯貝」他不但歌喉好,還唱出了內心愛主之情,像張了翅膀似的,隨著音樂和歌聲讚美創造宇宙的主宰。他在一九五三年六月十五日沒有被捉進監牢,中共兵士囚禁他在房間內,有幾個教友看到他曾在三樓房間的窗口露過面,大約三個月以後看到他的窗檻上放了一雙鞋子,腳尖朝外,我們意識他已被驅逐出境了。柏神父現在在台灣新竹聖心堂。

柏世安神父(現在新竹西門街耶穌聖心堂)

第十一章

暫 停

在樂曲中有休止符,在交通道上以紅燈顯示暫停,在中共歷年搞運動中,似乎逢單大搞一下,逢雙就暫停。一九五三年逮捕各堂口本堂司鐸的風波席捲了整個上海教區,君王堂自朱樹德神父被捕後,留著朱洪聲神父每天早晚出來兩次,本來警察要他完全和教友隔絕,但堂場上有百餘位教友在等著神父,有時也不知是誰在帶領唸玫瑰經,一串又一串,教友們就以這種純宗教的形式來對付中共迫害教會的行為。後來他們在不得已的情況下,只得允許朱神父做彌撒又做聖體降福。來的教友日益見多,過一段時候看守人員也有些鬆懈,於是朱神父就趁機和大家說說話,他說中共原來要他檢舉大朱神父,認為他年紀較青,家中生活優越,估計他吃不起苦而投降,但誰知過一些日子,事實出乎他們的意料之外,他們的如意算盤打錯了,再仔細觀察,神父所做的無非是彌撒等聖事。到一九五四年四月解放軍退出君王堂,我們真像「還我河山」一樣高興。從一九五三年到一九五五年的兩年中,兒童教理班蓬勃發展,人數增至二百五十個左

右，伯多祿堂的兒童教理班也有六百多個小朋友，徐家匯大堂更有九百多個小朋友。一九五三年外籍傳教士們替中國教會護駕。使我們有兩年的寶貴時期，趁有光亮時快趕路——加深神修及兒童教理基礎。一九五四年似乎是暫停的一年，實質上是中共放長線釣大魚，在暫停中搜集大批資料準備一九五五年大進攻之用。

在一九五三年所謂的反帝愛國，趕出了大批的外國神父、修士、修女等。於是各地展示帝國主義份子罪證展覽會。街道居委會曾一再到我家強迫姐姐和我去參觀罪證展覽會，我們怎麼也不願去，我心想一個掌有政權的政黨，它要消滅宗教，說什麼在神父的臥室中搜查到發報機或手槍等等，這是很容易做到的事。不論仇教者把神父們描述得如何陰險毒辣，絲毫改變不了我對他們的尊敬。

一九五三年七月，我又重新決定再去考一次大學，我從小是個十分喜歡讀書的人。一九五二年因聖母軍別離了聖約翰大學，真的，好比割了我的一塊心頭肉，爲了天主該放棄的一定放棄，能上學的時候也一定上。有些外教人認爲教友只會閉著眼睛唸經，肚子裡空空如也，不學無術，我不願別人對我們有這樣的看法。一九五三年我再次去考大學，又被華東師範大學化學系所錄取。我抱著讀一天算一天，明天你們要趕我出來我就出來。一直到一九五五年九月八日，二年以來我幾乎門門功課都是A，老師同學們都認爲我是很守規

矩，學習成績優秀的學生，但在這兩年中我在校的感覺好如赤腳走在碎玻璃上，既怕玻璃尖屑刺我的足部，又怕自己畏懼不前。華東師大是個極左傾的大學，學生中有很多是黨員。對於非黨員的同學或是爭取你入黨或是將你作為監控的對象。我是一個很單純的學生，常常認為自己出生以來沒有做過任何壞事，按理說我應該坦坦蕩蕩光明磊落，沒有任何抬不起頭來的事，但中共的心理戰很厲害。自一九五一年公安人員一再要我好好反省自己的罪行。街道幹部也再三對我的行動監視。在長期這種心理戰攻擊下，不知不覺地也感到自己比別人矮半截，到了大學後更感到如此，有些好心的同學很想和我交談，我總借故拒絕，在自己的四周築起圍牆，不准任何人接近我，別人也明顯感到我這人怪怪的，不知是否某根神經不通？在家裡我原來是最愛音樂的，家中有一架鋼琴還有其他一些樂器，但我態度冷漠，並非我個性改變，實在因為共產黨步步為營，對天主教聖母軍死纏不放。我若要忠於教會勢必要放棄一切作好被捕的準備，如果我過份喜愛學琴，到那時候為了彈琴而放棄天主，豈不太可惜了嗎？在學校求學也是如此，如果我成了班長，人際關係很好，在關鍵性時刻，這些因素都會大大地成了阻力。所以我在那時候，雖然進了大學，但內心還是非常痛苦。

第十二章
山雨欲來風滿樓

　　我床頭邊的一只小包裹,已放了三年有餘了,究竟什麼時候用得上,誰都不得而知,中共的有些運動,某些人被捕往往很突然,使你措手不及。但有些事情事先也有一定的跡象,總之不難看出。

　　一九五五年八月廿日那天,氣候非常炎熱,我正在睡午覺。突然校中有兩位同學到我家,急匆匆的要我收拾一些衣服,立即回校,說校長及黨委書記有事找我。我預感來者不善,此番回校定是凶多吉少,但也無法抗拒,只得奉陪。一到學校,由班長宣布我已失去自由,一切行動由四位同學看管。我要問個究竟,他們也不多說,只說以後你自然會知道。首先校長告訴我不久政府將對天主教會進行一場大規模的肅清反革命運動。根據他們所掌握的材料,我曾犯有嚴重的反革命罪行。但顧念我年輕,僅是因為「中毒」過深,所以希望我能在最短時期內「識時務也」,檢舉揭發教會中的帝國主義份子和反革命份子,那麼政府可以按坦白從寬的政策既往不咎。同時校長也明確地要求我將來在開龔品梅等人

的批判公審大會，我必須站出來面對面的鬥爭他們。我清楚地記得他的最後一句話「胡美玉，你完全可以在青年中以及廣大教友中起作用，使佔有多數的中間份子轉化過來。」

信德考驗的時刻已經來臨，第一我記得神長們的教導對於魔鬼的誘惑一定以「三不來對付」。所謂「三不」即不聽、不看、不回答。如果原祖厄娃在地堂中對魔鬼的誘惑不聽，不和魔鬼搭訕，也不致去吃那只禁果。我在領洗時已向教會宣誓，寧罹天下萬難也決不得罪至尊至善之天主，想到現在已是將這些話付諸於行動的時候，我感到力量微薄，手無縛雞之力的弱小女子，怎能與強權苛政相對抗。但我相信全能者天主在我這一邊，我什麼都不怕。

第二天清晨猛烈的砲火開始攻擊了，首先班長向我指出從現在開始，我已失去自由，一天廿四小時由兩位同學輪流看守。宿舍樓下的兩塊大黑板上密密麻麻的寫出了我的罪行。我根本不去看，只見到處寫的非常大的口號標語「打倒反革命份子胡美玉」以及「只有徹底交待，才是你的出路。」等等。我心想你們寫得再多，我不看，能起什麼作用？只算是擺擺華容道，嚇嚇一些膽小朋友而已。晨八時即開始批鬥大會，班長以高分貝的嗓音叫著「揪出隱藏在我們班中的反革命份子胡美玉。」然後由兩位同學將我腳踢手拉地推到前面。並用手強捺著我的頭，我不斷抬

起，如此反覆數次。同學們顯得很是瘋狂，不知深怕我玷污了全班的名聲，還是出於對階級敵人的仇恨。大家舉手都爭著要發言，我根本沒有聽清他們在說什麼。只聽到有幾位平時和我相處得很好的同學，用著顫抖的聲音，說了一句「胡美玉　我們和你劃清界線」。親愛的同學，我諒解你們，你們的心也在顫抖，你們今天不說這句話是無法過關的。今天我才真正懂得什麼是自由。我內心很平安，我不願意說的，堅決不說，我的自由意志一直掌握在我自己的手中，而我這些同學，絕大部分平時和我都是十分友好的，現在為了自身的利益，也只得說些上面所指定的話，他們不是失去了內心的自由嗎？我為他們感到難受。批鬥會一直進行了四個小時，午飯後系主任又找我談話，一次談話持續數小時，反正我堅決一言不發。如此大會，談話每天砲轟十餘個小時，說來說去，無非要我承認教會中的外籍神父和中國神父是帝國主義份子和反革命份子，是他們毒害腐蝕我們。我只要揭發檢舉他們以及交出一批和我一起被他們毒害青年的名單，那麼我就可以繼續上學，有光明前途。我想我是天主女兒，怎能站在魔鬼的立場來看待問題，教會為拯救我的靈魂不斷教育我，怎能說是毒害？要我把一切責任歸於別人，更是魔鬼邏輯。將來我們站在天主台前不能說：「我本來不願意犯罪，是XXX拉我下水的。」再說要我出賣別人來立功，更是直接相反愛德，中共口口聲聲說　「你們要相信

天主，我們不干涉不反對。」但他們時時處處要我們違反愛德，犯了違反愛德的罪行，信德只是建築在沙灘上了，又如何能牢固。中共用的是釜底抽薪，把鍋底下的柴都抽走了，那來的火呢？感謝天主，常常賞賜我有清醒的頭腦和一個敏感的良心。毒害我的不是教會，而是他們，他們正在用威脅利誘迫使我離開天主。

差不多兩個星期以後，那天是九月三日，學校已經開學，白天他們將我關在一間滿佈蜘蛛網，一直無人使用塵封已久的小房間中，什麼都沒有，中間一只小板凳，要我整天面對著牆壁反省思考。我想這也許就是他們佈置的模擬牢房，也好，我一切主意已拿定，同學們已無空繼續批鬥，改用冷落法來對待。聖保祿說「一切對愛天主的人都是好的。」我始終抱著以不變應萬變。加緊祈禱免陷於誘惑。晚飯以後，同學又從在宿舍中帶我去教室，當我一跨進教室，見到媽媽和美珍姐坐在那裡，我見到她們真是小別重逢，悲喜交加。喜的是媽媽神采奕奕並不因我離家而思念過甚，悲的是我這場戲唱下去，其結局可能要以逮捕告終。胞姐美珍立即用一口寧波話對我說：「我擔心的就怕你吃不起苦做猶達斯。」我說「請轉告神長們，美玉寧死不叛離教會，你們要注意，暴風雨即將來臨。」媽媽當時還是外教，但她已是一個望教者，她說她每天為我唸好幾串玫瑰經 並一再對我說「美玉 做個好孩子 不要怕吃

苦，媽不要一個叛徒的女兒。」我聽了這話感到我這些天的痛苦已得到天主的降福，一位外教母親能有勇氣和聖母以及一些聖婦們一起上加爾瓦略山，人世間還有什麼比這更大的恩寵？

接著我就把手錶、金項鏈等請媽媽帶回，並對媽媽深情地說：「媽媽，女兒今天忠孝不能兩全了，願好天主報答你。」校方雖然不太懂得我們的方言，但觀察彼此的表情動態，不利於他們的目的，立即將媽媽和姐姐趕出去了。幾位同學還狠狠地在說：「真是反動一家門！」他們原先想利用母女親情來動搖我的信仰，誰知道其結果適得其反，媽媽的信仰也更堅固了。

九月四日校方給我看了兩位在交通大學的教友俞玉成、楊文奎檢舉我的材料，每疊足足有十餘張。我還是老辦法，將這擱置一旁。校長說：「恐怕你還不相信，認為我們在做假的，告訴你，今天晚上他們要向你現身說法。」待到晚飯吃過，他們兩人由交通大學校方派人開了一部車來到我校，見到我時，兩人都不敢以正目對視看我。後來學校領導就催著他們說：「既然你們的思想已經搞通了，把你們的親身感受向胡美玉介紹吧！」他們首先肯定這些材料是他們自願寫的，以後接著左一個藉口，右一項歪理，說應該為著自己的前途，自己的家庭，既然政府不要求我們放棄信仰，我們又何苦做得那麼絕。洋洋一大篇無非也要我跟著他

第十二章　山雨欲來風滿樓

們走。我只回答了一句「道不同不相爲謀，你們去走你們的陽關道，我走我的獨木橋吧！」後來這兩位到處參加控訴大會，以大量檢舉揭發控訴他人來立功。不但獲得了中共的免予刑事處分，同時還擔任了民主青年代表，愛國會骨幹。從他們口中得知那時大約有十餘位大專公青回校交代，但僅我和另一位同學因堅持信仰而被補。

　　如今楊文奎、俞玉成都已病故。我在赴美前都曾見到過他們。俞玉成語重心長地對我說「美玉，你揀選的是最好的一條路。天主降福你活到今天還有福氣去美國，我自嘆不如。」我說「天主的仁慈永遠在眷顧著我們，你深深知道我是非常軟弱的，一切光榮應歸於天主。我們做錯了，一定要信賴天主的仁慈。猶達斯後來也懊悔自己犯了大罪，但他不信賴耶穌的仁慈，沒有真正的望德，因而走上自絕的道路，我們都是罪人，都要求天主的寬免。」我見他的眼都濕潤了，一別卅餘年，大家都已走到人生舞台上的最後一幕，還有什麼個人恩怨可言，要緊的希望將來同聚於天國。數年前聽他因患腦血栓而逝世。實在這些年來他們在物質和本性上也未交好運，他們躋身於國立大學中，因過去的問題也是屬於中共的內部監控人員，幾次晉升教授都被打回，精神上更是憂慮重重，工作上也未得到領導信任，耶穌在聖經上說「人不能事奉兩個主人……」，耶穌還說「我實在告訴你們 人為了天主的國捨棄了房屋、或妻子、或兄弟、

或父母、或子女，沒有不在今世獲得多倍而在來世獲得永生的。」（路十八28）

　　天主已在那時向我發出請帖，要我在九八和龔主教以及很多神長教友恭赴晚宴，自九月四日起我每天沈浸於祈禱，作好走上苦路的準備。

第十三章
我們和聖母一起誕生

一九五五年九月三日,到九月八日一直讓我清坐,中共用的是動靜結合的手法,或是不斷批鬥,或是讓你清坐。我想既然讓我坐著,我就可以閉目養神,可以不斷地祈求、禱告。校方再有能力也不能控制我的內心思想。九月八日晚約十時許,我已上床睡覺,突然有同學催促我快起來,說校長劉佛年找我談話,我知道時辰已到,那有深更半夜校長找談話的。我信步走到校長辦公大樓,見已有一警車等著,我隨即劃了個十字說 Fiat（主旨唯承）。我一進去,劉校長即非常嚴肅地說 「胡美玉,學校為了挽救你已做了大量工作,但你一再堅持反動立場,你看你的逮捕證九月三日已出,但校方一再爭取你,一切看來徒勞。所以今天九月八日一定要將你逮捕了,不過學校還準備保留你的學籍一年。政府對年輕人,特別對大學生總是寬大為懷,你入獄後,還可以選擇,你什麼時候認識到自己錯了,你交待自己的罪行後,仍可以回到學校繼續求學。」

說罷,警察上來要我在逮捕證上簽字,然後喀嚓一聲,

雙手銬住，臨走時我要求同學將一些換洗衣服以及肥皂毛巾等日用品收拾好送到警車中。被捕對我來說是意料中的事，社會上已在開展轟轟烈烈的反胡風反革命集團的肅反運動，必須人人過關，要清查個人歷史，清查祖先三代，清查社會關係。天主教中的神父、修士、修女以及一些聖母軍公青等都早已劃為內定對象。我是民族資產階級出身，有著一大批海外關係，本人又是聖母軍會長，大專公青負責人，因此早已成為網中的大魚，怎能讓我輕易溜過？人本性總是怕受苦的，沒有人願意輕易地棄絕家庭而甘當階下囚，但我生逢其時，在致命者和叛徒之間只有一條道路可走，我如不願做致命者，那必當猶達斯。在如此嚴峻的考驗前，絕大多數人也不願和永生開玩笑。在這種情況下，我只有孤注一擲，離家離校，告別世俗的一切，跟著聖母，尾隨耶穌走上加爾瓦略山的道路。

九月八日是聖母誕生的日子，天主揀選我們在這一天入獄，是要我們和聖母一起誕生在監獄。那是另一種奉獻生命的開始，過去的一切已和我們無關。我坐在警車中默想人生本是一齣戲，如果我將自己比喻是一演員，今天要演出的一場是入獄的一場，我要受多少凌辱，要吃多少的苦都是劇情的需要，我只要深入角色，十分投入就可以了。至於誰是觀眾呢？有天上已得勝的教會，無數天朝聖人聖女和至尊天主以及聖母瑪利亞，有在煉獄中還在等待天國的眾靈魂們，他

們多麼期待我們用痛苦和祈求為他們請求天主早日賜他們安登天國。還有普世教會也都在注視著我們，以教宗為首的教會他們時刻關懷正在受考驗折磨的神父教友們的表現。耶穌已邀請我赴宴，我沒有任何藉口借故拒絕，在酒席桌上，我不能忘記天主兒女的身分，青春即使消逝，生命也可犧牲，但總不能半途而廢，信仰、忠貞只有保持到生命的最後一分鐘才是勝利。一時的熱情人皆有之 可貴的在於堅持數年、數十年下去，直到永遠。

九八晚上在牢房中遇見了很多徐匯區教友，半夜以後還聽到男牢房中不斷來人，由此可見這次是一大風暴了。胞姐美珍恐也不能倖免。想來想去免不了要思念高齡的媽媽，她一下子怎能受得住失去兩個女兒？只有將她託付於聖母的手中 天主要求我們愛祂在萬有之上，也一定在媽媽之上 所以我一進牢房，就定志向，倘若媽媽要成為我跌倒之緣因，我寧可早日求天主收我靈魂，或是媽媽早日歸天。母女親情對我說來是最大的誘惑，但只要我依靠天主，無論什麼都不能使我和天主分離。

牢房的擁擠、惡臭，再加高度近視的我被迫拿去眼鏡，據說為防止犯人自殺，一律不准戴眼鏡、用褲帶，也不准犯人刷牙，我想想除了壓迫犯人過牛馬不如的生活，其他又有什麼理由不准刷牙，不准隨意上廁所。每天兩餐稀飯用菜皮爛南皮等燒成糊，我吃了餐餐嘔吐。體重驟減到七十斤，我

巴不得毛病重一些，心想可以早日去見天主。也許他們看出了我的心思，在牢房中特地替我送來病號飯白米粥加上白麵，開始兩餐我拒絕吃　我說　「你們為什麼要對我特殊？」後來經牢房中的陳桂娥姆姆以及其他教友的勸說，說我肉身相當軟弱，如不好好吃些東西，會影響意志也可能軟弱，既然他們因病照顧，那你就吃罷。記得那時牢房中有王培珍、潘霞雯、顧進琦、陳桂姆姆等，她們個個都勇往直前，在牢房中以善表來感動教外人。當大家知道我只有進教六年的教友，家中都還是外教時，都不斷鼓勵我不能辜負天主的特選之恩。

第十四章 審訊

在我一生中曾經歷各種不同的痛苦,但最使我感到窒息難受的是接受審訊的痛苦。究其原因 中共不但不允許「犯人」有辯護律師,而且他的審訊實質是一花樣百出的攻心術。他們是無神論者,在任何場合、任何事情上不受道德法則的約束。因此為達到目的,可以不擇手段。為要得到犯人的親筆供詞或口供,有的被用強烈的燈光照射得頭眩眼花,有的被長時間疲勞審問,審訊員可以換班換人,而犯人必須端正地坐著,戴著手銬,如犯人有些反抗,立即反銬。就拿我來說,在看守所關押的八個月中,總計提審達一百廿次 可說是所有天主教犯人中提審最多的一個。有時在清晨,有時在半夜,只聽見獄卒把我的番號銅牌(犯人不能叫名字,只有番號)叮噹一放,並且大聲一喳呼「一一三八出來」,那是軍令如山倒,要立即出來到提審室。旁邊的教友、修女都為我難受,說 「怎麼左審右審,一個在大學讀書的教友,能做出什麼壞事,為什麼老是盯著她不放?」

我自己也想不清楚,為何公安機關對我這樣有興趣,我

想你們要判就判了，何必白天審。半夜問。後來我想想他們要如此提審我無非有兩個理由 其一我在中共眼裡是屬於被毒害的一批，況且進教只有六年，毒害不至於過深，是可以爭取的對象，再加是在學的大學生，家裡都是外教，用他們的話，這種敵我矛盾有充分理由可以轉化過來。說實在話，中共不願意逮捕我，更不想判我刑。但一心想豢養我成為他們的應聲蟲、走卒。所以對我的審訊次數出奇地多，並且費盡心機，用足心思。其二，因和我在一起的大專公青，多數都已投降，為了減輕他們自己的處分，必須檢舉立功。我是一塊大肥肉，供他們作為立功對象，因此提審員手中總是有一大疊別人檢舉我的材料，而這些材料用中共的行話必須和我「碰攏」，碰攏的意思就是要我一一認可他們檢舉的屬實。偏偏我在審訊中緊閉雙唇，一切不作回答，而且面部毫無表情，我在為那些教友們遺憾，他們為了自己脫罪，有的擴大事實，有的把責任都推到我的身上，他們口口聲聲不放棄信仰，他們用我的痛苦去換取所謂的「自由」。如果不是天主的聖寵，我被他們如此日以繼夜的逼供，早已成為精神病了。

我在審訊中雖然好像比死人多一口氣似的，但內心思想此起彼落，像一只熱水瓶一樣，外表看來，冷冷冰冰，而內部，一瓶水正在沸騰。有血肉的人在受到如此違反人道、違反尊嚴的待遇時，怎能無動於衷。但若是我和他們爭吵，辯

論時間長了，我的腦子會昏昏沉沉，也許可能喪失分辨是非的能力，也許我會說出不應說出的情況，而牽連別人。總之我一入獄就抱著死不開口的態度，天主知道我背這十字架是多麼沉重啊！每次審訊回到牢房，精神肉身所受的折磨，使我頭上直冒大汗，那種撕心裂肺的苦真是苦不堪言啊！在數十次提審後看我不吃硬的，於是來軟的一套，一面對我大量吹捧我是青年中最能幹、最聰明、最會辦事的一個，將我誇得像一朵花。但我聽了感到十分肉麻，這明顯是演戲中一套台詞而已，我已經被你們貶得連狗屎都不如，如今又恬不知恥來誇獎我，真是嘴唇兩片皮，翻來又翻去，我根本不理會這一套。

　　過了幾天，又來了許多過去的同伴看望我，他們都是已變了臉，向中共舉白旗投降的。從他們所寫的材料我已知道他們的心態。個個都像鸚鵡一樣說著中共教他們的「套頭話」「我們都已認識清楚了，都交代了自己的罪行，這根本不違反信仰，你看，我們的良心多平安，因為有很多主教都這麼做了，既然他們可以做，我們為什麼不能呢？你要深思，你媽媽為你們姐妹倆受了那麼大的痛苦，現在哭得幾乎雙目要失明了，天主要我們孝愛父母，你為什麼不考慮守好這條誡命？識時務者為俊傑，隨潮流就是了。」我不想再聽下去，我說　「愛天主於萬有之上，愛萬有在天主之中，如果大家都識時務，都做隨波逐流的浮萍，那麼羅馬三

百年教難,那來這麼許多致命者,道不同不相為謀,你們去走你們的陽關道,我走我的獨木橋。」接著交通大學的俞玉成又「規勸」我一番,他說得十分露骨 「胡美玉,你不要太天真,你想你現在能堅持,但畢竟不是一天、一年的事,待你判刑後去勞改農場,要受盡各種痛苦,你是家裡的嬌小姐,你能吃這些苦嗎,如果在那時你再想找一條出路,就很被動了,能堅持一輩子受苦的幾乎是鳳毛麟角,你是個新教友,你估計自己有力量堅持下去嗎?我勸你遲變不如早變,後來變不如現在變,不但能得到政府的重視,還可得到各方面的優惠。」這是一套地地道道的「現實哲學」,回牢房後我也經過深思,他談話中隻字不提天主的力量,將來在天主的手中,誰知我能活多久,不能為將來堅持,現在就要跌倒,他們要的是現世的前途,讓他們去追求吧,我已入此牢門,路只有向前走,決不後退。

　　隔了兩天,又來了一位和我不太熟悉的的廣東陳天寶神父,別人告訴我,他是激進派,已和一位修女結婚。對這樣的神父,我如何能信任呢?他一見到我就煞有介事地對我說 「我是神父,你盡管寫你的材料好了,天主台前的責任由我做神父的來負,你們這一批青年,只怪龔品梅不向你們說清,其實聖母軍登記,以及現在承認龔品梅是反革命份子,根本不違反信仰。」當我一知道來者不善,就直截了當對他說 「龔主教今天和我們一起被捕,這說明他說到

做到，至於你們這些所謂的神父，好像猶太人在馬路上賣假貨，大吹大擂，我不會跟你們走，你說你替我負責，我不知誰替你的行為負責，當站到天主審判台前，後悔已來不及了。」他連聲說 「胡美玉，你太惡毒，太惡毒了，真是無藥可救！」

中共的最後一張王牌就是我的年愈花甲的老母親，我媽媽自我被捕後不思飲食，每天到看守所要求探望我，開始警察對她很凶狠，說她老太婆不要來無理取鬧，女兒犯罪被捕是罪有應得，媽媽仍堅持每天來看守所坐上數個小時並要求「你們將我和女兒關在一起吧！」隔了幾天，大約他們知道媽媽尚未進教 就對媽媽說 「今天我們可以同意你去見你的女兒，你還可以帶上一些吃的東西，但你一定要勸她好好認識自己的罪行。」媽媽聽了欣喜若狂，立即請同來的老媽媽（我的老保母）去買我所喜歡吃的奶油栗子蛋糕以及鮮肉大包。那天獄卒又在我牢房門口叫我 「一一三八，出來。」我跟著出去，在審訊室見到媽媽和老媽媽兩人拎著兩只盒子。自從九月三日在華東師範大學和媽媽迄今已有數月，這一小別猶如天人相隔，如今母女重逢，真是別有一番滋味在心頭。正如苦路第四處，耶穌和聖母彼此心中的痛苦莫可名言，但卻未嚎啕大哭，世上最悲痛的事，有時不是用眼淚所能表達的。媽媽面容憔悴，兩眼通紅，人已明顯消瘦，幾乎連站都站不住。我在牢房中已被折磨到半死，

被摘去高度近視眼鏡，本來人已不像人，再加全身浮腫，面色蒼白，媽媽一見到我大聲哭起來，「怎麼好好清秀的一個小姑娘弄得這個樣子。」接著老媽媽說了 「剛買來的鮮肉包子是你最喜歡吃的」。媽接著說 「今天他們開了大恩，准許我買各種吃的東西給你，還有奶油栗子蛋糕。」對一個餓極的人來說真是迫不及待要去抓來吃了，我立即伸手去抓香噴噴熱騰騰的鮮肉大包，好香啊！多少天沒有吃飽了，抓到自己所喜歡的美食，立即要往嘴巴送了，當我正想咬到第一口時，不，不能吃，我不能上魔鬼的當，想到吾主耶穌在曠野守齋四十天，魔鬼來誘惑耶穌，耶穌嚴正地說：「人不是單靠麵包而生活的。」中共為什麼允許我媽媽買吃的東西給我，而別的家屬不准送，說明他們對我別有用心，如果今天吃下鮮肉大包，明天再要幾只叉燒包，這樣下去我如何經得起長時期艱苦生活的考驗呢？不，不能吃，那怕再餓，那怕再饞，我必須克制自己的本性，感謝天主，賜給我聖寵抵抗了誘惑，我不吃包子蛋糕，大大地傷了媽媽的心，我對媽說 「既然我已送押在牢房內，怎麼能指望你送東西給我吃呢？我必須獨立面對牢房的一切，不然我整天等著你送東西來，而他們就可利用這一需要，來對我要脅，除非我投降，不然不准你送了。媽媽，任何堤壩都不能有缺口，即使再小的缺口也會導致堤壩崩潰。」我媽雖然不能完全聽懂這些話，但她知道中共做什麼事都是有目的，你不上鉤，

他沒有辦法,上了鉤,他絕對不讓你溜之大吉。媽媽邊哭邊走出了看守所,我只得目送滿首銀髮,媽媽瘦璘璘的背影,她走三步回首看我兩下,還泣不成聲地說 「美玉呀!媽實在放心不下 實在捨不得呀!」正當我陷入沈思痛苦中,獄卒大聲吆喝 「胡美玉,還不回牢房去,你這人真有點神經,洋房不住要來坐班房,大包不吃偏要回去喝粥湯,真是大神經一個。」

回到牢房後我靜靜地思考了一下,到底交代還是不交代,所謂交代實質上是投降,出賣別人,我向獄卒也要了紙和筆,打算就事論事的作幾次交代,但不知什麼原因,當我拿起筆來我的心像有千萬隻螞蟻在咬,我如果放棄一點,中共就會追蹤而來,不是像他們所說,只要承認聖母軍是反動即可。一個人不能事奉兩個主人,世俗和真理是背道而馳的,要跟隨耶穌,只有上加爾瓦略山,不然我的良心終日不安,即使釋放了也要變成瘋子,那豈不是駝子跌跟斗兩頭不著嗎?

第十五章

她是地上的鹽
（憶拯亡會修女陳桂娥姆姆）

　　我在牢房中於眾教友中年紀較幼，同時又是新教友，所以受到修女教友們的厚愛，其中拯亡會陳桂娥姆姆給我十分深刻的印象。

　　九月八日晚徐匯區看守所宣告客滿，以後絡續到中共「十一」國慶前夕，神父、修士、修女、教友都一批批的進來，小小的將近一百五十平方呎的房間關了將近廿人。人像火柴一樣緊緊的排列著，翻身時大家要一起喊一、二、三不然無法動彈。女牢房中有潘姐、王姐等好幾位教友，還有一位穿黑色衣服面目清秀的姆姆，我借機會去和她說話。姆姆輕聲地對我說「我是拯亡會修女陳桂娥。」我立即不加思索地回答「你就是陳桂娥姆姆嗎？妳姪女陳瑞璋是我的代母。現在我們可以有機會為真理致命了。」姆姆見我一片天真數次找機會來開導我，尤其在剛被捕時不斷被提出去審訊，再加看守所每日兩餐比豬食都不如的伙食，使我無法適應，因此剛進來時的滿腔熱情已逐漸冷卻，也許姆姆看出

了我的心思，她不怕看守人員對她一再訓斥，禁止她和我交談，但她仍堅持不斷鼓勵我說 「天主挑選了你，為祂作證，這是祂給你的一大恩典，但加爾瓦略山苦路是一條漫長曲折的山路，耶穌在背十字架時尚且三次跌倒在地。你是一個新教友，更應全心依靠天主，現在關在牢房，不但生活條件差，再加每天的審訊，即使不去受訊，犯人之間的傾軋，長時間的坐著『反省』，如你不提高心靈，不利用時間來祈禱，你就沒有足夠力量來抵抗誘惑，就會軟弱跌倒。」那時我很納悶，在這擁擠不堪，臭味難聞的環境中，再加犯人中也有小偷、生活作風邪惡者，教友處身在這種情況下，正好比一只綿羊夾在狼群中，如何來提高自己的心靈和天主進行面對面的談話呢？在這方面陳姆姆手把手地傳授給我，首先她用縫衣服所用的紗線捻成一串唸珠送給了我，囑我每天至少唸三串玫瑰經，同時替我安排了一張神業日程表，每天清晨神望彌撒、拜苦路、神領聖體……等等。

陳姆姆在監房中始終保持平安喜樂，同時善於幫助別人，她曾多方設法將竹筷上掰下一片片竹片，然後慢慢地在水泥地上將它一頭磨尖，把它當作針用。她曾用這樣的針替很多犯人補了衣服，有一件事我至今仍記憶猶新。看守所裡規定不許我們的家屬送吃的東西給我們，而陳姆姆想到要家裡送來一斤鹽，而這鹽幫助大家解決了很大的問題，那時犯人不許刷牙，姆姆把鹽分給大家，勸大家用鹽擦牙，說鹽也

可起消毒作用。我們喝的稀飯，稀如薄湯水，喝完稀飯就急於方便，而在我們的看守所，連上廁所的自由都沒有。每天得由看守人員定時來放，尿急是比饑餓更難熬的事，有一次有位外教難友，年紀尙輕，因尿憋不住，就大聲報告看守，看守故意刁難，遲遲不開牢門，這位女青年急得哇哇地哭了起來，隔不多久陳姆姆說「我有辦法。」我心想你姆姆也不是和我一樣只有一只放肥皂、草紙和幾件換洗衣服的小包裹。裡面還有什麼高級的東西呢？只見她迅速地解開包裹，拿出她的法寶——半包鹽，她說把這些鹽放在稀飯裡也許可以減少過多的小便，此法果然有效，在那種場合她的鹽比魚翅、海參更可貴。還有一次有位難友的手指被鐵門軋破了，流了不少的血，先用手紙壓著，然而陳姆姆把早晨剩下的開水中放入一些鹽，她慢慢清洗傷口，最後撕些破布條，將傷口包紮好，這位難友十分感動。她說在這幾乎無法生存的環境下，天主教姆姆卻如此充滿智慧，充滿愛心，使我真正感到了人間的溫暖。

說實在話，我從來不知道鹽有那麼多用途，到那時我才理解到為什麼耶穌在聖經中說「你們是地上的鹽，鹽若失了滋味……」

姆姆，你真是保持鹹味的鹽，你帶給我們潔淨，你解決了我們的困境，我一定要效法你的芳表，步你的後塵，做世上不失去滋味的鹽。

第十六章
她是桌上的燈

沒有人點燈放在窖中,或置於斗下的,而是放在燈台上 讓進來的人看見光明。(路卅三34)

星星不但天上有,地上也有,我在牢房中見到一顆明亮的星星,她照耀著人們通往聖善的道路,她是我心中不落的一顆明星。

我在中學求學時曾聽到這樣的一個故事,達芬奇為了畫名作「最後晚餐」曾召請了不少的模特兒,有的充當耶穌、若望、伯多祿……等等,但歷經幾年他一直無法完成他的傑作,原因是他沒有找到一個能充當猶達斯的模特兒,後來在偶然的一天,他在翡冷翠的街頭上發現了一位面目猙獰,衣衫襤褸的流浪漢,就召他進來,達芬奇照他的模樣畫上了猶達斯,後來此人在離開畫室時,百感交集,幾乎不能自己,對達芬奇說 「你知道我是誰?我就是幾年前你畫若望的模特兒。」在這幾年中,由於他沉迷於聲色,不斷酗酒,行為不檢,因此淪落到如此失魂落魄的面貌。可見人的面貌正如耶穌所說的 「你的眼睛就是身體的燈,幾時

你的眼睛亮，全身就光明，但如果邪惡，你全身就黑暗，為此你要小心，不要叫你內裡的光成了黑暗，如果你全身光明絲毫沒有黑暗之處，一切必然光明。有如燈光照耀你一樣。」

絕大部分的人喜愛真、善、美，但每人有各種不同的審美觀。我認為真正的美在於自然，在於超脫。在濃粧艷抹的太太女士中，很少有我所欣賞者。我曾經陶醉於英格麗褒曼在聖瑪利亞鐘聲中的造型，也無限崇拜費雯麗在亂世佳人中的印象，一直到我在牢房中見到這位少女教友，我說我見到世上最美的少女。

她一進牢房門就端端正正劃了一個十字，手裡拎了一只小包，進來後就很熟練地坐在坑上，看來她並不是第一次入獄，也許是二進宮吧！她衣著樸素，上身穿了一件已褪色的藍色長袖襯衫，下面一條深藏青色長褲。但當我仔細端詳了她的臉龐，以及她的舉止，我發現無論她舉手投足或點頭展笑似乎都帶有天上的韻味，尤其她的一雙晶瑩的眼睛，使人見了心曠神怡，她雖說不上有多美，但光彩照人。在昏暗的牢房中，使我驀地見到一盞明燈，怎不叫我欣喜？她終日祈禱，不發一言，也許她的美來自出神的祈禱。她對牢房中所發生的一切事似乎是視而不見，聽而不聞，一天兩次送稀飯來，她總要等別人都拿過後再去拿，每隔兩個星期犯人家屬可以送些肥皂、草紙等日用品來，但她家人從不替她送東

西,每逢這個日子,我總要左盼右望家中的接濟,但她卻穩坐釣魚台,旁若無事,既不等待,更無傷心的表示。我心想這少女好如下凡的仙女,不食人間煙火。天氣逐漸轉冷,別人都已穿上毛衣,她仍是破襯衫一件,從不叫冷。過了幾天我故意去接近她,要打開她的話盒子。我說 「你叫什麼名字?你祈禱這麼有味,有時好像神魂超拔,真的我好想學學你,能否教教我?」她說 「我叫顧進琦,住在徐家匯堂街西,我因一九五三年曾經被捕過,知道在牢房中必須不斷祈禱,才能抵住各種誘惑。這次我媽媽和洪恩弟都一起被捕,家中只剩下兩個小妹妹,如果從本性上去考慮這些問題,不知有多少憂慮,這往往會使我們的意志軟弱,我們應該將我們的目光盯著耶穌,只要我們一心祈求天主國及義德,其他一切天主自然會安排。」好大的信德,她已快到家破人亡的地步,但絲毫不放在心上,難怪連草紙肥皂等日用品都快用完了,也從不焦急。我從那天開始下定決心向她學習。一個個細節跟著她學。她坐像一座鐘,十分端莊,立像一棵松,不歪歪倒倒,祈禱時更是全神貫注,目不斜視。有時幾個小時神采奕奕,光彩奪目,許多外教人見了她都嘖嘖稱奇,都說這個小姑娘快要成仙了。她在用她的端莊,用她的超然為天主作證,大約一個多月以後,她被調往到提籃橋市監獄去。在臨別時我十分依依不捨,她確實是我的榜樣,有她在我可以像嬰兒似的牙牙學語跟她學一點是一點。我與她

在那次分別後從此沒有再見到她。臨走時我塞給了她一套家裡送來的新絨衣褲。若干年後也不知消息會如此靈通,我嫂嫂來信說我惡習不改,在家時派頭很大,總是隨意送東西給別人,入獄後仍是非常闊氣,把新衣服送人。從此就斷絕對我的接濟,我也不當它一回事,我為什麼不學學她的「天塌下來當它被子蓋　泰山壓頂不彎腰」的大無畏精神呢?前幾天閱讀了雷思神父《慈恩》一書中知道他與顧姐在青海見面數次,她仍是那麼虔誠。目前據說她在北方一座隱修院中任院長姆姆,遺憾的是我數次託人匯錢給她都如數退回,是地址有誤或是她不願增加我的負擔,這增添我對她的一份思念之情。

桌上的燈——顧進琦

第十七章

狼群中的羊

「看,我派遣你們好像羊進入狼群中 所以你們要機警如同蛇 純樸如同鴿子。」(瑪十16)

我在一九五六年初由看守所押送到上海市提籃橋監獄,這個監獄,規模很大,男監有六幢樓,每幢有五層樓,每層有一百間監房,女監只有一幢,有五層樓,每層有四十間監房,還附有金屬加工、電器、服裝等工廠。最多時可關押四～五萬的犯人,所謂監獄除了極個別有國際知名度的犯人如龔品梅、汪精衛的太太陳璧君等人長年關押在此外,其餘的犯人都是由各區的看守所中的已判決的犯人,集中在市監獄,然後進行編隊、編組再押送到全國各地的勞改農場。通常來說,犯人在監獄不超過三～五個月。

監獄的生活比看守所好些,可以刷牙,可以戴眼鏡,每日三餐。一般的犯人每星期去集體淋浴一次,所謂集體淋浴是數十人在一房間用蓮蓬頭沖洗,這是把人當作動物對待,但為了防止天主教犯人見面時串連,所以不准出去洗澡也不准出外放風。教友們常常利用這時間與對面以及樓上樓下的

教友劃十字做手勢來進行交流，彼此鼓勵堅持信仰到底，一個很小的監房大約六十平方呎，關押八到九人。每人都整天坐著，根本談不上有椅子或板凳。坐的是用家裡送來的便紙，那時中國的便紙不是一卷卷而是一刀刀的，用一刀刀的便紙疊起來，外面用一塊布包著。這就算是凳子，背整天靠著水泥牆，每人輪流起來走走活動一下，監房中有一便桶，大小便都在此，新來的犯人往往都睡在便桶旁邊，還有教友常常會主動包下這個位置，開水每人每天一杯，下午每人則分到一杯溫水作清潔用。

　　監房內無大事，因此大家的心思都花在一些雞毛蒜皮的事上，例如起來活動，大家都沒有手錶無法計時，只有數著走幾圈，有人說你已走了十圈，該輪到我了，而她堅持只有九圈你數錯了，常常為這些芝麻綠豆的事爭得面紅耳赤。又比如拿飯盒，飯是盛在一只狹長的鋁盒，從鐵柵欄中塞進來的。飯用胡蘿蔔或卷心菜皮和小米等雜糧所燒成的厚粥。飯盒中的飯多少差距很大，大家的雙眼好如汽車前面的大燈，都搶著要滿的，於是小組長說每天輪流去拿，例如今天一號開始，明天二號，這樣比較公平，我說「你們去輪，我最後去拿就是了。」我想大的已經放棄，何必再去斤斤計較這些小的。俗語說「衣食足，然後知榮辱。」人在困境時要維持人的尊嚴，體統是很不容易的。那怕是很有文化的犯人也往往為一小口開水與別人爭論不休，想想人若沒有天主

的恩寵實在是很可悲的。

　　我感到最需要的是水，因為我不能出去淋浴（因是集體在一起淋浴，所以即使准許我去我也不願去）自從逮捕以後十個月中，我沒有洗過澡也沒有洗過頭。混身皮膚頭髮癢到說不出的地步。我想反正我飯量小，我就把飯撥給別人和別人交換下午的一杯溫水。隔幾天犯人小組長到主管那裡去反應情況，主管立刻把我叫去，勒令我反省自己違反監規的地方。想來想去只有將飯換水的事，我說「我這麼許多天不洗澡，不是太不衛生了嗎？」她說「誰叫你犯罪，為什麼你以前沒有想過這些問題。」我聽了心就一橫，反正不衛生就不衛生，一杯子水也解決不了問題，這是我自己經過深思熟慮後所選擇的道路，我決不會有早知今日何必當初的「悔言」。忍耐一下，不是一切都會過去嗎？

　　監房中經常調換監房，中共幹部深怕犯人們在一起時間久了，會適應環境，要滋長感情。他們最怕的是犯人之間所謂的「團結」，犯人如團結了對他們威脅很大。他們用盡方法在犯人中不斷挑起矛盾製造矛盾。例如一個犯人出去打小報告，隔不久主管又找另一犯人出去對她說「你不要以為XXX對你好，你對她說的話全部向我回報了，你也可以立功檢舉她怎麼對你說的。」就如此搞得人心惶惶。另外一個措施不斷調換監房，每隔一、兩個星期你得背上被頭日用品等包裹從這房調到那房，我根本不怕調動，一動就有信息可

知道，例如難友告訴我過梅麗、周若蘭等都在這裡，有別人的善表對我鼓勵不少，可以鞭策自己常常向上。

　　監獄中的主管日夜兩次交接班，白天八時半上班接著每個牢房點查人數。這時犯人必須端正坐著，不准起立。下午五時半夜間主管接班也是如此。每次點人數前由勞役犯大聲吆喝 「主管點人數，大家坐好」。大多數的犯人每每在這個時候感到十分難受，關在牢房中的犯人猶如籠中的動物，被主人點數作交班。他們不懂受苦的意義，萬分不願囚居於牢房中，但卻插翅難飛，因此我在監獄中看到的是一雙雙失望的眼睛，一張張苦楚的面孔，還有個別的已變成了瘋子，整天大叫大鬧，連晚間也不得安寧。

　　我真正感到我好像一隻綿羊進入了狼群，是在兩件事以後。有一次一犯人方便以後，我立即就去，待我方便後，有一犯人在我耳邊竊竊私語：「這位犯人患有淋病，你不知道嗎？她坐過的便桶，你立即去坐，傳染的機會很大。」我聽了汗毛都豎立起來。我說 「那麼我們所有犯人的衣服都放在一起洗，那也不是太危險了嗎？」這樣的問題誰也無法回答。

　　另有一次，我正好和一位來自崇明農村的謀殺親夫犯頭對頭一起睡，本來犯人睡覺一個頭睡東，一個頭睡西，這樣比較空隙，正巧我睡在便桶旁，不能將頭放在便桶旁，所以只得和她頭對頭睡。晚上醒來，我細細的端詳了她殺氣騰

騰的臉，以及兩只沾過鮮血強壯有力的雙臂，我直打冷噤「乖乖不得了，我怎麼和如此充滿血腥味的人睡在一起？」那晚我徹夜未眠，想想我們的神長是有聖德的司鐸，不也是擠身於殺人放火的犯人中嗎？吾主耶穌是天主聖子降生為人，從天主降為人，這其間的降級更是無限的，但祂為愛這世界，為了救贖整個人類，也為了愛我，祂沒有計較，屈尊就卑。尤其在聖體聖事中，祂至尊至貴的天主和我們污穢罪人結合，那麼我這卑微的受造之物，為了為主作證又何必在乎與殺人犯在一起呢？愛情只能用愛情來報答。仔細想來，我如果沒有天主的恩寵，恐怕比誰都差，恐怕比誰犯的罪更大，是天主保護了我，並不是我自己比那些殺人犯好些。

從那時間始，我就把我所遇見到的犯人全部奉獻給天主，不管是殺人放火，或犯下可怕的罪惡，但耶穌聖心的仁慈是無窮的，只要她們悔改，同樣也可榮登天國。

第十八章
相見恨晚

　　有一天管理員帶了一位眉清目秀戴著金絲邊眼鏡看上去很有文化的女犯進來，小組長按常規分配她睡在便桶旁　她說了一句　「我不是新犯人，我是從其他監房調來的。」言下之意不願睡這位置。我就說：「我很習慣睡在那裡，還是讓我仍睡那裡吧。」沒過幾天，那位女犯雙目注視著我問我　「你是不是天主教友？」我說　「正是，你怎麼知道的。」她說　「在那邊監房也有一位比你還年輕，終日不說話，但一切吃虧的事，苦的差使，她都爭著去做，她家住在徐家匯，全家都信天主。」我估計她說的就是那位顧進琦。我想我們應該讓別人在我們的生活中見到基督的光輝，不然我們怎能做到聖保祿所說的　「生活就是基督。」教友們在每個監房猶如一盞明燈，將光明帶給黑暗中的人們，安慰在苦難中的人們。當難友們誇獎我時，我說不，不是我一個人好，我們天主教友都是天主的兒女，都應該是好的。一個人好算不了什麼，獨木不成林，只有大家好才成氣候，怪不得五十年代時監獄的難友們都一致誇獎天主教友的崇高品質。

監獄的規矩允許犯人親屬每月送一次肥皂便紙衣服等必需品。有一天我收到一包東西，那時我媽臥病在床，家中哥嫂已登報和我脫離關係，是誰來送給我東西呢？此事說來話長，我在被捕時家中尚僱用五位嫫姆，其中有兩位在我家已逾四十載。記得在一九五三年時有一墨西哥電影「生的權利」正在上映，媽媽和我先去看了一遍，其中主人翁「阿爾瓦巴脫」除了有親生媽媽外還有一位黑人媽媽非常疼他，媽媽看後就記在心上，過了幾天我的老嫫姆阿娥媽媽六十華誕將到，媽媽先私下對美珍和我說「阿娥媽媽是我的陪嫁娘姨，她十八歲來到我家，如今已有四十二年了，丈夫遺棄了她，她也無子無女。現在她六十歲生日快到，我打算將你們姐妹倆送給她，今後你們要全心孝愛她，記得千萬別頂撞她，她和我沒什麼不同，如果萬一你們對她不尊敬，她會想到因她是嫫姆，你們不會真心愛她，你們要答應我一定不刺傷這位地位不如你，財富不及你的嫫姆的心。」媽媽那時尚未進教，尚且如此厚道慷慨，我們更有什麼理由不答應她呢？在阿娥媽姆生日那天，我們去看了電影，媽在當天將美珍和我送給她作為生日禮物，老人家熱淚縱橫，連聲說「這兩個女兒是全家最好心腸的人。」

每次阿娥媽媽到監獄替我送東西，她要克服種種困難，首先需得到公安局派出所的證明，經過批准才可來監送東西，再加家裡離監獄很遠，需搭乘兩部電車，一清早就在監

獄門口等候。這些苦為了我都願意接受。最使她難受的是因我當時未曾判決不能見面。這次她又送來一雙布鞋，鞋底是她針針線線親手所納的。見物思人，在監獄中的我目睹此珍貴禮物，怎不心存感激之情呢？那位女犯好像冷眼在觀察看我。她很聰明，那天下午她借故頭痛不出去散步，於是和我兩人就有了交談的機會。她告訴我她是蘇青，和張愛玲女士同一時代的文學家。她說張愛玲比她有頭腦，早已出國去香港，雖未有多大成就也算逃過一劫。而她則因曾和一些國民黨的官僚有過交往，所以中共說她有歷史問題將她拘捕，剛被捕時她精神崩潰，對生活失去信心，數度想自盡。現在來到了監獄遇見了好些天主教友，重新點燃了她生命的火焰，她接著說，如果陶淵明筆下的晉武陵人因迷途而走到了桃紅李白，阡陌交錯的世外桃源，那麼我今天在失去自由的光景下，也進到另一世外桃源——監獄。

　　正巧第二天獄卒叫我出去，我想可能又是提審，一到下面叫我坐上一警車，立即開往市區，我估計不致出去吃槍斃，因無任何跡象，那麼到哪裡去呢？警車開了大約四十五分鐘停下來，一看原來是徐匯區人民法院，看來是要上法庭公開判決了。一回兒見到三哥扶著媽媽來到休息室，每次見到媽媽總有說不出的滋味，反正這也不是第一次，我好像在牢房中做過數十次大避靜一樣，我多次聆聽天主在對我說「誰若為我的緣故，捨棄了房屋、兄弟、姐妹、母親、兒女

第十八章　相見恨晚

或田地，沒有不在今世就得百倍賞報並在來世獲得永生的」（谷廿九30）。我已下定決心跟隨耶穌，雖萬死不辭，在天主台前作出莊重的誓言，我決不毀約。媽媽自有天主的安排，聖母的助佑！在休息室談了約十分鐘就宣佈開庭，我在被告席，媽和三哥則坐在第一排。法官第一個問題問我「胡美玉，你現在對反革命份子龔品梅是怎麼認識的，是否他毒害了你？」我非常清楚地回答「龔品梅是領導我的主教，他從來沒有毒害過我。」我媽一聽到這話，就立即昏到在地。法官立即宣佈暫停。到休息室後媽媽喝了一些開水，對我說現在（一九五六年三月）政策已比九八時鬆了許多，很多人已獲得釋放。法院派人去通知來法院開庭時說，只要胡美玉當庭認識錯誤，以後用實際行動贖罪立功，可以立即獲得釋放。誰知我仍一如既往，媽對法官說若你今天判我女兒的刑，我回去就走絕路。我也不知道媽對法官進行威脅還是故意說此話來嚇嚇我。我背誦了聖女大德肋撒的名言「事故莫擾爾靈，患難莫致爾驚，具有天主之人，唯一天主已足矣。」什麼是活潑的信德，就是要在驚惶昏暗之中相信天主的臨在，我們天上的爸爸怎麼可能在如此緊要關頭放棄依靠祂的子女呢？我非常平靜地對媽媽說「你已為天主受了很多的苦，天主一定賞報你的，不要半途而廢，好樹上不會結壞果子。」然而我對三哥說「暫時先讓媽到香港二哥那去過一段時期，在國內總是想不開。」

下午回到牢房　難友們都很好奇，問我一整天去了那裡，我不便多講，只是後來借機會告訴了蘇青，她深有感觸地說　「我親眼見到有那麼一批有為青年　她們為了信仰甘願奉獻青春，犧牲前途，放棄家中優越的生活，在此坐牢。尤其是妳，你是個在學的大學生，富家少女，又聽到了阿娥姆媽以及妳今天法院開庭的事，更使我感到妳不凡的氣質以及真善美在妳身上的具體反映。對文學家來說，還有什麼比這更值得寫下？請將我的地址記下，有朝一日請到我家來，我要以你為中心寫一本小說。我無所遺憾，遺憾的是我和你真是相見恨晚了。」我真的沒有想像自己如她所說的那麼完美。我還是這麼一句話，是其他很多教友一起給了她對天主教會有這麼美好的認識。與她相處大約近四十天左右，沒有很多機會和她講解教理。八十年代我回到上海，曾按地址去找過她，鄰居說她於數年前逝世，追悼會上也只有淒淒涼涼的幾個人，我掛念的是不知她在臨終前是否想起在監獄中和教友一起相處的情景，是否會萌生信仰的念頭。但願天主的仁慈可憐了她，親愛的蘇青女士，美玉常常在祈禱中想到妳，但願有朝一日我到達天國時也喜見妳在這個大家庭中。

第十九章

救人者必自救

我在監獄中關押五個月後,既未被判刑也未獲釋放。家中老媽媽來信說媽已去香港二哥處 二哥會對她多加照料的,我頓時感到肩上的十字架輕了一半。一九五六年底押回區看守所時,美珍已獲釋放,徐匯區也釋放了一大批。總的來說由於當時的政策鬆動。一九五五年大逮捕,五六、五七年鬆,中共實行的所謂「一張一弛,文武之道」。叫你吃不準,摸不透。那時我在牢房中日子也比較好過一些,家中可以送些吃的東西,牢房中的犯人也較前少了許多。

那時和我同監的有一小學教師,她的罪名是包庇反革命,因她丈夫在過去曾加入國民黨,雖然在各項運動中也作了交代,但在五十五年肅反運動中仍將他逮捕,判刑七年。該女犯的學校領導動員她檢舉揭發,和她丈夫劃清界線,曾開大會批鬥她數次,但她說來說去就這麼幾句 「我丈夫參加國民黨是事實,但他從未做過危害國家危害人民的事,我無法檢舉。後來校方還派人到我家裡勸說我和丈夫離婚。我說我要等著他回來,七年的時間並不太長。」就這樣她

被套上包庇反革命的帽子而被捕。

我聽了十分感動,我說 「張老師,妳是一個真正的人,人不能如此勢利,當丈夫遭難時就離開他。」話又說回來,在這裡男監中我聽別人說當他們接到判決書時往往兩張判決書一起到,一張是刑期判決書,另一張則是離婚判決書,有的人立即昏倒在地,失去自由再加失去妻子兒女,真達到家破人亡的地步,難得有千裡挑一的忠心的伴侶,這是誰的錯呢?作為家屬也是在社會上要頭頂石臼,忍氣吞聲被全社會歧視為「反革命份子家屬」。不但工作、工資等等一切都要比別人低三級。更主要的在街道、工廠等還要經常批鬥反革命家屬。在這種不得已情況下,只有走離婚這條路。而你卻能頂著巨浪,不屈不撓,精神可嘉。讓我講一個故事給你聽。故事的名字是「救人者必自救」

有一天,一個年輕人和他的旅伴穿越高高的喜馬拉雅山脈,天氣非常寒冷,路上都是厚厚的積雪。他們艱難地行進著。他們來到一個山口,看到前面不遠處有一團黑乎乎的東西,走過去一看,是一個人。他躺在地上,身子都凍僵了鼻孔還有一絲微弱的呼吸。這個年輕人想停下來幫助這個躺在雪地上的人,但是他的同伴卻攔住他說:「如果我們帶上他這個累贅,我們就不能走出山脈,就會丟掉自己的性命。」這個年輕人看到躺在雪地上的人,不忍心丟下他,如果丟下他,他肯定會死在冰天雪地之中。他猶豫了片刻,最

後還是決定幫助他。同伴看他主意已定，就和他告別，他們相互道別，然後分手了。年輕人把那個躺在雪地上的人抱了起來，放在自己的背上，他使盡力氣背著這個人往前走。漸漸地他的體溫使這個凍僵的身軀溫暖起來，那個人活過來了！而他自己也不再感到寒冷，他的身上開始冒出熱汗，他感到越來越溫暖。過了不久他們兩人就開始並肩前進。他們一直向前走，相互鼓勵，相互取暖，當他們趕上那個旅伴時，卻發現他躺在雪地上，已經死了。

她半晌說不出話來，她只感到忠心於愛情是每個女子應有的品德，雖然在目前的政治氣氛中要受到壓力和委屈，甚至於連小孩子出去都要被人污蔑成小反革命份子，即使這樣是否就可以說有足夠的理由必須離婚。若干年後我到她家去探望，她丈夫雖判七年，但由於政策不允許他刑滿後就回家，因此他在勞改農場一共蹲了廿年。在此廿年中這位難友爲了維持這個完整的家，她起早摸黑，風風雨雨，含辛茹苦，受儘委屈，總算把一個女兒拉扯長大。丈夫回家團聚後，女兒依偎在爸媽的身邊，感到十分幸福，我說這是一個圓滿的家庭，毫無破綻，毫無裂縫。下一代的心裡也無任何扭曲。再有好幾戶人家，丈夫判刑後立即離婚，女的看當時情況非要嫁一個又紅又專的工人，結果待丈夫回來，形勢有所變化，丈夫平反恢復教授，或高級工程師職稱，女的後悔不已，但她已梅花二度重開，他們的孩子心理受到嚴重的扭

曲,有爹沒有娘,有娘沒有爹,整個家庭已分裂成多邊形。由於不忠心,現世得不到償報,更談不上將來的永生。我在上面所說的那位張姓難友,後來得了中風,長期臥病在床,她丈夫對她無微不至的關懷,她在那時還能回憶起我的故事,她說 「救人者必自救,生活中也常常是這樣 當你好心救別人的時候,其實無意中也救了自己,如果我過去對他不忠心,很難想像現在的我將過如何淒慘的生活!」

第廿章

寂靜有聲

一九五六年年底牢房已逐漸騰空,釋放了大批大批的犯人,而我則仍按兵不動,由於人少,我則一人關在小號中,整日無人交談,由於已被捕一年有餘,陳桂娥姆姆以及顧進琦等人已教會我在牢房如何做祈禱,所以日子過得十分甘飴。

回憶我在社會上的時候,整天庸庸碌碌,渾渾噩噩,有時很像一匹野馬,脫韁似的狂奔。我上學,為的是追求學位職稱,我參加聖母軍,為的是在眾人面前表現我如何熱愛聖母,小小年紀的我如何能幹有為。向天主祈禱也無非猶如在餐館中點菜一樣例如要牛排,而且說明要嫩一些 不准太老,似乎天主應聽我的話,要求我旨承行於地,而不是爾旨承行於地。天主的意志目前要我在寂靜中觀察自己過去的一切。看清了然後剔除本性的一部分,將其過濾沉澱。為了我今後一切善功的根子,在這神聖的寂靜裡得到浸潤,我好似暮秋群燕高集屋脊預備遠飛的寂靜;寂靜,比演講還有力為的是更深刻、更完整在天主面前沉默無言,我是將似晴夜的天空,雖則外表上平靜不動,可是一切正在運轉,准備看

晨光的來臨。

主阿！為使你的超性工作更有意義的進行，我先該熄滅我心頭的囂擾，在這寂靜裡，我獲得了相反內心擾亂的勝利，相反外界騷擾的平安。我的寂靜只是為了靜靜聽你，只是為了給你留下地位，只是為了使你的行動不受障礙，使你能夠自由行動而任意改造我。這寂靜不是關門，而是上路。

感謝天主，賞賜給我有被捕的機會，才能在牢房中有著如此長達六個月的寂靜階段。那時受洗不到七年，連三鐘經都背不出來，也從未翻閱過新約舊約，只不過是個很浮淺的教友。但天主並不嫌我卑微不堪，在牢房中通過各種形式來將我引導。

我不善於背誦各種經文，但我很會唱中，英文歌曲，即使一般的情歌我在牢房中也唱，例如周璇曾唱過一首的「不變之心」歌詞我到現在還能背誦「你是我的靈魂，你是我的生命，我們像鴛鴦般相親，鸞鳳般和鳴，你即使遠得像星，你即使小得像螢，我總能得到一片光明，只要有你的蹤影，一切都能改變，變不了是我的心，一切都能改變，變不了是我的情。」我認為歌詞作者陳蝶衣寫得很美，我把它作為向耶穌表忠心的一首歌，我每天向祂唱一切都能改變，變不了是我的心、我的情。我始終要以不變應萬變的決心來堅持信仰。

還有一首英文歌曲，這是一位女士向情人表達的歌曲，

我在家時一直在哼唱的，我想耶穌實在是我的情人，比世上任何情人都懂得感情，懂得溫順體貼。所以，往往在黃昏當我思念時我就唱出"……I think of you every morning, dream of you every night, Darling I……I never lonely whenever you are in sight" 唱著唱著我熱淚盈眶，只怪我沒有學會幾首中英文聖歌，所以只能唱流行歌曲，但我想反正我沒有任何男友，我唱也是對著天主。聖保祿宗徒說「一切為愛慕天主的人都是好的。」只要用來對靈魂有益，我想也無不可。

有空時我常常背誦唐詩，從白居易的〈琵琶行〉「潯陽江頭夜送客 楓葉荻花秋瑟瑟」到〈長恨歌〉「七月七日長生殿，夜半無人私語時，在天願作比翼鳥，在地願為連理枝，天長地久有時盡，此恨綿綿無絕期。」 我把盡可能背出的反來復去地背誦。最後對耶穌說 「身無彩鳳雙飛翼，心有靈犀一點通。」我在唐詩中認識到古代人對於感情，思念等親情的重視，維護了當時社會的道德，而如今面目全非，鼓吹出賣，叛變，大義滅親，但我在牢房不斷背誦，希望自己能常思念天主教的道德觀念。

我在寂靜中思考了很多，在思考各種事物中也得到天主很大的啟示。例如我想起在幾何學中敘述兩點之間最短的距離是直線。我所要研究的是我和天主之間的距離也必須以直線進行，而聖女小德肋撒的神嬰小道即是直線式的道路，也即所謂神修捷徑。和各大聖人相比，我真是望塵莫及，我是

比一顆灰塵還不如的罪人，只有效法聖女小德肋撒像一個剛開始學步的嬰兒，由父母攙扶著一步步地在學。有人說了這樣的比喻。有兩個孩子正在學步，一個一步步走得很是板正，然而碰上一塊石頭絆倒了，他媽媽替他拿去石頭，他仍一如既往像過去一樣板板正正的走著，另一孩子一開始就一踢一歪地走，雖然沒有跌過跤，但始終步子不正。我想我是個很污穢的罪人，在神修路上也跌過跤，但我起來後還是要用正規的步法去走。天主對每人的要求不同，對我的要求不要我去做大宗徒，我也沒有神視的大恩。今天囚居在這牢房中只要堅守在這個崗位上，用靜默來為主作證，這是天主為我揀選的最輕的軛了，我只要善用　就能中悅天主。

另外我在牢房中對如何幫助中國人學英語作了一定的思考，由於我在中學念書時，每次英語語法考試，幾乎都得滿分，但英語語法確實太煩瑣，我在學習時就考慮到為何不將其中雷同的歸納起來掌握其規律，然後再舉一反三以此類推。我出監後立即將考慮過的寫了筆記，誰知在八十年代我到一中學去教英文，我將我在牢房中所總結的英語語法規律傳授給學生。他們感到非常容易掌握。在考大學時他們在英語中沒有花多少時間進行複習，但每年合肥市英語高考的第一名幾乎都是我的學生所得。當時學校及全市外語老師都誇讚我為天才。實質上我在這方面如說有些成就也應該將光榮歸於天主。由於在這半年寂靜中我沒有虛度光陰，我沒有書

本,沒有筆和紙,但天主賞賜我特好的記憶,我在記憶中編排、歸納。我的信念是人到無論什麼情況下都要做一個有用的人。對你的家庭,近人以及整個社會作出一點不尋常的奉獻。

如今回憶,我的寂靜的確是有聲的,今天我在美國,我能不求功名,不追聲譽,也是由於在那次寂靜中認識永生的真正價值。

曾經滄海難為水,除卻巫山不是雲,用這兩句來表我目前的心態。

第廿一章
一個不可思議的日子

一九五七年六月三日,那時上海市徐匯區看守所只剩下朱育德修士和我兩人。上午九時提審員來牢房叫我,我想已經有好些日子沒有提審了,現在政策已較前寬得多,伙食也比前改善,一個人在牢房中逍遙自在,過著賽神仙的日子。不知提審員找我,又有什麼新的花樣。一到審訊室,審訊員說 「胡美玉,我們今天打算釋放你了。」我猛的一驚說 「審訊員不要開玩笑了,你不是知道得很清楚,我的思想認識仍如前一樣,你們今天因政策寬鬆,將我釋放,明年政策緊了又要重新收回,這樣一出一進,你們要多費手腳,而我及家人又要受另一次恐嚇,那又何必,所以我不打算回家。」審訊員頗為不解地說 「世界上還有這樣的人,我要釋放你回家,你還不願回家。」我說 「不回就是不回。」他大概被我逼急了,就直截了當地說 「你媽在傳達室門口等著你。」我想你們是專門撒謊的,見我不肯回家,又用謊言來哄我。我靈機一動說 「那好 如果我到傳達室見到媽媽,我就回去,如果見不到,就回牢

第廿一章 一個不可思議的日子

房。」我飛步地走向傳達室，媽媽和我的老保母正在東張西望，我老遠就叫起來了「媽媽，媽媽」。然而我扭頭對審訊員說「我要回家，我要回家了。」我根本忘卻了我在牢房中還有一些衣服日用品等，媽說「回家吧，立刻回去。」審訊員說：「慢著，一則你需回辦公室在釋放證上簽字，再則把自己的東西收拾好帶回去。」媽說：「牢房中的東西要不要無所謂，但簽字總得回去簽的。」媽對老保母說：「我們先去叫兩部三輪車，待美玉出來我們就可走了。」

待我出看守所門，媽早在一輛三輪車上坐著等我。媽激動得不知說些什麼是好。我說媽還是讓我來問你，媽告訴我她是昨天（六月二日）回來的，去香港已有十個月，但她人在香港心在上海，這次二哥不讓她回國，但她說什麼也要回來，說到這裡，她洋洋自得地說：「若不是我回來，他們怎麼會將你釋放？」不到十分鐘就到家了，我被捕後搬了家，家在新樂路是一幢很高級的公寓，美珍和我仍同居一臥室。當晚由於媽媽歸來再加我被釋放，「雙喜臨門」，因而高朋滿座，留聲機在放著周璇的「合家歡」——「走遍了萬水千山，嘗盡了苦辣甜酸，如今又回到了舊時的庭院，聽到了親熱的呼喚。孩子，你靠近母親的懷抱，母親的懷抱溫暖」。全家都沉浸在幸福的歡樂中，但又有誰知道我內心樂滋滋、辛辣辣、甜蜜蜜、苦兮兮的滋味。樂的是終於再次與媽媽重逢，辛辣的是萬一我再次逮捕媽媽又如何受得。總

之內心錯綜複雜的感覺，無法描述。

晚上，我要求睡在硬木地板上，因為席夢思太軟無法適應，媽說這可依你，但是你切不要把勞改腔全部帶回家中我們家是很講究教養的人家，千萬不要因被捕，曾與一些社會的渣滓在一起而感染一些壞習氣，你要常常記得你曾受過高等教育，同時有過很多神父對你的培養，這幾句話我一直牢記在心，不論在什麼情況下我要牢記自己是天主兒女的身分。

第二天媽向我提出要我立即去申請辦理去香港的護照她說有很多人釋放後都去香港了，例如錢幗珍、劉維德，你二哥一定要你去香港，不然在這裡你一定會第二次被捕。我說我也願意去，但不知是否能批准。我答應媽媽立即去公安局。公安局辦公人員差不多都認識我，他們說怎麼你又來了，是想回牢房，還是別的事，我說想申請和媽媽一起去香港，他們表現十分驚異，我說這是很正常的，女兒總是想和媽媽在一起。

就此從六月五日到八月底，我不知去公安局多少次催促，但一直未准，眼看媽媽的探親日期將到，萬一她陪著我再等下去連她都走不了，那該當何罪，我只能用騙的辦法將媽哄走，我說「你先走吧，他們要批准我的話，我一人會來，請二哥到羅湖橋去接一下就可。」媽也沒有辦法，在八月卅日對我左叮右囑，一定要去公安局催，批准後立即動

身來港，那邊衣服臥室，一切都已爲你准備好。在那時我已估計走不了，因一九五七年八月政策已在逐步收緊，走的已經走了，走不了的已經要關在籠子裡了，準備挨打。

這次送上飛機是最後一別，媽在做甜蜜的夢，盤算著我數個星期後可以去港，而我心裡又有另一本帳，要迎接再次被捕，世上的一切對我來說是失而復得，得而復失。看看家裡優越的生活，似乎比被捕前更好，可以說吃的、用的、穿的都盡是最高級的。有時我一人坐在沙發上想這裡不是我的家，我不過是作客而已，誰知在什麼時候警察一來，喀嚓一聲又要將我銬住，去重溫舊夢。所以抱著這種心理，對一切都不留戀和貪求。再仔細想一想，實在每人在這世上也是同樣的處境，誰也不能長生不老，免於一死，那麼世界對我們說來，也不是真正的家，何必爲一些現世暫時的名利去出賣自己的靈魂。

自從一九五七年六月三日回家一直到一九五八年九月十二日這一年半的家居生活中，天主好像一次又一次的在問我你是否願意重上加爾瓦略山？如果我在這一段時間中，忘卻了人生的意向，我感到第一次被捕是有充分思想準備的，第二次完全要堅定自己的意志，不被世俗舒適生活所拖累，既已愛天主，就必須跟隨到底。遺憾的是有些教友釋放後沒有勇氣再度背十字架，信仰要等到堅持著最後一分鐘才算勝利。

第廿二章
漫遊在各墓地中

　　天主聖神的特徵是常常帶給人們平安、喜樂和寧靜，然而魔鬼卻是適得其反，常常製造混亂，騷動和不安。凡是在中共管轄下生活過的人們都知道，中共不斷搞運動，不斷要使天下大亂。一九五八年社會上正掀起「反右」運動，在開始時，中共假惺惺地大事宣傳要社會各階層向共產黨提意見，所謂百花齊放，百家爭鳴。事實上中共是地地道道的一言黨，只有黨說了算，那有給人民提意見的餘地。在治理國家也是權大於法，一切由掌權的說了算。但社會上自有那麼一大批頭腦簡單，政治上幼稚的人物，公開向黨大提意見。也有的已經看透中共「引蛇出洞」的手法，根本不發一言，結果也被戴上右派帽子，原因是政治上有點歷史問題（例如是過去國民黨留用人員或參加過國民黨）不發言則說你故意不願幫助黨整風改正缺點。據許多人在若干年後都說中共在反右運動規定，以百分之五比例的人劃為右派。據說有個警察向上級反映，他的區域中沒有百分之五的右派，還少了一個，他的主管說因為你沒有完成計劃，那麼你也算上一

個，我很欽佩這位警察，他算有點天良，因爲他不願無辜的去陷害別人，結果他本人遭殃。

所謂右派份子大多都是知識份子，有的都是名作家例如老舍，翻譯家傅雷等等，他們在受盡侮辱之後，痛不欲生，老舍在月夜步履蹣跚地從住家走到城外的大名湖，躍身而下，投湖自盡；傅雷夫婦也是雙雙懸樑而亡。世界乒乓球冠軍容國團自國外回來，爲中國第一次在乒乓球中爭得世界冠軍，即使樹立了如此不可磨滅的功勳，也未得到中共的認可，他們竟然輕信個別有用心的小人，說容國團是回國潛伏的特務。容實在嚥不下這口氣，一死了之。曾獲得世界獎的鋼琴演奏家顧聖嬰，名京劇演員言慧珠等人都在蒙受無法辨白的冤屈時，走自絕之路。

也有些科技工作者，在發明創造中有些成就，但由於對某些制度需要改進，提了一些意見，結果不論你有什麼發明，一律一筆勾消，戴上右派帽子去勞動改造。這裡有個具體例子 上海有位工程師，發明一種節約電能的新產品，得了國家的發明獎人民幣三千元。這個數字已經夠低了，但是最後他拿到手裡是多少呢？廿四元。怎麼會如此少呢？他所在單位的所有的人，從傳達室的人到掃地的工友都要有一份，沒有誰的也不行，說我不給你看門你能發明嗎？說我不給你掃地你能發明？聽起來很可笑，但這是中國普遍存在的事實。他拿到這廿四元，還要請客，買一次糖就得一百元，

實質上他還要倒貼一些錢。於是他就在大鳴大放中，就此事實提一條意見，結果不但召來大會批鬥，說他純粹是資產階級知識份子，搞發明也是為了金錢至上，最後戴上右派帽子，送勞動幹校去勞動改造。

對右派的處理也各各不同，少數的被捕判刑，有的送上海附近的農場進行長時期的勞動改造，有人說這還不如判刑，甘脆幾年就是幾年，這等於判了無期徒刑。後來這些右派大約都在一九七九年或八十年代才摘去帽子，回到家裡。其間也有廿年左右。有的右派中被送勞動幹校，這些人多數是由大單位送去的，有時單位需要某種特殊人才時，可放他們回來。有的在里弄或原單位由群眾監督改造。這也是很難忍受的一種，因為群眾對右派不可能寬容或仁慈，為了表示他們和右派劃清界線，總要對右派特別刻薄，例如叫你掃地，打掃廁所，他們總會說這裡不乾淨，那裡沒有符合要求，總之右派份子在社會上要低人三分，連子女也屬於黑五類檔次。（黑五類、地主、富農、反革命份子、壞份子、右派份子）是社會的最低層，永世不得翻身。

由於在這種社會形勢下，中共當然不會忘記來對付它的勁敵一天主教會。在三月份開始，先由愛國會通知天主教青年必須到新閘路五五〇號報到，參加學習班，而且必須住宿在內。姐姐和我都收到了通知，我們一致認為這種學習班，實質是洗腦，而且中共要利用教友鬥教友，教友罵教友，製

造一個人間地獄,對我們來說這是一個犯罪的近機會,因為每個人的意志是堅強的,然而肉身是軟弱的。誰也無法保證自己能堅持到何時,所以我們決定寧可接受第二次逮捕也不願去學習班。但是愛國會仍不斷來騷擾,不是電話,就是來人。想來想去,卅六策,走為上策。但是走到哪裡去?家裡需要我們照顧,不能作長途旅遊的打算,那麼只能早出晚歸,姐姐和我對附近的墓地興趣很大,一方面墓地較清靜,也無人跟蹤,再加到了墓地可以做些關於死亡審判等默想,也可為煉靈唸經祈禱。就此每天早晨帶些麵包蛋糕等乾糧及一瓶水 兩人一起,今天到朱家角墓地,明天到浦東,日復一日,愛國會來找人,保母就回答不在。

我們去墓地,彷彿看到了自己的未來,生老病死是人生的規律,多少人忌諱別人提起死,而死是每人必然的結局。那時我們也不過是廿歲上下的姑娘 傾向世俗喜歡吃喝玩樂,是很自然的事。但是驀一回首,看到在一年多前所走的苦路與世俗之道是迥然不同的兩條路,如今後要繼續跟隨耶穌,還要再一次重新棄絕世俗,這等於一個吸煙的人,已經下決心戒了煙,忍受過戒煙的痛苦,現在見到別人抽煙又重新抽上,那麼再要下第二次戒煙的決心恐怕更難了。我用這條道理來鞭策自己,已棄絕的東西必須遠避,連看一眼都不去看它。因此選擇遊墓地是非常明智之舉。

一到墓地我們習慣先唸一串玫瑰經,求聖母為亡者煉靈

祈求，然後一排排地瀏覽。有時我們在風和日麗，陽光普照的日子裡在墓地，似乎感到天主的仁慈也在關懷每個亡靈。有時在風蕭蕭，雨淅瀝的下雨天，似乎陰氣沉重，好像幽靈也在乞求我們為他們加緊祈求。墳墓中我最注意的是青少年亡者，還有死於一些不正常原因的靈魂，那時我還作了摘記，如今依稀的記得數個特殊的例子：有一位工人，年約在五十歲左右，死於非常。正當反右運動進行時，一天早晨他途經南京路去上班，也不知怎麼有這樣巧合的事，高樓關著一知識份子被劃為右派，就萌生跳樓自盡之念，正好他從七樓跳下，這位工人剛走到大樓前，那位右派砰的一聲壓在工人身上，這一向下的垂直加速度的力，十分巨大，工人在此壓力下立即顱底骨折，迅速死亡，而那位右派卻毫髮未損。後來此右派家屬替工人埋葬於此，並立一墓碑，簡單地說明他的死因。他的故事是一位墓地管理人員告訴我們的。

還有一位媽媽在分娩中難產而死亡，孩子留下來了，母親卻因她而歸天，這是做母親的犧牲，也不知她的女兒在她成長後能否記得報答這位未見過面的媽媽的恩情。還有一位年輕貌美的姑娘，因愛上一位男青年，如醉若狂，結果這位男青年因家長反對，只得和她分手，於是她服用大量安眠藥，以身殉情，我寄以同情也感到可惜，為男友犧牲，未免不值得，我感到自己比她榮幸，若有機會為天主殉道，該是多麼值得。

別人的各種各樣的死對我們是一面鏡子,「他山之石,可以攻錯。」墓地實在是一本大字典,是一所大教室,你若下功夫,來研究別人的死亡,可以提供給我們生活得更好的經驗。感謝天主聖神在我出監後的一年中沒有迷失方向,未沉溺於世俗,時刻警惕自己,作好第二次入獄的準備。

第廿三章
混入羊群中的狼

　　我在一九五七年到一九五八年之間除了愛遊墓地外，有時和龔民仁、李若望、過梅麗等人去看望聖衣院的周淑英姆姆，那時徐家匯始胎堂的郭學敬神父也仍在始胎堂做彌撒，有時我們聚集在某公園，郭神父替我們聽告解，有時候郭神父請人請聖體到各人家中，就在這時一只披著羊皮的狼混入我們中間，她也就讀於上海市震旦女中，和我一起在一九四九年領洗的，家中情況不詳，好像是從外地來的　名叫單玲。一九五五年九八事件發生後，她立即上台控訴，所以沒有被捕，她消息很靈通，一九五七年六月我被釋放回家，她立即來到我家，以後大約每周來一次　而且來時總要帶些蛋糕水果等食品，並且經常問我別人的情況，我心中總感很不踏實。我曾對周姆姆說單玲曾在大會上控訴過，現在她是否真正悔改，誰也沒有足夠憑據。周姆姆說不要再提過去的事了，犯了罪只要悔改就是了，你不要老去挖別人的凍瘡疤。姆姆又說，我看她比誰都穩，整天不聲不響，到郭神父處去請聖體還是由單玲去較妥當，她看起來比誰都虔誠熱心。既

然姆姆這樣說，我只說了一句耶穌在聖經上說：「像鴿子一樣的老實，像蛇一樣的機警。」由於我們教會中的神長都是太好心了，對任何人都是愛之過深，從不提防他人；姆姆不理這些話，我也無法堅持。在這一年半中，她不斷和我們每人接觸，好像對別人的事特別有興趣，張三如何？李四又和哪些人接觸？我很納悶，別人的事管你什麼？她說她有工作，但一點不受工作限制，我們上佘山去避靜，她也能請假三天一起陪同，我們去浦東，她也總有空。在那時有工作的人幾乎很難請到一天假，但她有的是時間。另外經濟也十分寬裕，今天買東西送給你，明天姆姆神父那裡又送很多東西，那時區區數十元人民幣的月工資怎夠她開支？馬腳已經露了很多，但由於我們已完全喪失警惕心，說起來為愛德，不隨便懷疑別人，實質上是相反愛德，叫一只披著羊皮的狼混入羊群，任意的來吞食羔羊。

她的底一直到一九五八年七月十六日公安局要逮捕李若望，因李若望不在住所，公安到處找他不到。最後由單玲帶著公安到李若望的友人處去逮捕李，單玲當著李若望的面對公安說「這就是你們要逮捕的李若望」。李經若干年後對我說他當時差一點昏厥過去，我笑著說「這是不到黃河心不死，到了黃河來不及，我說過多少次沒有人聽我，這一下戳穿了為時已晚。」

實質上中共對待天主教會，多少年來除了用各種方式正

面打擊分化外,它還用派遣特務或收買教會中的神長教友,用他們的所謂「派進去」或「拉出來」的手法在教會中收集情報,分裂腐蝕神父教友,這些人不作公開檢舉控訴,相反裝作乖寶寶的樣子,披著一層羊皮,明明是狼,卻作羊叫,舉止行動,矯作馴服的綿羊。狼和羊本有極大的區別,狼是食肉類動物,性殘忍,尾長常下垂,晝伏夜出。羊不論山羊、綿羊,頭上均有角,為食草類動物,尾短,性溫和。狼即使披上羊皮也與羊有極大的差別,它怎麼能混入羊群,扮作綿羊?這除了它本身需要化粧外,最重要的必須要花招蒙混我們的眼睛,迷糊我們的視線,使我們視而不見,聽而不聞,明明是狼嚎,但聽起來卻似咩咩的羊叫,明明是拖得很長的狼尾巴,卻把它看成羊尾。只要我們聽不明、視不清,它就不怕被人們識破,這些狼怎能鑽入羊群,其原因之一是我們中有些牧羊人是好好先生,認為現今太平盛世,哪再有狼來了的事,所以他們高枕無憂。狼伺時機已到,一個個披著羊皮鑽了進來。另一原因是圍羊的籬笆太鬆,留有大的空洞,任狼隨意鑽進。任何一個教友團體或宗教組織,只要大家沒有警惕心,狼便容易混入。中共是具有全世界第一流特務技巧手段,它的人員已密佈在港、台以及整個美國,尤其是各地的中國天主教團體肯定是他們主要的基地。

　　有的教友對此問題感到很為難,我們既不能沒有根據的去懷疑他人,又不能做老好人,讓狼把一隻隻羊吃掉。關於

這個問題說難也並不難，今介紹我自己的一些經驗。

第一　要常常祈求天主聖神，假的總究是假的，日久總要看出，但首先我們做任何事要意向純正，不求名利，千萬別讓一些私慾偏情迷住了眼睛、耳朵。

第二　有些人以前不認識，現在剛由別人介紹才認識，他就對你特別熱情，大獻殷勤，不是送東西就是請吃飯，和你談話的內容無非問張三李四的情況，他們的興趣集中在了解收集別人的情況。我認為不論是好教友或是特務，我們都沒有必要向不相干的人面前談論他人的情況。據我知道大陸很多地下教會的情況是中共從美國收集到的情報，所謂「消息出口轉內銷」，有些教友認為到了美國什麼都可以說了，大談特談國內情況，結果，挨整的還是國內的江東父老。

第三　有些人表面上說有工作，實質上你去拜聖母他可以跟著一起去，你去避靜他也有時間奉陪。他們有的是時間，同時他們也很有錢，可以每個主日莫名其妙的請你去吃飯，來你家必帶東西，說起工資不高，但用起來手頭闊綽。

第四　他們幾乎個個開口天主，閉口聖母，在教堂中有人注意他們時，就裝得十分虔誠，不然他們的眼睛骨溜溜地瞄著這個，看看那個，常常注意看誰和誰在交談，有時一天兩次進教堂，或是在堂門口觀察別人的舉止。

第五　這些人最大的特點是投你所好，大肆吹捧，你說你喜歡玩電腦，他說可以介紹朋友來指導　你說工作不理

想，他說盡量設法替你介紹工作；當遇到這樣的人，不要高興得太早，還是應該用冷靜的頭腦先看一下再說，時間是最好的證人。

第六：還有一些比較能幹的，他們往往會鑽到主要組織中的機密機構，他們已經得到信任，重要的情報信息都在他的手中，他們用不著像那些小特務苦苦巴巴的去了解一些情況，他們已身居要職，深得最高的信任，但狐狸尾巴終有一天要露出的，天主不會允許我們的教會長期受人欺詐。

另外這些人有一個特點，他們的耐心特好，不論你如何對待他，他總能笑臉以待，我常常感到黑暗之子比光明之子更能忍耐，因為他們有一個特殊任務，所以為了達到目的，一切均可犧牲。

第廿四章
屋倒又遭連夜雨

　　我一共有五個哥哥，別人很少聽到我談起關於我三哥的事，實在他一生的遭遇能寫成一本書，正由於他悲慘淒涼的經歷，使我每想起他時總感到一陣心痛，但在這裡我必須寫一些關於他的事。因為當一九五八年八月正當美珍和我一直在等待被捕的時候，我們的時候尚未到來，傳來的卻是三哥勵詩因涉及對外經濟而被捕，當時在上海約有六、七家土特產進出口公司，每家公司都有一人被捕。三哥在一九五二年三反五反被當作大老虎批鬥。一九五七年反右中未曾發過一言向黨提建議和意見。由於他說話風趣，常常喜歡說俏皮話，曾在小組會上開玩笑地說「我現在房子越住越小，車子卻越坐越大。」憑這一句話說他是污蔑社會主義現實向黨進攻，於是就送上右派份子帽子一頂。戴帽後即押送到上海附近農場去勞動，主要的任務是推垃圾車到市裡。有一次我在路上遇見了他，他穿著破衣服，戴著一頂草帽，與另一人一起拉一輛很滿的垃圾車，我大聲叫他三哥、三哥。他向我擺擺手，示意叫我不要和他說話。我望著望著，見他步履

維艱,他自出生都沒有手拿過五斤重的東西,如今卻要將一、二噸的垃圾壓在身上,又髒又臭。沒有幾天農場來電話說他胃部大出血,送醫院搶救。家中都趕到醫院說一切醫療費用,我家願全部承擔,這才勉強給他做胃部切除手術,不到二星期就又將他逮捕。(一九五八年八月廿日)三哥的所謂罪行是說他洩漏經濟情報到國外,事實上我家在國外有公司,他和二哥交換各種商品的行情,這是做生意的必需措施,後在平反書上說,他為爭取外匯和國外做生意,不但無罪,且有功於國家。

　　三哥被捕時留下二男二女四個孩子,三嫂因與三哥劃清界線,立即提出離婚。本來美珍和我完全可以照顧四個孩子,但因我們泥菩薩過河,自身難保,每天過著朝不保夕的生活,眼看家中一付爛攤子,又將如何告訴旅居香港的年老媽媽。想想三哥從小天資聰明,才華橫溢,無論作詩填詞,雖說不上七步即能成詩,但速度之快也令人驚訝。少年時代寫的文章已在各大報刊登。學校中老師都誇他為奇才,將來必有造就。豈知他因「洩露國家經濟情報」判刑十五年,結果放逐到荒無人煙的青海德令哈農場,在那裡苦苦地捱過了廿餘年。在七十年代時,因他已患有晚期胃癌,同意他回上海治療。當時我在安徽南湖農場得知三哥已病危,向領導一再申請回上海來探望。可憐的他並不知自己已患有癌症,可貴的是他對未來仍抱有很大希望,他說太太可能復婚,孩

子總是他的孩子。我為他感謝天主數十年來他受盡凌辱折磨，但始終保持樂觀的性格，他還不斷地對我們調侃說「他喜歡和別人說笑話，有一次他告訴別人他在育材中學讀書時，國民黨外交部長錢復是他的同班同學，而且彼此很有交往，誰知這位同學檢舉了三哥，說三哥在香港和國民黨高層官員有勾搭，有重大特務嫌疑，為此問題曾被一再審訊，他所以判刑十五年恐怕與此多少有些關係。當我知他患胃癌病危，我和先生一起趕到上海醫院中日夜陪伴三哥七天。臨別時十分依依不捨，明知這是最後一次的見面，但他仍在酣夢中，也許有一天他能到香港、到美國，也許他的兒子重回他的身邊，我們的眼淚只能往肚裡嚥。為了他是個仍戴有反革命份子帽子的刑滿就業人員，在上海醫院中治療有一定的難處，大哥嫂不斷向醫生們送高檔物品，待到手術，一看胃癌已擴散到肝部，醫生不敢動刀，仍原封不動縫好。醫院認為此等病人已無治療價值，三哥只得回家。即使三哥已是垂危的病人，但上海的所謂里弄組織仍不放過他，據說是已離婚的三嫂，仍不斷去回報，所以每隔兩、三天要去批鬥他一次，批鬥他時一定要強迫他點頭站著，直到有一天晚上他們出去後，三哥即大量吐血，送醫院急救不治身亡。幸虧臨終時由我姪女吟秋替他權付，取名若懸。三哥於一九七六年七月十九日病逝於上海。

　　他逝世後不到兩年獲平反通知書，法院承認對三哥的判

刑純屬不當，所有罪名都是莫須有的罪名，同意追發他廿餘年的工資。這真是一件天大的笑話，人已化成灰燼，家已破碎得四分五裂，這個平反值多少錢？錢值多少，倒也有一筆，就這錢吸引我三嫂，好在她沒有再嫁，應該說也是不容易的。平反書一到，她就抱著牌位去復婚，心安理得拿到這筆錢。

　　我常常為三哥祈求，他也受了廿餘年的牢獄之苦，但他對家庭兒女之情仍寄以殷切的期望，這恐怕也是人情之常。求天主可憐他受災難的份上，臨終他自覺自願接受這一付洗，我把他的靈魂托付予天主仁慈的手中。

第廿五章
天主的第二次召喚

一九五八年的風浪並不比一九五五年小,一則因為到處已在開展學習班,雖然我們千方百計在逃避,但心中總不得安寧,再加半路上殺出程咬金,三哥又被捕,姐姐和我雖作被捕準備,但眼看這已破碎的家,究竟交給誰,同時怎樣向媽媽交代。左等右盼到了九月十二日下午三時我們姐妹雙雙在家裡蒙天主第二次揀選,第二次邀請赴宴,一看警察到家立刻拿出已準備多時的小包裹,告別了兩位老保母,對他們說如在媽媽面前能瞞住,盡量瞞住。一部警車將我直送徐匯區,而將姐姐送廬灣區。這次被捕後根本沒有經過審訊,所有列在判決書上的罪行都是由那位特務直接提供,有非常具體的地點和時間。未到三個月,我被押送到上海市監獄,那時我已下決心要救靈魂只有進監獄路一條,外面的天主教愛國會已成立,我的一些同伴有的已躍升為愛國會主任委員說的話都是共產味,整天謾罵教宗干涉中國內政,口口聲聲污蔑龔品梅毒害青年犯下滔天大罪,這些話我聽著聽著,腦子發脹,血壓就高。再看自己敬愛的神父,兩位朱神父,張

希斌神父等等都已關入牢中，我們留在外面有什麼滋味？難道要過行屍走肉的生活嗎？我抱著寧為玉碎，不為瓦全的態度，既然天主在幾次篩選後依舊召喚我上苦路，我只有稱頌感謝，祈求天主繼續恩賜聖寵，使我直走苦路，永不回首。

到了提籃橋監獄，沒有幾天，管理員叫我到辦公室說：「一一三八你的判決書已來到，你先簽字，仔細看一下，若有不服可於十天內上訴。現在談談你的想法。」我說「我原先打算接受無期徒刑。判十五徒刑和無期實在差不多，因我有心臟病，誰知能活多久？」我就匆匆回牢房，一個年僅廿餘歲的被判十五年，若不是為信仰為天主的緣故，怕急也要急瘋了 人生又有幾個十五年，況且是黛綠年華的十五年，就此與社會隔離，終生要為階下囚。只有依靠天主所賜的似傾盆大雨自天而降的聖寵，任何受造之物都沒有如此巨大力量。

我進教時間不長，所知道的聖經不多，但聖女瑪大肋納替耶穌倒香油以及耶穌稱讚聖婦瑪利亞揀選了最好的一份這兩段，是我常常默想的內容。我在收到判決書數天以內一直沉浸在這兩段的默想中。耶穌是最公正的天主，祂稱讚瑪利亞揀選了最好的份，因為瑪利亞不為世俗之事所分心，一心陪伴耶穌聆聽祂的教導，今天我身陷囹圄，不也是為了陪伴耶穌同上加爾瓦略山嗎？也許我有些說得過份，實實在在這是全世界工作中最好的一份。在這裡我好像手拿點金捧，任

何一點小事只要為愛天主而做的,都有無窮的價值,因為天主已將我放在為義而受窘難者的行列。這是多麼幸福的遭遇,多麼可喜的境界,當我認識到我已找到聚寶盆,還有什麼可以值得我著急和顧慮呢?

關於第二段默想,聖婦瑪大肋納在嚴厲的仇視的目光之下,進了人們的餐廳,監視著她的對對毒眼,都願急急把她趕出去。「她是一個罪婦,耶穌能接納他嗎?」聖婦不顧一切,她只認識耶穌是善牧,自己是祂的亡羊,耶穌已經寬免了她的罪。她不在乎眾人對她的歧視輕篾,她唯一信賴依靠的是主耶穌的仁慈,她不但向耶穌奉獻她的眼淚,還雙手捧著滿貯著無價香油的長頸玉壺。她是否要把香油一滴一滴的倒出來,也許她會把蠟球塞頸再行封口。不!不是!突然的一個碎裂聲音,打破了室內沉寂的空氣,她把玉壺的長頸敲斷了,她一下把香油完全傾倒在她唯一的主的腳上,這個動作,這唯一的動作說明她的完全奉獻的精神。她沒有保留這玉壺,以後還可再去零碎裝些香油,而她是一下敲碎,毫無保留,猶達斯在說為什麼要浪費這香液,這香液原可以賣三百多塊銀錢,施捨給窮人。耶穌卻說「由她罷,她在我身上做了一件善事。」

耶穌仁慈的心被聖婦所打動,因她對耶穌的愛是整個的、全部的,她認為再多的愛,再大的財富獻給天主永遠不會是太過份。我們事奉天主或是向天主祈禱,不該使天主像

乞丐一般,向我們乞求我們所剩下的,將我們所不需要的給天主。聖婦瑪大肋納是悔罪的表率,耶穌在復活那一天對她一聲親切的呼喚「瑪利亞!」這是給世上所有悔改的罪人一個極大的鼓舞,任何人只要悔罪,只要完全奉獻自己一定得到耶穌的認可。

我想我接這張判決書也是敲碎玉壺了。香油不讓它一滴滴流,全部將它傾注在耶穌的腳上,我不知是否能活十五年,這不知道,但我已完全奉獻作全燔之祭,我也如瑪大肋納一樣,是一個罪人,但我走向耶穌,信賴祂的仁慈,讓我偎依在耶穌聖心之旁,聞聞這價值三百多銀元的香油芳香之味,讓我陶醉在基督聖愛之中,這十五年怎能與永遠相比,玉壺既已敲碎,永無悔約之日。

每天我心情十分平定等待踏上征途赴農場,後來有一勞動犯告訴我,美珍胞姐判七年已押放到青海農場。天主知道我的軟弱,艱苦的地方就讓美珍去了,下一批可能去安徽農場了。

第廿六章
踏上征途

大約在一九五九年九月廿日左右,幾個在外面勞動的犯人對我們悄悄地說:「管理員辦公桌上放著很多特別接見的信封,恐怕你們馬上要解出去了。」所謂特別接見就是在出發前最後一次和家屬見面,一般的犯人和家屬可以面對面講話,但天主教犯人必須隔著鐵柵欄和家屬談話。第二天果然不錯,主管按著監房來發信封,於是大家就談開了,究竟要家裡送些什麼東西,有的說要幾套結實的布工作服,有的說出去總是要勞動的,請家裡縫幾只布的墊肩,準備將來挑擔推車之用。犯人們多數想到農場,一般說來總要比監獄活絡點。這幾天在監獄管教也鬆一些,勞動犯不斷來傳遞信息,說是見到安徽白湖農場的二大隊長來了,這次你們一定去白湖了。後來我發覺她們提供的情報十分重要,因在途中,不准你看、不准你問,誰也不知將去何處。

大約在廿四日特別接見,我的兩位老保母又僕僕風塵地趕來,邊哭邊告訴我 「三哥和美珍都已去青海,特別接見時送去棉被和特厚棉大衣等,」她們兩人除了照顧家裡

外，還不斷忙著為我們三人送東西，真是苦了她們。她們含含糊糊說了一句「香港媽媽已知道你們三人的事。」後來知道媽在此時已患有肝癌。

　　接見兩天後晚上先按著監房發羅宋麵包，每人四只，有經驗的犯人就根據麵包的多少來推斷路程的長短。四只麵包大約需要四天，估計這次大約到安徽白湖了，然而開出牢門，兩人兩人一起銬上，一個銬左手，一個銬右手，先由大警車押送到碼頭。每個小組有兩個組長，組長必須隨時隨地檢查小組人數，若有缺少要負嚴重後果。坐的是貨船，當然是在下面底層貨艙，不見天日，我也只看到女犯大約有五百人左右。所謂睡覺當然席地而睡，人像沙丁魚般的排列，晚上起來要方便的話，都要踏在別人身上，所謂方便，船上根本沒有廁所，就是在中間放一大便桶，這個大便桶要容納數十人四天三夜的排泄物，因此到第三天就尿液糞便四溢，在便桶周圍睡的人的被窩都浸濕。而且這便桶幾乎廿四小時都要排隊，吃的是乾巴巴的麵包，總想用些水嚥下。喝了水又怕方便，因方便一等要等一、廿分鐘，在這征途上我才意識到人類最大的痛苦除了饑餓、口渴、疲勞外，還有一種憋尿的痛苦。尤其在晚上中間一盞像鬼火似的煤油燈，要去方便又得走過別人，本來我就是高度近視眼，要起來先得摸到眼鏡，然而再一步步跨過別人，不知要費多少時間。貨艙中的汗臭、大小便惡臭、已變味的麵包臭，再加數十犯人三、四

天不刷牙不洗澡的難以忍受的臭,若說有人間地獄的話,那是活龍活現的一個。

但在這個特殊的環境中卻散發出一陣特別的香味,那是教友們忍耐愛人克己的德行的馨香。在這船上大約有十二三位教友,有的我過去根本不認識,例如虹口聖心堂的張茵秋姐姐,我見她數次在排隊等上馬桶,一再讓給別人。我就上去問她是不是教友,她說是的,她並且鼓勵我說船上雖然難熬,天主要我們做「這樣的補贖」,千萬要高高興興接受。還有一位徐曼修孃孃,她是徐家匯徐簡谷神父的妹妹,據說她很愛乾淨,但在船上她卻平心靜氣地忍受各種痛苦,並勸我寧可少吃一點,這樣可以免得很多麻煩。還有王培貞,年老的潘廉淑、黃松青、她們在困難中都保持平安喜樂的心情,唯一擔心的就是我,怕我沉不住氣會哭會發脾氣。幸虧有諸位教友的支持,才使我度過了三天。

到第四天大家都很疲勞,既不想吃麵包,也沒有水可喝,差不多十分之九的人都已像瘟雞一樣,口乾得要裂開,便桶已滿而又滿,無法再上,麵包已變質。人隨著搖盪的船左搖右擺。這時隊長下來說不要睡了 馬上就到了,那邊農場條件好得很,你們剛去我們可以同意你們買雞蛋等營養品吃吃。大家對他的話反應也不大,心想這生命不知維持到何日?

待到第四天,船總算到了白湖農場,隊長說行李明天再

拿，現在就到工棚去睡覺。在昏黑中你扶我拉地走了約二里路，總算到了目的地，雖然看不見什麼，所謂的工棚也只是用稻草蓋著的一個通風的棚，這就是隊長所說的條件很好的農場，也不去管它了，於是就倒在泥地上睡了。到了第二天早晨醒來，太陽已升起了。小組長緊催著去拿行李，大家都不願怠慢，丟失了必要的東西，又要造成極大的困擾。

第廿七章
白湖概況（附地圖）

　　白湖農場位於安徽省的東南部，原為一片廣闊的沼澤地。它跨廬江縣、無為縣以及巢湖三縣。佔地三百餘平方公里。每逢雨季積水成湖，一片汪洋。乾旱季節，雜草蘆葦叢生。此處原為蓄洪區，海拔僅五～六公尺。水由上流黃陂湖流入經此轉流到巢湖。中共在一九五八年開始將此一沼澤地改建成白湖農場，第一批就投入數以萬計的犯人，先開河挖土，河的形狀成一環圍河，農場和附近老百姓之間隔一環圍河，藉此隔絕犯人與外界的接觸，同時河流也是交通運輸的必要渠道。用河中挖出來的泥築堤打壩，分片劃塊。壩上可開汽車，且設立崗哨看守犯人。當時在開建時有不少犯人一跳入白湖，由於下面是淤泥，跳下去越沉越下，根本無法拔起。因此有許許多多的犯人為開發白湖而犧牲。這就是著名的安徽省勞改第一支隊，對外稱白湖農場。

　　白湖農場中間有東大圩、西大圩。兩圩之間有一條河叫塘串河，白湖建成後上流的水經塘串河流入巢湖。原來的泥澤地變成了萬畝稻田。白湖農場共有十五個勞改大隊，分佈

在東西兩個大圩，每個大隊有三到六個中隊，還有閥門廠、造紙廠、化肥廠、碾米廠等工業單位。還有京劇團、黃梅戲劇團等文娛單位，在「文革」前每逢國慶或過春節，為防止犯人過份想家，這些劇團往往到各大隊巡迴演出，還有一規模很大的總場醫院。全場最多時會關押三到四萬犯人。

在白湖這塊土地上曾誕生了朱樹德、陳哲敏、傅鶴洲、付玉堂、嚴蘊梁等數位致命者，也孕育了不少精修者，例如沈曾理、錢彌格、陸達源、陸培元、袁思德等等神父。其他犯人除了佔百分比很少的偷竊扒拿、殺人放火的以外，其他幾乎都是「政治良心犯」以及「異己份子」　國民黨中從高級將領到縣、鄉、保長等，地主富農。共產黨中敢於向黨提意見的，各宗教的神父、修士、修女、牧師、教友，也有些不肯做共產黨走卒的以及右派份子。還有知情不報，包庇反革命份子者，也有為數不少莫名其妙的「反革命份子」。我曾遇見過一「犯人」，他說有一次他和朋友們一起喝酒，別人問他是否是共產黨？他說我一輩子也不會入黨，你看我這麼吊而郎當。後來在一次運動中，別人揭發他說他成立一個吊而郎當的反革命組織，就此判刑十年。還有在文化大革命中，有人不小心把石膏做的毛澤東像打碎，判為現行反革命五年。我們隊裡有一位過去是徽州軍區參謀長太太，因一次喊口號　「打倒劉少奇，擁護毛主席！」她把口號唸反了判刑三年，但由於她已淪為現行反革命，她的丈夫軍區參謀

長立即和她離婚。她在服刑時還抱有幻想，說是丈夫因現役軍人在政治上不得不和她劃清界線。在刑滿的那天她還指望丈夫派人來接，後來隊裡幹部替她聯繫，她的丈夫早在二年以前另娶了一位太太，她就此無家可歸。

在眾多犯人中可以說三百六十行，行行的狀元俊傑，都可在勞改隊中找到，有名牌大學的名教授，也有名氣不凡的畫家、書法家，各行各業中例如廚師、木工、瓦工、裁縫、唱戲的等等。反正社會上有的，勞改隊中不乏其人。所謂「勞改犯」就是已經判過刑的犯人，除極少數判無期徒刑或死刑的以外，其餘都被送到各勞改農場進行牛馬般的無償勞動。

白湖四面群山環圍，再隔一環圍河，因此與世隔絕，真可以稱為曠野或幽谷，這十五個勞改大隊中有一個「重刑大隊」。此大隊和一般大隊的住所大不相同　四面築起高牆，裝著鐵絲電網，圍牆四角，沒有崗哨，由解放軍瞭望放哨。每天四次可以看到帶著手銬腳鍊的犯人由解放軍實彈押送到各工地，押回工棚。我們敬愛的朱樹德、嚴蘊梁、傅鶴洲等神父，都曾在這個大隊度過好多個寒暑。

白湖農場地圖

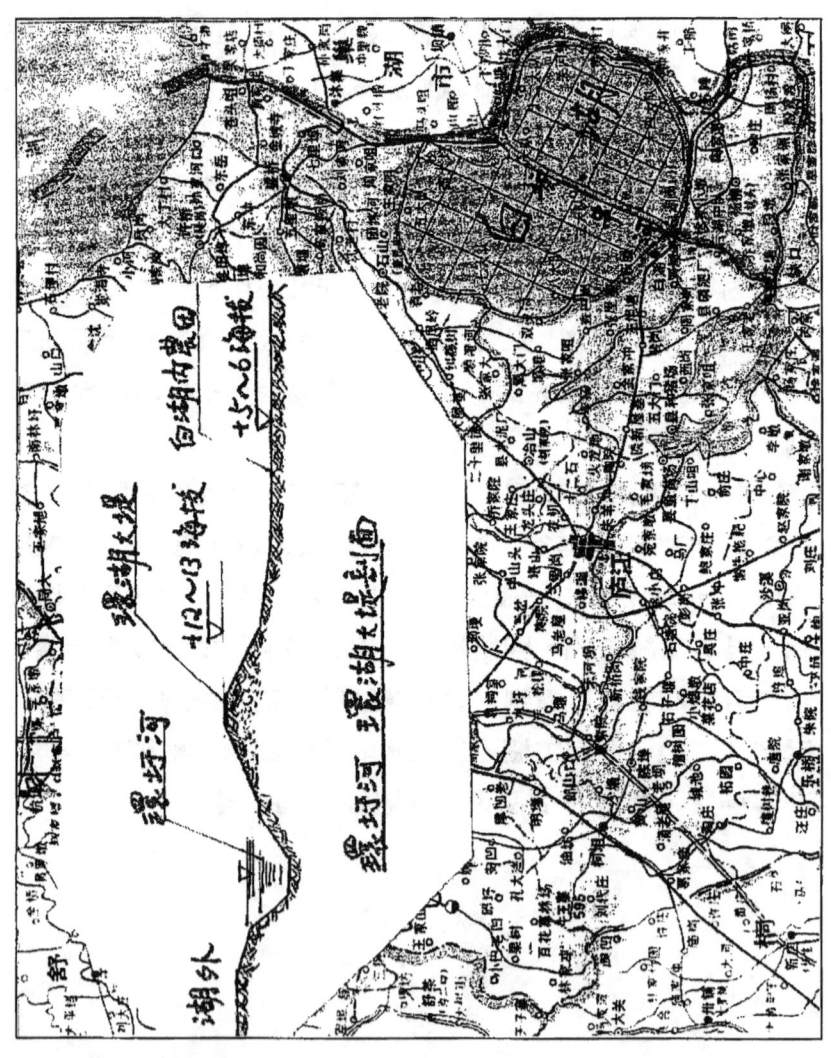

第廿八章

雙　搶

白湖農場既然由沼澤地改爲農田，其主要產品爲稻米，水稻每年種兩季；早稻和晚稻。庄稼活和農業上的廿四個節氣非常有關。例如早稻一般在穀雨季節（四月廿日或廿一日），其間進行各種田間管理　到立秋（八月八日）收割。立秋也是晚稻的插秧日，這就是爲什麼把立秋那天叫「雙搶」。既要搶收　又要搶種　所謂「早晨一片黃，晚上一片青。」這好像舞台上的搶景，必須在一天完成。立秋那天天氣總是十分炎熱，人人必須早晚都摸黑，中間頂著滾燙烈日，勞動時間要長達十六～十八小時，再累再睏也得頂住。他們的說法是季節不饒人，過了立秋再插晚稻就不能結飽穗。雙搶那天，誰都不能請病假，病號也要強迫出工。早晨天還烏黑時，立即趕到稻田，拿起鐮刀，彎下腰來，每人至少要割一畝以上，彎腰功夫要持續，這實在不是城市出身的人所能堅持，於是跪著、趴著什麼姿勢都有。吃點辛苦倒無所謂，但一輩子沒有幹過農活的人，尤其神父們是上祭台作祭獻，在神功架上聽神工的司鐸，在農田實在是英雄無

用武之地。好在他們個個不慌不忙，能做多少就是多少。不管勞改指導員，勞改隊長喳呼聲震天，「朱樹德，今天是雙搶，你不知道嗎？你在繡花還是割稻？別人都已快完成，你還剩下那麼許多，馬上拖拉機要來整地翻土，看你怎麼辦？」不到五分鐘犯人中的小組長又來吆喝。後來看看石子裡也滴不出油了，朱神父已趴在地上，十分力已用去十二分。在沒有辦法之下，一些快手們不得不過來一起幫著朱神父割完這塊田。割完稻後還要捆好，自己還得挑回隊部，文弱書生已勞累了半天，還要挑擔，真像八仙過海中的藍采和挑花籃一樣，跌跌蹌蹌。回來時田裡已犁過，並且引進了水，那是下一檔節目要插晚稻的秧了。插秧前必須將育在田中的秧苗一把把的拔起，然後將一把把秧苗送到稻田。拔秧、插秧都需在水中操作。拔秧比較輕巧些，但要求非常迅速，因為下道工序插秧的人都在等著你，萬一誤工，就會招來罵聲不絕。有很多神父都拔過秧，但總是由於動作太慢，備受凌辱。神父們一般都沒有赤腳的習慣，再加在污水中走，下面泥土坑坑窪窪，走起來即使穿著鞋子也是腳高腳低。何況秧田的水中有螞蟥，它貼在人腿上要吃血，我也被螞蟥咬過，結果兩腿都是血。水裡偶而也有小蛇和各種蟲子。插秧是有技巧的庄稼活，三個手指將秧插入泥中，一步步的向後退，必須左右一條線，前後一條線，整整齊齊，像寫字一樣不能東倒西歪。雙搶那天一直要勞動到深夜，一些

年老體弱的有的中暑,有的高血壓心臟病驟發。所以每年雙搶,每個隊裡就會死去不少的犯人。白湖犯人一提起雙搶個個毛骨悚然。其原因就在於此。

　　農忙也不光在雙搶這一天。雙搶以後進行稻的田間管理,一直在水中,頭頂一個烈日,水中一個烈日,頭上還可戴頂草帽,水中的烈日燙得你全身冒汗,我因一直擔任犯人醫生,沒有吃過這種苦頭。真正難以想像這些神父教友們是如何一天天熬過來的。樹德神父很風趣地說:「在勞改隊你用不著擔心被開除,只要你沉得住氣,幹部也不能強迫你做力所不能及的事。關鍵是要經受得起嚇唬。」

第廿九章

逃大水

在上一章已經介紹過白湖原為蓄洪區，附近的幾個縣即使在雨汛季節（六～七月）雨量過大時也不會造成洪水泛濫。自從白湖變成稻田後，堵住了水的去處，這就破壞了自然的規律，必然有惡果出現。所以每當雨季雨量超過一定限度，附近各縣的水無出路時，就會洪水泛濫，省里考慮到各縣城力量薄弱，所築的壩很小很低，無法抵擋洪水。而白湖農場有的是犯人的勞力　而且是國營勞改農場，每年向國庫上交數量巨大的稻米，因使用的都是勞改奴役勞動，因此利潤是很大的。所以在雨季則要求犯人在狂風暴雨中將堤壩加高添實，本來白湖可以太平無事，但由於附近的縣城如發生水災，老百姓流離失所，家破人亡，用共產黨的話為了避免政治上的不良影響，故省委領導在洪水季節往往決定在白湖開壩，將洪水引入白湖稻田和勞改犯所住的工棚等等。在這時勞改犯必須逃避。這就是逃大水的主要原因。

在勞改隊逃大水和一般的逃大水有所不同，一是必須先押送重刑犯，杜絕他們在大水中逃跑。在大水中死一個人，

政府幹部認為並沒有什麼了不起，花名冊上劃掉一個名字就是了，但若少一個人，那責任就重了。所以在開壩的同時，重刑犯那怕是腳鐐手銬的不管你是否有力量提起自己的行李，一律要跟著迅速上壩。一般在決定開壩到通知逃離時，往往只有一～兩小時，共產黨有個特點，尤其在勞改隊中發生什麼事情，事先總是十分保密。一直到最後水已像猛虎似撲來，一聲令下，個個犯人搶工具挑扁擔倉惶慌張把自己所有的瓶瓶罐罐，破破爛爛全部歸納在一起。人到了最困難的時候，往往是本性暴露最徹底的時候。尤其是一些政府管理人員平視犯人為毒刺，一到發大水時候，拚命拉攏利用犯人，要犯人首先幫他們搬運他們家的雞鴨棚等，甚至一針一線都不能少，但對公家倉庫中的東西卻丟之不顧。有的犯人為了幫幹部搬運，結果自己的必需用品都來不及挑出，從此一無所有。到了新的地點除了能發給你必要的衣服外，其他生活用品不是和張三合用，就是要向李四去借，大水的後遺症十分嚴重，疾病瘟疫流行，有的老人得病後就奄奄一息，不少的犯人因發大水而病終。

　　白湖一共大約發過四、五次大水。而我們中的幾位神父，如朱樹德、嚴蘊梁、傅鶴洲、錢彌格等神父，不但視力差，而且行動遲緩。在這種場面，真是有一百廿四根筋，也無法應付。好在一切有天主的照顧，幾乎每位神父都有至少一位護守天神，所謂「患難見真情」。這些教友在患難中考

慮的不是自己的安危，不是自己的罈罈罐罐，而首先幫神父們在雷聲隆隆，電光閃閃，大雨傾盆之下，一手扶著神父，一手挑著擔，眼見大水不留情，嘩嘩地而來，他們既沉著又從容，邊祈禱邊淌水而走。走到較高的壩子上，暫時在臨時搭出的工棚中過夜。曾有一位教友陪著錢彌格神父在大水後一起到合肥來買膠鞋、棉毛衫等生活必需品，他說在大水中有很多犯人趁水打劫，當然神父是他們最好的對象。錢神父幾乎大部分的東西在大水中被別人撈走了，現在只能重新再買，神父一無怨言。我說 「好在留得青山在，不怕沒柴燒。只要人在大水中保持性命，沒有得到疾病，已算是大幸了。」

其中也有一則小故事 發生在九成坂農場地處長江下游，屬勞改第三支隊。在一次逃大水時，犯人們個個挑起自己所有的必需品——被子、一年四季所穿的衣衫，再加上瓶瓶罐罐，少一樣都無法過日子，肩挑這一擔要走上四、五里路。往往一天都沒東西吃，有些年老體弱的經不起如此折騰，有的昏倒在地。那時女犯人隊中有一中年犯人，身體尚稱健壯，據說她被判刑五年，已接近刑滿，她挑了滿滿一擔，突然把擔子擱下對別人說 「哎呀！我急急忙忙的把洗髮用的一只鹼粉瓶都忘記拿了（勞改隊中因政府每月只給犯人零點三元的零用錢，用來買草紙、香皂、牙膏等，根本不可能用洗髮香波。）我得回去拿。」同伴們都對她

說 「不行啊！水不留情，我們出來已經是最後一批了，你回去萬一大水已沖沒了我們的工棚，你連命都保不住。」但她堅持說 「我跑得快，大水不會來得這麼快的。」於是她不聽別人的勸阻 堅決回去，中午過了，大家在堤上（比較安全地帶）幫著看守她已挑出的擔子 等著、等著……，兩個小時過去了，怎麼也盼不到她的人影，大約又過了一個小時，聽附近老百姓說他們打起一具女屍，頸脖上掛著一只碱粉瓶，那肯定是她無疑了。俗話說 「人為財死，鳥為食亡。」一瓶碱粉了不起也不過幾角人民幣，即使沒有，對生活也不會發生多大的影響，但是一個人如果把世上的東西看得很重，甚至為了獲取它不惜犧牲一切，那就會像這位女犯，甚至將生命打賭在一瓶粉上。每當我回憶起此事就黯然淚下，祇能求天主憐憫她，因為在那年代，物質極缺，勞改犯的一瓶碱粉比這裡最名貴的化妝品更為可貴，尤其當人處在極貧乏的處境，很自然地做出一些愚蠢可悲的事。

第卅章
狂風暴雨中的歌聲

　　白湖原為蓄洪的蘆葦場,每當山洪爆發時它提供了洪水的出路。一九五八年由一大批勞改大軍築圩造田,表面上好像修建了許多良田,而實質上使洪水無處藏身沒有出路,勢必泛濫成災。其實目前中國洪水起因也是如此,長江三峽的截流造成數次長江洪峰,是天災抑是人禍,恐怕兩種因素都有。

　　我於一九五八年到白湖農場,在白湖農場勞改過的神父有十餘位,朱樹德、嚴蘊梁、傅鶴洲、錢彌格、徐簡谷、陸達源、陸培元、黃華全(George Hwang 神父)、沈增禮、袁思德、沈介敏、陳哲敏⋯⋯等,教友中有沈樂平、董松齡、王秉常、劉洒聖、張亮偉⋯⋯等。女隊中有十餘位,其中有拯亡會張依成姆姆,獻堂會李臨先生,烏蘇拉會的史獻芝姆姆、聖衣會初學生張玉琴以及黃松青,張茵秋、張美瑜、徐曼修、周若蘭、王培貞、劉天真、龔潔貞等等。當時生活十分艱苦,我們所住的工棚都是四面通風。但女隊的劉真文隊長是個出名的好隊長,她本身也由於歷史問題從上海

下放到農場，所以她對教友特別寄予同情。例如她常常分配我在家幹輕活，很多次在早晨站隊分工時，她總是說「胡美玉，你手腳這麼慢，出工反而拉別人的後腿，乾脆到雞棚去幫著打掃衛生」。就這樣我差不多每天在家。實在我也是出足洋相的人，在拔秧時，不知多少次跌在稻田裡在割稻時常常因勞累不堪昏倒在地。隊裡的人也是直搖頭，其中有一件事我至今記憶猶新。

那是在五九年六月，連續下了幾天的雨，眼看菜園即將被水淹沒，整個隊裡吃菜將成問題，劉隊長急得如熱鍋上的螞蟻。到了晚上十時許，她來到工棚對大家說為了搶救菜園，必須連夜加班車水，你們白天已經幹活了，有誰志願去參加 她話音剛落，工棚中的幾個教友立即回答 「我去」，我見到大家都說去，我也跟著說 「我也去，」瑪利亞姐姐說 「天這麼黑，路又十分泥濘，你連路都走不好，怎麼去呢？」旁邊的七寶媽媽說 「不要緊，我可以背她 」我深怕隊長不同意我去，慌著搶第一個出門。剛離開工棚，迎面來的是風雨交加，雷擊電閃，再加一腳泥，一腳水，我連站都站不住了，正在猶豫之時身體靈巧的七寶媽媽已俯身在我面前說 「來，快點，讓我背你」我不能客氣了，沒有她，我無法參加這千載難逢的風雨之夜的音樂會了。一到菜園，已是一片汪洋，隊裡已派人抬來二台水車，每台需有兩人一起操作，天哪，這些修女教友都是文弱

書生，平時連小麥，韭菜都不分，如今要打著赤腳把褲腿捲上膝蓋。先由農村出身的七寶媽媽，無錫媽媽帶頭示範一下，我們共去九個人分成四組，輪流操作，我是廢物一個只得靠邊站，我想不會車水也罷，今天是個難得的夜晚，平時我想唱一些聖歌只能憋在喉裡，誰敢大聲大氣唱出我們的心聲呢？今晚，天公作美，替我們安排了自然的音響效果，我就對大家說「各位，暫時就讓我擔任司儀了，今晚這麼好的機會，讓我們大家展歌喉，大聲唱出我們對天主的激情，對教會、對教宗的忠誠吧！」最年輕的若蘭首先帶頭唱了第一首歌「我的母皇，我的母親，我所有的一切全屬於你」，接著「我是教友最大光榮」「偉大的教宗，我們擁護你」「聖瑪利亞，仁愛無涯，佘山聖母」，一首接著一首，歌聲響徹雲霄，直達天庭與嘩嘩的雨聲，轟轟的雷鳴聲組成一組最動聽的交響曲，我見大家有點累了就說：「讓大家每人獨白一段，說出自己想說的話。」

張依成姆姆「我是拯亡會修女，我終生的意向是救煉靈，我要把今晚我們所作的以及今後一生所做的獻給天主，為拯救亡者煉靈。」

徐曼修「我們要為全中國為義而受窘難者祈求，天主的恩寵使我們這麼許多教友能在一起受苦，還有許多人正在受著更大的迫害，我們要為他們而祈求。」

龔浩貞「我要為在家的父母 尤其我們的媽媽祈

求,她們是真正的致命者,她們失去了我們是十分痛苦的,我們要常常想到她們。」

王培貞　「我們為忠心於教會,忠心於教宗而判刑,盼望有朝一日,我們中有人去羅馬覲見教宗,告訴他五十年代的公青是如何熱愛他。」

張美瑜　「我們不能忘記我們的主保佘山聖母,在她的蔭庇下,我們才有勇氣走上加爾瓦略山,希望大家一輩子不要忘記佘山聖母。」

黃松青　「請為美玉祈求,她刑期長,身體差,又是外教家庭出身,十字架較重,希望她能克服一切,緊緊跟著耶穌走苦路,直到生命的最後一分鐘。」

我聽到這話,淚水、雨水交織在我的臉上,黃松青醫生在以後的數十年待我如同她自己的女兒,這次重逢在上海,她緊緊的抱住我說　「美玉還是原汁原味的白湖人,一點沒有洋味,還是像過去一樣的愛佘山聖母。」我也是樂極了,受到她老人家的讚揚是十分不容易的,我說　「我沒有忘記你在風雨交加的晚上,請大家為我祈求,我一生也勉力聽您的話。」

水漸漸地退了,雨也逐步停了,九個人像落湯雞一樣的回到工棚,食堂裡已為我們燒了些薑茶和一些鍋巴泡飯,這已是嘉賓待遇了,大家都感到天主的聖寵像傾盆大雨一樣倒在我們身上,如果再有第二次,我們九人還會勇往直前。

第卅一章
白湖第一位女致命者
史獻芝修女

英烈的後裔——史獻芝修女

我和史獻芝姆姆相識在一九五九年九月，那時上海市提籃橋監獄人滿為患　共產黨政府往往在「十、一」　國慶節以前，要逮捕大量異己份子，因此就將我們已判刑的送往外地勞動改造。大約在九月廿五日晚上，史姆姆和我在同一船隻中被押送到安徽省廬江縣白湖農場。五九年我們抵達農場時，因剛建農場，連正式的工棚都沒有，我們住的房子僅僅有個茅草屋頂，四周連泥牆都沒有。其他伙食方面，只是以野草、野菜替代。至於醫療藥物根本談不上有任何設備。當時在勞改隊中，紀律嚴格，尤其不准許我們教友在一起說話勞動，同時管理人員常常派些人來監督我們。在剛開始的幾個月中，我和史姆姆從未交談過，我只是從其他教友處知道她是烏蘇拉會修女，患有嚴重

心臟病。在當時艱苦的生活條件下,她已不能和我們一起去割稻、插秧,每當我們收工回來,總是見她在食堂門口揀菜或是掃地,她常常為我們準備好了一杯開水,把它窩在被子裏,她說 「我在家勞動,比你們輕巧得多,食堂裏有開水時,我去要了一杯,不然你們到家時,別人搶在前面,就輪不到你們了。」一杯開水,尤其是熱的,在當時是非常珍貴的,我們教友間往往大家推讓,誰都願意讓別人喝,真是滴水見真情,史姆姆的一杯水溫暖了大家的心。

我有幸在史姆姆逝世前一星期也生病在床。那時她心臟病數次發作,晚上倚靠著幾個枕頭,不能平躺。我們的床位非常狹窄,大約六十公分寬,都是泥巴砌成的土坑而已,一個挨著一個,翻身就得牽動左右兩人。史姆姆的床位正巧在我的對面,我因有病也連續幾天未出工勞動,天主賞賜給我這麼好的機會,有福陪伴這位聖德傑出的修女度過她最後的幾天。

「偉大在於平凡」,廿世紀的致命者沒有當時在羅馬鬥獸場壯烈犧牲的場面,也沒有像一些精修聖人手握苦像,口親十字架的動人情景。那時,我們沒有一件聖物,更談不上請司鐸終傅、親友送終。然而史姆姆面對死亡異常安寧,她像是一位放學回家的兒童等待見到爸爸媽媽的心境,她知道我是一位新教友,鼓勵我堅持信仰到底,她說是天主揀選了我們,千萬別辜負天主的恩典。聖保祿宗徒說 「為我生

是基督死是福,死亡對我們教友來說是開啓永生的大門。」

我在她的啓發下,寫下了幾行短詩 「我在死亡的邊緣生活,生活一天,接近墳墓一日;我在生活的過程中走向死亡,生與死之間僅僅一氣之隔,生耶!死耶!生是基督死是福,是我們最高的生活原則。」她十分激動地對我說「是天主聖神使妳懂得了生活的真諦以及死亡的意義,我是烏蘇拉會修女,有朝一日,如果你有機會請寫信給羅馬總會會長,請告訴她們,我靈稱頌我主,我到死遵守了修會會規。」多麼感人的話,使我流下熱淚。

沒有幾天,聽說史姆姆已被轉送到場部醫院即病逝,記得她曾送給我一個鴨絨枕頭,不久被人檢舉,管理人員勒令我交出去,如今回憶起來甚感遺憾。

我於一九九四年曾將此信材料寄到羅馬烏蘇拉會總會大約半年後,羅馬教廷代表偕洛杉磯一位主教對我正式進行調查約四個小時,看來為核實史姆姆列品的資料,但願她早日列為聖品。在天的史獻芝姆姆,請為我等轉求!

第卅二章

寬嚴大會

　　一般人總認為已到勞改農場，只要背起牛馬勞動的十字架，忍受生活上的艱苦就可以了，但事實並非如此，在勞改隊度過的人都知道。在勞改農場春、夏、秋三季白天黑夜幹農活，忙得天昏地黑，疲勞得比奴隸更甚，腦子也乏力思想。到了冬天所謂農閑季節，雖不需要像其他三季那樣忙碌，但中共的政策已計劃安排「冬訓」，實質是「洗腦學習」，每天上午四個小時，然後出去幹活，晚間兩小時，不但坐得你屁股作痛，日久生瘡。更令人窒息的是每人逼著要過「認罪關」，每人必須在每天學習大會中挨著發言要說違背良心痛罵自己和陷害誣告他人的話。例如就我來說，必須承認我的犯罪是因教會毒害了我，我必須痛罵檢舉如莫克勤神父、梅神父等教會中的帝國主義份子和反革命份子，如教導我們的善牧張希斌、章獻猷、朱樹德等等神父，再寫一些檢舉揭發他們的材料才表示出中共對我改造的有效。

　　犯人中絕大部分是政治犯，所謂中共政權下的政治犯，無非是一些政治異己份子，或是不願違反良心愛德，不願做

政府走狗的宗教界人士,在判刑時已蒙受冤枉,誰也沒有請辯護律師上庭申辯的機會 俗語云 「士可殺 不可辱。」有的人被忘恩負義的小人打耳光吐唾沫,聲譽受到極大的侮辱,不少人自盡而終。有些還有勇氣堅持正義活下去的人們,為著自己的家庭、妻子、兒女活在尖刀山上,一天捱過一天。但偏偏中共還要每年在冬訓時變本加厲,逼犯人仍要檢舉別人,拖親友下獄。這反覆不斷的內心鬥爭使犯人們的心理受到極大的扭曲,即使活著也變成麻木不仁一無感情的人了。「冬訓」,很多犯人說寧可在田裡累死累活也不願坐著去洗腦。長長三個月的折磨,最後中共幹部在每個小組製造一個不認罪的典型,調唆大家砲轟,萬一在小組會上過不了關,就成了大會的靶子。「眾矢之的」由大家批鬥。通常神父教友往往由於不認罪而成為眾人批鬥的對象。在每年冬訓結束時,必然要開一「寬嚴大會」,記得我第一次參加寬嚴大會是在白湖女犯人隊,開會的當天我到伙房去打飯,伙房的難友說 「今天不喝稀飯,每人四只山芋。」我問她什麼原因?她稍稍地說 「寬嚴大會是不允許出去上廁所的,指導員想得比較周到 給大家山芋較好。」正在吃山芋時,外面嗚嗚的來了一部警車,有些消息靈通的犯人就說小號里關著江小妹,今天怕要把她押到大會中去了。我猜想她可能要成為嚴的對象了。她原來和我同一小組,是農村出身,因她從小是個孤兒,家中哥嫂對她很

刻薄，所以養成她非常孤僻的心理，這次被捕也不過因一小事得罪了大隊幹部，判刑五年，平時很踏實勞動，看到有不公平的事，她往往喜歡打抱不平，因而惹下事非。在她的角度認為自己沒有錯，而中共幹部怎允許你在勞改隊伸張公義，替別人說話，那怕是對的，也不允許那麼做。於是她被關禁閉。幹部還逼著她要她交代，她說我不知道錯在那裡，怎麼交代？這回大會不知給她加刑還是處以極刑，我心中為她忐忑不安，在去大會的路上，我悄悄地對德蘭姐說「我們一定要為江小妹祈禱，我們苦無機會接近她，無法向她傳教。」

到了會場後，見到周圍的解放軍都端著上了刺刀的槍，臉拉得特別長，表情好像是訂做的，不但絲毫沒有人情味，還故意裝出要嚇唬人的味道，我在想不知你們故意要使我們害怕，還是你們在怕我們造反。我們是已失去一切的犯人，中國有句話「除死無大災」，我們已經沒有什麼可以再失去，所以也不存在害怕，而你們防這防那，不准我們帶小板凳、不准喊口號、不准交頭接耳等等，還不是你們怕我們會起來反抗。

大會的會場也經過一定的佈置，標語、口號是老一套的「改惡從善，前途光明；抗拒改造，死路一條。」其實在中共政府政策下是非混淆，善惡顛倒。勞改隊中這些八股式的東西，如果你不當它一回事，也不過是一些陳詞濫調，總

之，他們要製造的氣氛也不過是要嚇嚇一些膽小鬼而已。

大會開始由大隊指導員用十分官腔的話講了約廿分鐘，我則閉目養神。他的聲音使人聽了就產生反感。接著大聲一叫「把江小妹押上台。」於是就將五花大綁的江小妹連拖帶押上了台。指導員立刻宣佈：「因她不思悔改，堅決對抗到底，判處死刑，立即執行。」等我們尚未醒悟過來，已聽到砰的一聲，江小妹應聲而倒，立即腦袋開花，像染紅的豆腐一樣，血滴四濺。隨著有兩個犯人拿一條草席，草率一捲，故意拖著她的屍體在眾人面前經過，血一滴滴從草席中滴下，好像在演戲中為了加強它的恐怖氣氛以達到殺一儆百的作用，必須增加它的血腥味。全場的空氣好像凝固了數秒鐘，接著指導員又歇斯底里式的狂叫幾句「你們中誰若要對抗政府，也是這樣的下場。」我想教友決不會輕舉妄動，也不會有不理智的對抗，但若為我們的信仰，中共如打算把我槍決，我依靠天主的聖寵，非但不害怕，我還要感謝他們成全了我。

接著有一隊長公佈寬的名單，有的減刑一年，有的減刑六個月、三個月。他們何以能得到寬大處理，無非是靠攏政府，靠攏幹部，說得明白點，就是出賣別人，出賣靈魂，在別人頭上立功，我們隊裡的「回報大王」也獲得了減刑三個月的獎勵。此人大家背後都叫她回報大王，因她口袋中總是放著一本小本子，誰和她說了什麼話，誰發了一些牢騷，

她一一記下,到幹部處去告密,平時她上工偷懶,幹活少,幹部十分包庇她,說她起的作用比別人大,在拿工具時她最刁鑽,總是揀好的;吃飯時,饃總要揀大的;但就是這樣人可以得到寬大,當她上去拿減刑書時,大家都撇撇嘴,嘖嘖不已。

在寬嚴大會結束時,管教則佈置一大批學習提綱,還要繼續談感想,稱讚這殺人的行動是萬分正確的,同時還要制訂今後的計劃。回隊繼續洗腦。

第卅三章
滴滴淚珠獻聖嬰

生活在這太平盛世物質富裕的美國，每年過聖誕節時家家戶戶五光十色的彩燈，各種奇異造型的聖誕樹，孩子們都期待著家人、親友及聖誕老公公送給他們一包又一包的禮物。在這平安之夜的歌聲中我請求護守天神幫助我跨越時空，先讓時光倒退卅九年，然後再載我到地球的那一端。看看那年（一九六一年）的聖誕節是如何景象。

一九六一年是黑白顛倒群魔亂舞的年代，即使在中國社會上也絲毫見不到聖誕的氣氛，誰唱一首聖誕歌或家中有些裝飾，誰就是崇洋媚外，就可以反革命論處。更何況是勞改營中？那時我被押在安徽省第三勞改支隊的白湖農場幹農活，在那高壓的環境下連做夢都不敢見到躺在馬槽中的耶穌，深怕萬一說夢話，被周圍的犯人去回報，輕則批鬥，重則可以加刑。那時女隊裡大約有十餘位教友，在聖誕快來臨的日子裡只能暗暗地彼此提醒，在心中搭一馬槽，做些克苦，好比在馬槽中給小耶穌添稻草。眼看聖誕節將近，我實在想不出有什麼更好的可以獻給耶穌。但在天大父早已準備

好了一份禮物要我親手獻給聖嬰。在十二月廿三日中午，隊裡一位管教將我叫到辦公室，他手裡拿著一封已拆開的信（犯人的信都必須先經檢查）很嚴肅的對我說「你家裡給你來了一封信，你看過後必須做到兩點 一、不准哭也不准有任何悲痛的表現，二 下午必須準時出工不得影響勞動。」我說「准時出工我一定做到，但至於哭或不哭我不知道究竟家裡發生什麼事情，這很難說。」說著說著他就把信交給了我，我三步併作兩步的回到工棚，大伙正在吃飯，德蘭姐說「你的飯我已用棉襖包著，你還是先吃飯再看信吧！」

我家中一直很少來信，一封家信對我來說真是價值萬金，況且今天管教在給我這封信時，已說了上述這些話，按我的本性在回來的路上早已迫不及待的要看了，但一想到所謂「克苦就是要克服自己最不願意克服的」，那麼我就將這奉獻給小耶穌吧！飯本來就這麼一點點兩口三口很快就吃完了。拿出信紙，我姪女清秀的筆跡展現在眼前，「三姑姑，好久沒有通信，這件事本來一直想瞞著你，但想想瞞也瞞不了，還是實話相告。阿娘（祖母）已於一九五八年十二月廿二日病逝於香港，臨終十分平安。二叔叔說她在一九五八年九月得知你判十五年，二姑判七年徒刑消息後，她一直臥床不起。經醫生檢查患有肝癌，三個月後去世。人死不能復生 望節哀保重。」

一九五五年九八我們姐妹倆因信仰被捕,這是我們自己選擇的道路,而媽媽是外教,要一個外教母親忍受一對女兒雙雙入獄的痛苦,真是叫她哭斷肝腸望穿秋水。我常常在監獄中想我們已入獄的好似放進了保險箱,反正自古天堂只有一條路,閉著眼睛什麼都不考慮了。但是我們的媽媽正在飽受致命的痛苦,日夜煎熬,世上沒有比媽媽失去子女更大的痛苦了。

媽媽走了,我因身居囹圄,不能在她臨終床前端茶捧藥,是終生憾事。但處於這偉大的時代,天主要求我對她的感情超脫本性,有時棄絕是為了珍惜,因為愛她才必須離開她,要做一個真正的孝女,在天主和父母之間我選擇了天主高於父母,而父母在天主的蔭庇下必然受到賞報,這才是真正的兩全其美。但我畢竟是有血肉之軀的人,想到自己已是無父無母的孤兒,不禁熱淚滿頰,真想放聲大哭,哭出我幾年來的思念母親之情。但這些管教不是吃乾飯的,他已經站在我的面前,大聲說 「胡美玉,趕快出去幹活,不得耽誤。」我只有揩揩眼淚。

走到工地,我對小耶穌說,在祢的馬槽中,我將我的滴滴淚珠完全奉獻給祢,媽媽已在祢的身邊,用不著我再朝思暮想;求祢常常堅固我的信德,時刻向上,在任何情況總不背棄祢。

第卅四章

分　飯

在六十年代初期，中共報上所宣傳的三年自然災害時期，全國農村有的是整個整個村都餓死。其實在全國範圍內既未發生水災、旱災或地震等自然災害而完全由人爲的錯誤所造成。一九五八年中共中央號召全民大煉鋼鐵，頓時全國各地開展各式小高爐（土方法），不管有否這方面的技術和知識都要大煉特煉，並挨家按戶收集各種廢銅爛鐵，同時把交廢銅爛鐵作爲一項政治任務來完成。有的家庭在不得已下把一些家中必需品鐵門、菜刀都上交，結果因不懂科學，不按科學原則辦事，所以往往煉出來的是灰口鐵，硬度太大，往往不能加工造成極大的浪費。數年後，國家經濟陷於癱瘓，接著農村組織人民公社，打倒一切私有制，田地房屋都屬公社所有，美其名曰「吃飯不要錢」，老百姓由於自己的房屋田地均已充公，何來的積極性？而鄉村幹部爲了表明他擁護黨中央的「大躍進」「人民公社」等政策，拼命大事吹噓，說是人民公社化後產量大大提高，由原來的一百五十斤躍升爲每月一千五百斤或兩千斤。例如天府之國——四

川,每月給農民口糧僅十九斤稻穀,怎夠一人吃飽?但全國報紙上頭版的大標題 「川糧源源外運,支援全國」。接著四川省領導由於吹牛拍馬有功,就晉升到中央做整個國家的領導人。

那時我在安徽省白湖勞改農場,附近的縣城村莊老百姓吃樹皮、野草、水蛇等,後來發展到家中有人死了,將他的大腿胳膊切下,在鍋中煮著吃。曾和我在一起的一位女犯她現身說法的講給我們聽,她有個兒子餓死了,當然她全家也在挨餓中,在沒有辦法的情況下,她全家就烹煮她兒子的四肢吃 她說完了嘆了一口氣 「誰願意這樣做,但又有什麼辦法,他已死了,你吃不吃他也無礙大事,但對活著的人如不這樣做,恐怕一個個都要死去。」這不是故事,這是活生生的事實,她的名字叫劉玉蘭,安徽省利辛縣人,也許是我太敏感,我看到她的兩眼充滿血絲,是否因吃過人肉的緣故。

世界已悲慘到如此程度,更何況勞改隊,犯人每月糧食規定供應廿五斤,說是廿五斤,在勞改隊中,犯人又如何能吃到全額的定糧,經過重重剝削,例如隊長指導員等他們私人養的雞鴨等家畜,全部由犯人的食堂代為飼養,用的是犯人的口糧。如果工作人員多的話,那是一筆很大的支出,有時工作人員中的糧食中也搭配一些粗糧,於是他們就拿粗糧來食堂換取犯人口糧中佔百分比極少的白米或白麵,如此七

扣八減，原來的廿五斤能吃到廿二斤就算是好的了。所以只有在逢年過節時，食堂門口貼著年初一白米稀飯中午白面饃，其他日子吃的比豬食都不如的了。

犯人每天從事牛馬一樣的勞動，勞動時間特別長，每天十小時，而吃的食物既沒有質也沒有量，所以每逢吃飯時，每人的一雙眼睛像餓狼似的，詳細注視著每個動作。隊裡為了防止犯人在吃飯時發生嚴重衝突，所以制定了一系列的制度，每個小組的飯（所謂飯常常不是飯，是山芋或山芋藤所燒成的爛飯或南瓜皮和野草煮成的飯）都放在一只飯桶中，由大家輪流分飯，今天我分，明天你、他，一個個挨著來，分飯的人的一碗放在當中，任何人有權和這碗飯交換，以示公正。如何來衡量飯分得是否公正，光憑肉眼估計還不是標準，在勞改隊中犯人自己發明了一把秤，用一只筷子，下面吊一盤子，上面用兩根細的麻繩，做好後至少要有三個犯人鑑定它是否正確，才能使用，分飯者在分完飯後，要請別人看看確定飯已分完，然後他才有權利去刮這飯桶，刮飯桶是一項很大的權利，如你認真刮的話，有時能刮上半碗。我是生活中的低能兒，根本沒有本領和那些紅眉毛綠眼睛的人去打交道，因此輪到我分飯時，務必請別人代理，但往往也發生矛盾，因大家都願有刮飯桶的機會，所以也常常會有人說 「胡美玉，為什麼總要請別人分飯，是否故意拉攏人？」後來我就說 「既然我分不好，那麼可以取消我的

分飯資格,這樣大家可以快一點輪到。」如此避免了大家為分飯而爭吵。

有一件事我至今仍記憶猶新,那天出去割晚稻,收工很晚,回來後工棚已點上煤油燈,分飯者小心翼翼的把每一碗飯倒在每人的器皿中,突然煤油燈被人吹熄了,待重新把燈點亮後,正見小組中一位最搗蛋的犯人林秀梅,她把兩只非常骯髒的手伸在德蘭和我的杯子中,哎呀!媽呀!這叫我們怎麼吃下這飯呢?她如此惡作劇的目的,是看準對象而來。她估計我們不會罵她,更不會想法報復她,因此她柿子挑軟的吃。勞動了一天,回家連飯都吃不到,在這種情況誰也會生氣。要和她吵架也是無濟於事。她匆匆地吃完自己的一份,已將我的一份吃到一半,同時將德蘭的一份已倒在她自己的缽子裡,真是又好氣又好笑。

後來這位女犯因亂吃生的稻谷、癩蛤蟆等造成腸梗阻而死於白湖醫院,正巧我們侍候在她的臨終床邊,我們一再啟發她為一生中所犯的罪發痛悔,我完全寬恕她,一個農村婦女,從未受過良好的教育。在極度饑餓時,常常會喪失理智,這也是情有可原的。願她在生命中的最後一剎那,得到天主仁慈的寬赦。

第卅四章 分飯

分 飯

第卅五章
雞蛋與花生的故事

　　那年我大病初癒,第二天即揹著簍子和德肋撒姐姐踏著露水去採棉花。在上工的路上,途經養雞棚,猛地見到牆角有個雞蛋。德肋撒說:「你看天主多好!妳病了,天主賞給妳一個雞蛋,滋補滋補。」她小心翼翼地拾起來,放在圍腰裡。晚上收工回家,她對我說「我去請伙房阿姨把雞蛋煮了,妳注意!要在被窩裡吃,不然隊長知道了　又要大訓特訓」

　　我不願意,一方面,依成姆姆身體比我更差,更需要這個雞蛋滋補;另一方面,我不喜歡偷偷摸摸吃東西,雞蛋吃了,雖然沒被別人看見,但蛋殼怎麼處理?德肋撒修女說那也好,送給依成姆姆去。誰知姆姆說「獻堂會的李先生雙腳浮腫,更需要營養。」無論如何,她是吃不下這個雞蛋。就這樣,這雞蛋巡迴了一大圈,誰都拒絕吃。九月八日聖母誕辰快到了,又是我們被捕的紀念日,有人建議把它煮成湯,大家一起分享。隊裡一共十五、六位教友,每人吃一口蛋花湯,雖算不了什麼,但卻蘊含著在勞改隊中基督奧體

間的親密團結和永不褪色的友誼。

朱樹德神父判刑後曾在白湖農場勞改了好幾年。當時他年事已高且患有高血壓及心臟病，平時被派做些輕勞動。那年秋天隊裡收花生後，管理員深怕收得不夠仔細，就派朱神父和一些老弱病殘到花生田裡去做「小秋收」。神父拿著一張小凳子坐在田裡，按著次序移動板凳，一棵棵地檢查是否有遺留下的花生，其他人也如此做。果真不錯，挖出了許多花生。

那幾年，勞改犯個個食不果腹，吃不飽的人怎能經得起花生的誘惑呢？大家也很聰明，朱神父是隊裡出了名的老好人、贖罪的羔羊，於是趁休息隊長不在時，就一齊跑到朱神父面前說「老好人，你挖的花生還不少呢？大家都知道你喜歡替人代罪，今天又要勞駕你了。」於是大家就拿起朱神父挖出的花生大吃起來。朱神父說：「吃倒可以，但不要留下屍骨，不然我要抵賴也沒門啦！」（他的意思是要妥善處理花生殼）這些人為了果腹，幾乎什麼點子都想得出來，二話不說，竟然將殼與花生一起吃下。晚上收工時，隊長一見朱神父挖過的地一顆花生也沒有，大發雷霆說「你勞動一天的成果呢？朱神父說，「這是小秋收（第二次收割），我怎麼能保證一定有收成呢？你應該表揚第一次收的人，因為他收得太乾淨，所以我才一無所得。」由於隊長沒發現花生殼等罪證，神父自然也就逃過一劫。

事隔數年,朱神父把此事告訴了我,並對我說 「你怎麼這麼傻!雞蛋殼也是很有營養的,其中鈣質豐富,你可以把它搓碎,慢慢吃,在這種光景下,保持自己的生命,必須頭腦靈活些。」朱神父與囚犯們這種奇特的分享 及他在勞改隊中只為別人著想而完全忘卻自己的光輝典範,使我十分欽佩。

充滿喜悅的勞改生涯──朱樹德神父

第卅六章
地下的金剛石

　　錢彌格神父（又名錢生冠）耶穌會士，五十年代是上海教區伯多祿堂的本堂神父。那時教友們都稱讚他是一位熱心牧靈工作，聖德高超的司鐸。他於一九五三年六月十五日和朱樹德、蔡石方一些神父們一起被捕。至今已是四十餘年，也許由於他謙遜超人，這些年來一直消聲匿跡。就我記憶，我從來沒有看到一篇文章敘述他在勞改營中的事跡。是的，錢神父正好像一顆閃閃發光的金剛石，深埋於地下，未被人欣賞。我寫這篇文章的目的旨在讓錢神父的點滴事跡，展現在大家面前，讓我們有個表樣，可以效法學習。

　　在一九五三年我偶而去伯多祿堂，知道錢神父是本堂，很有組織能力，說話不多，辦事利落。直到六十年代，知道他也在白湖農場勞改，作些插秧割稻等重活。那時白湖附近每年山洪暴發，為了確保周圍的城市，在逼不得已的情況下，勞改農場必須打開水壩，給洪水以出路。附近的城市保全了，但白湖勞改犯卻年年逃大水。在做勞役的犯人本來已經過著牛馬不如的生活，一旦洪水氾濫，更是苦不堪言。每

人必須挑著自己所有的行李，往往數餐吃不到東西，步行數十里到大壩上去。這是你死我活的場合，人性的自私、貪婪、暴虐等等均在此時暴露無遺。不少的人連夜去搶扁擔、繩子等工具，還有的趁水打劫、順手牽羊，掠奪別人的衣物據為己有。更有甚的，在到達目的地時，別人辛辛苦苦挑的衣物，不分青紅皂白，拿去就走。總之層出不窮，無奇不有。而錢神父，本來就像吾主耶穌，無罪而問死罪。在勞改營中是只替罪羔羊，在吃人的狼群中，即使在大水氾濫時，他又如何能為維護自己的一些利益去和那些殺人犯、小偷……等面紅耳赤去搶、去爭、去奪呢？他總是在最後幾分鐘，坦然篤定地跟在隊伍的後面，不慌不忙，步履維艱地挑著自己的小行李，踏上征途。每次大水後，附近隊裡關心他的教友總會發現錢神父的漱口杯、膠鞋、棉背心等等都不見了。天主安排得奇妙，有人專門偷他的東西，也專門有些好教友幫著他，他們甘願步行數十里送必需品熱水瓶、膠鞋等等給他。如此年復一年，錢神父大約有五、六次逃大水的經歷了。白湖犯人一提起逃大水，個個談虎色變。每當我回憶這些辛酸往事，我的心像被刀刺一樣地創痛。

　　我們最敬愛的神長，為了忠心於天主，多少年來和強盜、流氓、小偷等犯人生活在一起，在那裡根本談不到人性的尊嚴，看管吆喝、犯人欺壓、繁重勞役、艱苦生活，錢神父在勞改營度過了卅餘載的春秋。他默默無聞，似乎整個世

界已將他忘卻，但他卻沒有忘記他的羊群、他的教會。

　　八十年代那時，國內政策較前開放，我已回到安徽省合肥市教書。合肥是交通要道，從白湖到上海必須先由白湖坐公共汽車到合肥，然後再由合肥坐火車到上海。天主賞賜我有這個機會接待朱樹德、嚴蘊梁、錢生冠等神父，還記得錢神父曾兩次住宿我家。他告訴我，由於他已年邁，所以隊裡已不分配他幹重活。他在隊裡替一些青年犯人保管他們家裡送來的食品衣物等，因這些小青年自制能力很差，有時家中送來的一些魚肉等小菜，往往一餐吃光，結果腹痛拉肚，洋相百出，有的人還好吃別人東西，因此造成打架鬥毆，針對這種情況，隊裡就派錢神父代他們保管東西，一方面錢神父人格可靠，信譽良好，深得犯人們的愛戴。小犯人都稱他為老好人，對他十分尊敬。再則他辦事細微，筆筆上賬，小犯人們對隊長說「我們信得過老好人。」錢神父說，有一次有個尚未年滿十八歲的青年，他媽媽來探望他，送來三斤肉二條魚。他一餐就吃下，結果半夜腹痛得大叫，犯醫都沒有辦法，就喚醒老好人，他立即起來替小犯人作足底按摩。廿分鐘後疼痛消失。小犯人感動得熱淚盈眶，誇老好人是醫生的醫生，我今後一定好好聽你的。

　　錢神父在勞改中自學了吳天若神父的足底按摩法，曾治癒了不少病人。他說前幾年勞改隊中反宗教情緒狂熱，別人一見到神父就害怕，不敢接近。但如果聽到你會治病，大家

都樂意來親近。就這樣創造了傳教的好機會。所以即使再惡劣，再不講理的小犯人見了「老好人」，都不敢作惡，而立地成佛了。他們說：「如果我們不聽你的話，連天理都不允了。」我笑著對錢神父說：「中國人說共有三百六十五行不同行業，你這一行恐怕是三百六十六行了。」錢神父認為這工作十分有意思，這些孩子從小缺乏教育，自由意志較弱，如果有人好好培養教育，啓發他們的良知良能，長大後他們也能做些對社會對人類有益的工作。多麼偉大無私的司鐸，不管在什麼地方，他沒有忘記自己善牧的身分，他到那裡就領羊群去飲水、吃草。記得他在八七年離開白湖農場時，那些小犯人個個泣不成聲。他們失去了他們敬愛的老好人，好像天塌下來了。大家異口同聲說，老好人比我自己爸爸媽媽都好，今後何時再能重見老好人。

　　老好人回上海後，家中哥嫂因房子太小，無法接納他。近幾年他穿梭於常熟網船教友之際，效法伯多祿，一直在漁船上為教友們行聖事，做奉獻。他沒有自己的家，卻以網船為家，他在世上默默無聞，但天主已把他的名字錄入了天國的名冊！

註　錢彌格神父的照片，見第一篇序文。

第卅七章

不凋的松柏

一九四九年我就讀於上海市震旦女中,那是一所由聖心會修女所掌管的學校,該校校規嚴格,學費昂貴,是上海最著名的女中。當時岳陽路的天主教教務協進會(簡稱C.C.B)的神父,大多數都是由羅馬傳信部派遣而來的。如沈士賢神父、陳哲敏神父、侯之正神父等等。姐姐和我有幸由沈士賢神父替我們行領洗儀式。而陳哲敏神父來自四川,說一口道地的四川土話,我們是有眼不識泰山,以為他是四川農村的一位鄉下神父。他從來沒有在我們面前顯示他的學問有多淵博,資歷有多高深,相反的十分平易近人。記得有一次我們對他說「別人說你是黎培里教廷公使的秘書。我們不知道黎培里是誰,我們只知道好萊塢影星加萊古柏、費文麗等。」陳神父笑著說:「這也不錯,青年人總是喜歡看電影的,現在「聖女之歌」(Song of Bernadette)以及「與我同行」(Going my Way)都是好片子,不妨去看看。」後來我又接著說「有人說你有三個博士銜頭,精通六國語言。」我對他從不畏懼,所以和他竟然開起玩笑說「怎麼

你連上海話都沒有說好呢？」陳神父毫不生氣笑著說「你對我的評價很正確，我要好好向你學說上海話，不然無法在上海傳教。」當時一些同學都十分欽佩陳神父，他實在是個有真才實學的人，他從不把學位貼在額上，從不把自己的職位扛在肩上，似乎唯恐別人不知道的架子。聖德在乎自然，偉大在於平凡，在陳神父身上充分體現出這兩句話。

四十九年九月，陳哲敏任教於震旦女子文理學院教邏輯學，正巧我姐姐在該校攻讀外語系，而邏輯學是必修科。她說陳神父教學深入淺出，非常有特色。同學們都愛戴他。經常有一批同學在放學後等著他，誰都喜歡和他談心。我也是其中的一個。還記得有一次，大約有四、五個同學在學校底層，放學後也不立刻回家，結果大家不約而同地說「我們在等陳神父。」只見他從樓梯下來，一見我們滿面笑容，他說「你們有興趣到老大昌去吃奶油泡芙嗎？今天我請客。」大家高興極了，拍手叫好。我們就從學校的另一出口泰山公寓走，出去就是霞飛路，一路走，陳神父一路說：「你們都是教會的好青年，教會的希望在你們身上。你們要記得，必須一輩子孝愛聖母，每天唸玫瑰經，最好每個家庭一起公唸。」大家都樂意聽陳神父的話，都說「今天吃了陳神父請客的奶油泡芙，不能忘記你的教導。」實實在在他的教導，我終生未忘，並依靠天主的恩寵，付之於行動。

另有一件事，有一次有個教友，我至今仍記得他的名

字，他借用了陳神父的一只德國名牌照相機，價格昂貴。但他一直不歸還給神父。大家知道後很是氣憤。神父說「你們是否記得中國有句成語『隱惡揚善』嗎？別人的不是之處要盡量隱住，不作宣傳。至於他所以不歸還照相機，也許一時有難處。做教友更應效法耶穌基督寬恕的精神。」此事至今雖已時隔近五十年，但卻常常印在我的腦海中。我要勉力效法他的隱惡揚善的精神，完全寬免他人的德行。

有一位已九十三高齡的愛爾蘭藉神父莫克勤（Eden McGrath）他是中國、香港等地聖母軍的創辦人。數月前我在洛杉磯和他重逢。由於我們相識已有四十九年，所以談話的內容往往涉及一些大家所認識的神父們的情況。他談起了他在一九五一年和陳哲敏神父同時被補，在上海市監獄被關押了二年八個月後於一九五三年被驅逐出境。據莫神父介紹那時張伯達、沈士賢、陳哲敏神父都和他關在同一所監獄。在看管森嚴的監獄裡彼此根本無法見面，也根本無法傳遞信息。世界上沒有絕對的事，在這絕處逢生的監獄裡，單獨關押的牢房因裡面沒有廁所，所以一只糞桶必須每天拎出去倒淨，共產黨萬萬想不到這只便桶卻成了傳送信息的工具。有一天莫神父突然發現到便桶上有人在上面刻了幾行小小的英文字，仔細一看是 "I am Matthew Chen About Riberi, I did'n say anything, please don't trust them."（我是陳哲敏，我從未說過關於黎培里的事，請不要相信他們。）莫

神父看後十分感動,欽佩陳神父的機智和膽識。數年後我在勞改營中得知陳神父被判十八年,也在白湖農場勞改做重體力勞動。我感到幸運,能和這樣的一位有聖德的司鐸在同一地區奉獻自己的痛苦。唯一使我思念的是陳神父家居四川自從失去自由後,無法從家中在經濟或物質上的幫助。他長期缺乏營養勢必體質虛弱不堪,我又自己安慰自己說,我希望能在醫院總見他最後一面,誰知他在一九六四年病危,在送往醫院的船途中蒙主召歸。

　　他,一位聖德傑出,為天主為信仰作全燔之祭的司鐸,好似一棵歲寒不凋的松柏,碧綠常青,永遠活在我們心中。

■原中國教務委員會(C.C.B.)中三位敬愛的殉道者。

陳哲敏神父

侯之正神父

沈士賢神父

第卅八章
他含笑而逝

一九九四年十一月廿二日,天主召喚了祂的一位忠僕,上海教區耶穌會士嚴蘊樑神父,他含笑安息主懷。嚴神父於一九五五年九月八日和龔主教一起被捕,被捕前他是上海小修院修士的神師,他博學多才精通拉丁、法文、英文等數國語言,對於中國文學更是造詣極深,既能作詩,又會填詞,實為當代教會一大文豪。但當教難臨頭,他抱著天主第一甘願接受判刑,在勞改營中度過卅載春秋。晚年又奔波於常熟各漁民所屬的漁船上行聖事送臨終,一刻不息,最後病逝於一教友家中,臨終時面容十分平安喜樂,病榻周圍的教友都說「聖母來接嚴神父歸天了。」教友立即奉獻出原先為自己準備好的棺材。因怕上海公安局趕來找麻煩,在當晚就抬送神父遺體上山埋葬。果然不出所料,兩天以後,上海公安人員來常熟盤問,要教友們供出神父遺體埋葬的地點。教友們個個三緘其口,他們也只得失望而歸,因此嚴神父的遺體,至今仍安詳地躺在常熟某山頂上,也許天主另有用意,將來為他列入殉道者聖品時可以開棺求證。

這次列品的一百廿位致命聖人,他們幾乎都是為信仰而被宰殺。然而時代在變遷,歷史在重演。若說那時的致命,需要有非凡的勇氣,才能臨危不懼,快速的死於一刀之下。那麼廿世紀的殉道者是千重磨難、萬般試探,誓把牢底來坐穿。這也需要堅強的毅力才能用痛苦編織成致命的花冠。

我有幸在八十年代和嚴神父有過數次促膝談心的機會。他那時仍在安徽境內的第一勞改中隊白湖農場,當他回上海去探親時,必須途經我所居住的合肥市,通常他會在合肥逗留一、兩天,我就抓緊機會,和他交談。從他的口中,我得知了一些他在勞改營中的生活片斷⋯⋯

神父雙目視力皆差,約在零點一左右,且患有心臟病,在社會上他也算得上殘障人士,但在失去一切權利的勞改營中,有誰會同情一位殘障人呢?難友中,有的過去是小偷、土匪、殺人強盜,在裡面往往也是惡習不改,見到這位狼群中的綿羊,好好先生嚴神父,不偷他的東西又去偷誰的呢?他們的邏輯是,嚴神父是外國和尚,菩薩心腸,你再偷他,他也決不會去告發。再加他眼睛看不清,即使你睡在他的旁邊,偷了他的衣服穿在身上,他也認不出。因此神父的內衣被人偷走,連換洗的都沒有。有一天晚上,他去睡覺時,摸著自己的枕頭,突然感到枕頭低了不少。提起枕頭,勞改營中幾乎沒有人有枕頭,最多是一只枕頭套裝些厚些的衣服。那晚神父回憶起曾將一件鴨絨背心放在枕頭套裡面,現在背

心不翼而飛，枕頭空空如也，冬天已來，即使寫信給家中要求寄來，也至少得等一個多月。那年神父只有把全部單衣穿在身上縮縮抖的過了半個冬天。神父所告訴我的，其中最讓我難忘的是他在雨中去買飯的那情景！

因神父被別人作弄得實在太慘了，政府幹部想要也對神父進行一些保護。於是就叫神父單獨住在一個小工棚裡，這工棚距離食堂，晴天要走十分鐘，逢到雨天，泥濘的羊腸小道，一腳泥，一腳水，再加膠鞋已被偷走，而球鞋連繫的鞋帶也被人抽去，沒有鞋帶的球鞋如何跟腳？

神父一手撐著破雨傘，一手拿著飯盒，豆大的雨點滴在他厚厚的鏡片上，更是模糊不清，風一吹，破傘翻天，飯盒落地，雙腳陷在泥裡，欲進不能，要退無門，乾脆將球鞋棄之於泥中，踉蹌地回到工棚，人已濕透像只落湯雞，雙腳凍得冰冷，辛辛苦苦買來的一盒飯已全部泡湯，肚裡還是唱著空城計。最後神父笑著對我說：「以後我就學得聰明一些，每逢下雨天，我只去一次食堂，一天吃一餐就夠了。吾主耶穌教訓我們，人不是單靠麵包而生活的，我在小工棚中備有麵餅和葡萄酒，我每天做彌撒，吾主耶穌的聖體養活著我，這是我最好的神形之糧。」

我最後一次見到嚴神父，是在八十四年一位友人的追思禮儀中，他語重心長地說「胡美玉，我希望你好好孝愛聖母，恭敬聖母，至死不渝。只要你對聖母忠心，聖母一定

在你臨終時來接你,那時你可能會以微笑來迎接死亡。」
　神父所說的,他自己先做到了,他含笑而逝,實在是我們的楷模!嚴蘊梁神父,為我等祈禱!

嚴蘊樑神父

第卅九章
好牧童——傅玉堂神父

大約在一九六二年秋天,傅玉堂神父由大隊犯醫送到白湖農場,送到醫院時他已病危。據這位犯醫向一位教友護士介紹說他是天主教神父。一般來說各大隊的犯醫和我們都相處得很好,他們常常擔心怕醫院找他們的岔子,抱怨他們將病人送的太遲,而我們也常常委托他們對一些在大隊中的教友神父,有病時多加以照顧。所以當傅神父一入院時,我們就知道他是神父了。

傅神父被立即送入病危病房,他所帶的全部家產僅一個小包裹,內有幾件破破爛爛的換洗衣服和兩只破杯子。身上的衣衫也十分襤褸。頭髮好像已有數月未剃。由於他患的是肺氣腫,肺原性心臟病,所以根本無法平臥,整天蜷坐著。即使看上去他十分難受,但他從不呻吟,也很少對護士有所要求。每天晚上護士發給垂危病號一杯山芋糖水,每次我們都走近他的身旁對他說 「傅神父,請把杯子拿出來。」只見他抖縮的拿出了破杯子,說了幾聲 「謝謝,謝謝。」

有一天,我值夜班,故意走進他的身邊,輕輕地對他

說「神父，請降福我，我有一事想請您幫忙。」他一聽到我稱呼他為神父，他立即睜開眼睛對我說「好，我降福你，你有什麼事說吧！」我說「在離開你大約廿呎遠的床上有一陸姓教友，他是蕪湖來的，他告訴我從小是個教友，但已多年未進教堂，如今他已氣息奄奄，馬上要告別這世界，我對他說你是有福的，因為在這病房裡有一位神父在你身旁，你感謝天主吧，我走過去替你向這位神父請求，神父，你能答應我這個請求吧！」還沒等我說完話，傅神父雖然呼吸短促但卻非常清晰地對我說「我是個神父，在任何時候，任何地點都不能拒絕為一個臨終者唸赦罪經，這也許是我最後行聖事的機會。請你立即去告訴陸姓教友，叫他立刻發痛悔，我面向他施臨終大赦。」我一分也不耽擱，陸教友熱淚盈眶，雙手拱著，劃了個十字，他彷彿放下了沉重的包袱，沒有其他比這安死善終更令人仰望了，能盼到在監獄中有神父為其赦罪，這是何等大的福氣！未隔幾個小時陸教友吐出最後一口氣安息主懷。我們敬愛的傅玉堂神父過了兩天也與世告別，相信他倆重聚於天國時，將是何等的甘飴！

第四十章
白湖──美麗的天使湖

在六十年代白湖農場流傳著這樣的一句話 「在農場醫院有一批下凡的天使,見到了她們就可以忘記人間的災難和痛苦,如果你的病治不好,那就讓她們用愛心和微笑送你上天國!」我認為這些說法也是有根據的,白湖醫院中大約有十三、四位女教友,這些教友個個愛主,愛人尤其在醫院把病人當作耶穌基督的化身,甚至做到愛人勝己,這些下凡的天使,使白湖農場這一人間地獄,變成充滿愛的人間地堂。

聖衣會初學修女張玉琴,因堅持信仰被判勞教二年,一六一年開始在白湖醫院擔任護士。從白湖各大隊送往醫院的病人,幾乎個個都是臥床已有一段時期的病人,個個都是污臉垢面,臭味難聞,頭髮蓬亂,指甲既長又髒。一般的護士見到病人僅匆促的量一下體溫及血壓就走,但當張玉琴值班,對每一新來病人,總是端著一盆又一盆的溫水,替病人擦身,直到替他們洗乾淨為止,有好幾位病人當場感動得流下了眼淚,哭著說 「張護士,若是我的子女見到我這模樣

也不會動手替我擦身,而你卻不嫌我髒,這樣的護士,踏遍鐵鞋無尋處。」

玉琴外號「不談」,她不談控訴神長親友,她不談做小回報陷害同犯,她不承認信仰宗教是她的罪過。但她幹活卻埋頭苦幹,工作搶在人前。然而在學習,特別是過認罪關時。她總是保持緘默,是緊緊跟隨耶穌基督的好榜樣。醫院中的醫生、護士雖知她不肯認罪,但因她總是吃苦在前,往往把榮譽讓給別人,因此,個個都尊敬她。一九六九年夏天,白湖農場發大水,醫院在調走人員時,當然地把這位不認罪的「張不談」調去九成坂農場,據說在那邊醫院檢查出她患有肝癌才送她回家,於一九七一年三月玉琴病逝於上海。

我有玉琴曾在病中寫的一首詩

「我在病中,深思已往,

天主無限美好,無限仁慈

主見我快要跌倒,馬上加我力量,提醒我;

人生短促,人生空虛

如今天主要我離開這苦世命,我一無留戀,

我甘心情願奉獻我生命,

只求普世靈魂都能得救。」

朱奮健因忠於天主教而被判勞動教養,一九六二年她調來白湖醫院,她不但也像張玉琴一樣勤於替病人做清潔工

作，而且還善於針灸和按摩，數年來我和奮健一起工作，很少見她在辦公室休息，她總是汗流浹背的在替病人按摩推拿，我還清楚地記得有一半截癱瘓的病人叫杭傲金，他因在勞動中不慎從高空摔下，造成大小便失禁，且不能坐起來，數次想自殺。來到醫院後，奮健對他精心護理並配以針灸治療，對他的癱瘓恐怕未起任何作用，但打動了他的心，治癒了他厭世的心理。他說：「我在家裡沒人如此關心我，在這裡你們待我如此愛護。誰說你們是犯人？世上還有如此為他人犧牲的犯人？朱護士勸我打消自殺的念頭，我一定聽她的勸告，我既已見到了你們這批天使，天堂一定離我不遠了，我願意接受天主教信仰，如果，我不久死去，我將升到天國和天使們永遠在一起了。」

一九七〇年後奮健離開勞改農場一直在貧窮失意中過日子，那時我住在合肥，她有時寄居我家，常常到街頭去做些小生意，有時販賣一些兒童玩具，根本賺不到錢，有時還被小偷偷去一些東西，但她從不抱怨。記得她最後離開我家的那天，她清晨很早起來，悄悄地把我的一條被單洗淨，沒有向我們告別就走了。奮健愛人的事蹟始終溫暖我們的心，於一九九六年領受臨終聖事，回歸天國。

劉天真人如其名，一生保持天真童心，在痛苦的勞改生活中，她不但是我的好友，且也是我的護守天神。記得在醫院共同在一起工作的幾年，她沉默寡言，一付高度的近視眼

鏡，目不邪視，一看外表就知道她是天主教徒。她對病人的護理十分細緻，尤其對臨終病人，每當她值班時總要親自將臨終者清洗乾淨，換上他們包裹中的比較好的衣服，讓他們穿得整整齊齊去見天主。六十年代當時我們在白湖根本不知道天主教出了一位德蕾莎修女，她專門收留在街頭的窮苦人、流浪漢，讓他們臨終前得到體面，恢復人應有的人性尊嚴。我們的勞改營醫院情況一定和他們相似。無辜被囚的犯人要到病入膏肓才得進入醫院，病人本來已失去一切如今又病魔纏身，完全沉浸於失望和痛苦之中，而我們護士絕大部分都是犯人，所以必須忘卻自己的痛苦，並耐心地用愛心去對待病人，天真姐就是其中最傑出的一位。我還記得有些外教人打我們的小回報，說我們對死人特別周到。有一次我對一位政府工作人員說：「你們不是口口聲聲要實行革命人道主義，那麼對臨終者的要求應該盡量滿足，替他們洗洗乾淨，換上一件整齊的衣服何罪之有，難道我們要拉攏一些死人來造反嗎？」那位工作人員被我說得無話回答。

有一次老百姓送來了一位待產的婦女，入醫院不久就分娩，但所生嬰兒口中充滿污物，眼看就要窒息，天真姐見這情況，二話不說，就用口對口的將嬰兒口中的污物吸出，當嬰兒哇的一聲哭了起來，天真姐吐出了滿口的髒物，嬰兒的胎糞。當地的安徽日報刊登了天真姐的事蹟。但她認為這是一個醫務人員應該做的，不值得表揚。

還有潘霞雯、高亞貝、李興雲、王培貞等各位姐姐,她們的善表受到許多病人的表揚。所以白湖的犯人在有病時都渴望到白湖醫院來,即使要離開這個涕泣之谷的世界也願意在這些天使的護送下去天國。

嘉爾默羅聖衣會張玉琴初學生

張玉琴在初學生時彌撒和祈禱的聖堂

第四十一章
神奇的牧靈工作

　　馬克斯在《論宗教》一書中，論越是有宗教信仰自由的地方，越是教友不熱心。那麼如果在宗教受迫害的地方，致命者、精修者熱心教友遍遍皆是。也許中共當局會感到十分驚訝，在他們監管最嚴格的地方，卻是傳教最興旺的場合。我們認為　既然這些病人到我們醫院來就是天主賞賜的特殊機會，我們就萬萬不能錯過。搶救臨終靈魂是天主教友的首要職責。每當病人垂危時，每個值班護士總設法去安慰他們，減輕他們心身上的痛苦，同時講解一些基本要理，並且了解他們在臨終前是否有什麼可以為他們做的事。那時我們每隔兩星期休息一天，但逢休息天幾乎人人都主動放棄休息走到病房，有的幫著病人寫家信，有的幫病人縫補衣服以便在臨終時讓他們有一件較完整的衣服可穿。病人們在如此愛心的關懷下，往往很感動絕大部分表示願意接受天主教信仰。因此我們在交班時不但交代病情，更重要的是交代這些信息。我們每天祈求天主，任何一個已經見到這些下凡的天使，他們在人世間已受盡凌辱，歷盡艱辛，耶穌的寶血已為

他們苦苦傾流。但願所有這些靈魂一個也不少地全部進入天國。

若干年後，我常常在思考著天主為什麼讓我們軟弱無能的人來到勞改隊？因在這些地方，傳教士無法進入，也根本不可能建立教堂，但耶穌的仁慈常常和這些可憐的靈魂同在，是天主派遣了我們進入到這一禁區。我似乎聽見耶穌在對我說「撒開你的網」，真的，這裡有很多的魚可網，而且往往這些靈魂在領洗後不到數小時、數天後即去見天主。我們常常說：「這些靈魂真是有福的，個個都修成正果，領洗後立即直升天堂。」

我相信這些靈魂一定也時刻在為我們祈求，盼望我能一生忠心於主的牧靈工作，常常為搶救靈魂而忙碌。

第四十二章

相逢何必曾相識
（附上陳立夫先生給我的信複印）

　　說起來有點像電影中的情節，或類似小說的故事，但都不是；我既沒有豐富的想像力，也沒有杜撰故事的本領，所寫的都是憑著記憶敘述過去所遇到的一些真人真事。

　　我於一九五八年因天主教聖母軍被判十五年，一九六〇年送往安徽省白湖農場勞改。一九六二年秋，我被分配在農場醫院擔任護士。此醫院的病人是由農場各中隊送來的。

　　一九六二年我被分配在肺結核病區工作，那時正值「三年自然災害」的年代，犯人們根本吃不飽，再加上從事過重的體力勞動，所以患肺結核者比比皆是。他們個個面色蒼白、骨瘦如柴送到醫院時很多已氣息奄奄。

　　這些人絕大多數處於活動期的TB，每口痰排菌數萬，傳染性極強。我當時在垂危病房工作，送病人臨終是主要的任務。也許人們的宗教意識在最危難的時候最容易滋長，所以也是傳教的最佳時候。絕大多數病人說，我們來這裡等死了，還有什麼別的希望？我說　「不是等死而是求活，你

們來這裡不是得到疾病的治癒,而是認識真理求得永生。永遠活於天國。」

那時我們大約有十位教友都在醫院工作,我們不怕髒不怕累,病人身上的虱子爬進了我們的衣服,也總不說一句怨言,對再髒再臭的病人我們也要彎下身去清洗去按摩。難友們個個稱我們是「下凡的天使」。有一件事我至今仍記憶猶新,此位難友姓王名雄,上海人,入院時他不但衣衫襤褸,而且一頭亂髮,全身牛皮癬。進院後曾數次大咯血,一口口鮮血直噴而出,搶救時鮮血還吐滿了我的白衣。數分鐘後待他吐血停止了,他喘了一口氣,泣不成聲說 「我因國民黨之故被判七年,說穿了,就因為我是陳立夫(國民黨元老四大家族之一)的表弟。事實上,我從未與表兄見過一面,然而你知道,在中國,和陳立夫、陳果夫攀上一點親,就要株連全族,如今唯一能安慰我的,就是在這兒見到你們這些天使般的護士,你們那麼愛人,怎麼也會被捕入獄?」我說「同是天涯淪落人!」他立即接答 「相逢何必曾相識。」

在他臨終前幾天,我替他講了天主教要理,他樂意接受,成了一名臨終受洗的教友。為了使他離開這世界無遺憾之事,我問他有否需要我做的事,他伸出乾巴巴的手和我緊握,說 「我有個女兒長得和你非常相像,當然她不能來為我送終,我要求你在我斷氣時脫下口罩,讓我看看你清秀的容貌,安息主懷;第二,請你寫封信給我家裡,告訴我太

太、女兒我平安逝世的情況；第三，他日你如有機會和陳立夫表哥聯絡，請告訴他表弟王雄臨終無怨無尤。人的命運難以自己掌握，但能死得平安，也是一大幸運。」

他的要求我一一照辦，在他吐出最後一口氣前，我毫不顧忌臨終的TB病人會帶來多大傳染的威脅，毅然脫下口罩，在他病床旁侍立，像一個女兒送別自己的父親一樣。見他十分平安地閉上雙目與世告別，我為他換了一身的衣服，一捲蘆蓆，送他上山埋葬。至於第三件事，我於一九八九年來美，待安家後，於一九九一年知悉陳立夫居住台灣，就試著寫封信給他，感謝陳先生不棄，賜予回函，今附原函複印件，供大家參考。

美玉女士

去年十一月廿八日手書轉輾遞到美國，我因內子（九十三歲）病逝，刺激太大，兩手顫抖，兩足乏力 來美休養已將三月，病漸好轉，故可作覆如次。

敝族在吳興為一大族，我十二歲時即離家去上海就學，故親戚關係，此王姓者有之，但王雄之表弟關係，已難以記憶，且年事已高（九十三歲）更易漸忘，王雄之言，想不致有誤耳。

女士受人之托，忠人之事，殊足欽敬，故敢以實情奉告，專覆，並頌。年安！

陳立夫　　八二年一月十八

美玉女士：

去年十月苍平書封槭遞到美國，我因子病（83岁）
断到激太大西季擅抖而是乏力，未能休養已將三
月，病漸好轉故可作复之次。

關於王吴奥为一支族，我十二歲时即離家去上海就学，
故親戚關係此王姓者有之，但王雄之表兄闊係已
難以記憶，且年已高（85岁）更易健忘，王雄之言，
想必致有誤耳。

女士愛人之記老人之事難是欽敬故欲以实情奉
告，专夏至頌筆安！

许芸龙
三月七日

第四十三章
一場特殊的追悼會

我於一九五八年第二次被捕　五九年判刑後，於九月卅日由上海提籃橋送到安徽省盧江縣白湖農場勞動改造，當時大約有五百「女犯人」一同乘坐一艘貨輪，其中有女教友張茵秋（二次被捕）等約十二　三人。路途中每人有一些乾糧，但極少飲用水，一則因人數過多，再則由於不能隨便上廁所，

殉道員女張茵秋

只有一個大木桶作為便桶放在中間　大家要排隊。大約在三、四天的路程中教友都沉浸在祈禱中。有時我們見到外表比較端莊，遇到利益往往相讓的，就可估計她是一位教友，例如在提籃橋監房，睡在馬桶旁邊的往往是教友。如果我沒有記錯的話，我認識茵秋姐，就是她在船上排隊上便桶時，見到別人比她更急，就禮讓給別人。教友也許會說我說得太不登大雅之堂，但只有嚐過這種滋味的人才知道這是何等的愛德功夫。

第四十三章 一場特殊的追悼會

一九五九年十月二日到達白湖農場，茵秋姐那時正當壯年，又加上個子較一般女子魁梧，所以她一直編在重體力勞動組。茵秋姐姐給我的印象是平時很少說話，但時時給人善表，例如在冬天挑大圩時，她常常和周若蘭擔擔子，她總是抬在後槓，而且把一大筐土拉在自己的身邊。大家都餓得幾乎連走都走不動，教友們彼此鼓勵，還記得茵秋姐姐常常對培貞和我說念點誦句 「效法耶穌！」

大約在一九六一年初，周若蘭對我們說茵秋姐姐消化道恐怕有病了，她每天要大便五、六次，而且面色焦黃。晚上收工回來，我曾對茵秋說：「有病不能硬撐，你吃不消，請昭儀（她也是教友，是隊裡的大組長）分配你在輕勞動組裡。」茵秋回答說 「有很多教友身體不好，已經要昭儀照顧了，我不能再使她為難。後來張依成修女、徐曼秀都勸茵秋，但她總以為擔子要揀重的挑 要作「全燔之祭」

一九六二年初茵秋被送到醫院，不多幾天即被診斷為直腸癌。得癌症，大家既難過又欣喜。欣喜的是我們中的一位真的將榮獲致命花冠。這恩典我們不敢奢望，然而天主選中了我們中最優秀的一位，她將是我們的主保。正巧她住在我們所工作的六病區，每天上班首先到女病房互祝平安，她在病中從不呻吟，從未有所要求。大約在她逝世前兩個月，她說 「我渴望能有一個苦像，我要求耶穌給我力量去面對死亡。」正巧張美瑜私藏了一個苦像，就將它放在茵秋的

床上。我有些膽小問她「茵秋,這裡是勞改醫院,管教人員是否會找你的麻煩?」她說「我已經快面對天主沒有什麼可使我害怕」我接著問「是否要通知你家人來看你?」她說「我蒙天主揀選,我生為主,死為主,不要去麻煩人家,他們工作很忙,再加上為我的事也受累不少。」六月份她已滴水不進。想想她將和我們告別,於是美瑜用白紙做了一朵潔白的童貞花,並在一條白被單上畫一個大十字,寫上瑪利亞張茵秋。七月廿八日中午正值張美瑜值班,她來到宿舍門口急匆匆地對我們說「茵秋快臨終了,你們快來!」於是天真把家裡寄來的聖燭拿出,我們都一起趕到病房,見她正寧靜的躺在床上,手持苦像,不斷親著。她已無力說話。我們五、六個教友圍在床旁,有的拿著自己用線做成的念珠,有的握著聖燭口誦善終經。茵秋雖身在囹圄,但仍在熱心的公教氣氛中走向天國。我們看到她已停止呼吸,就將童貞花放在她的手中,並且蓋上畫有十字的被單,請工友抬她上馬家山安葬。待我們出病房時立即有人紛紛議論「不得了了,這些反革命份子大約想變天,竟然在勞改營裡為同道舉行宗教儀式的送終!」到晚上學習時,管教幹事立即召集全體犯人對我們幾人進行批判鬥爭。有的說竟然有人口親苦像而終,有的說還有人點蠟燭。但當幹事問是誰點的蠟燭,我們數人一齊異口同聲地說「是我」 接著問是誰做的紙花 又是同樣的回答「我」

最後要我們表態，我們都表明說 「要處分，處分我吧！與別人無關。」會議開了不到一小時就結束了。過幾天幹事找我們個別教育，他深受感動地說：「我從來沒有見過這樣的『反革命集團』，個個都爭著去承擔責任。我相信你們都是非常善良的，你們不可能做出破壞國家危害人民的事。」這實在是茵秋姐姐已赴天國而給我們信息；深信她在天之靈，一定為我們不斷地祈禱，我們步她的後塵，效法她的芳表，她確是「生為基督，死是福」的最好表率。

全燔之祭

茵秋去世後，勞改營中忠勇的教友們為茵秋送終的義舉，被勞改營當局立為「張茵秋事件」，作為又一「反革命事件」而進行追究。後因勞改營中的管教幹事，將大事化小，不想予以處理，但中共司法部門得知勞改營中竟發生如此大膽的事件而不肯輕易放過。女教友龔潔貞因此挺身而出，承擔責任，最後還是作為替罪羔羊而被加刑二年。事隔數年後龔浩貞女士邊流淚，邊回憶道 「茵秋在癌症進入晚期時，每天都是在做著最大的補贖。勞改農場的衛生院只提供最簡單的醫療措施。由於癌症的擴散和潰爛，茵秋的臀部潰爛成一個大碗那樣大的洞，每天得用很多紗布填塞進去，其痛苦之大，可以想像。人瘦得已無法認出，可是她從無怨意，非常安祥、寧靜地祈禱。」茵秋兩個弟弟聽了這些介

紹，都和龔潔貞一起泣不成聲。那時龔潔貞在大隊，當她聽到茵秋病危的消息，便寫了一封短信給茵秋；後被這帶信人出賣，將信上交，潔貞因而加刑兩年。

　　茵秋去世前，家裡一直要去看她，她總是來信拒絕。信是由一起改造的教友代筆，她說「我很想念父母兄弟姊妹，也很想見到你們，但是我更願意作全燔之祭，將自己毫無保留地奉獻給天主。如果我多得到一份人間的安慰，便會少一份給天主的奉獻，少一份來自天主的安慰。我死後，讓我安息在白湖農場。」然而人非草木，孰能無情，最後她終於同意家裡派一位代表去作最後一別。於是茵秋的一位妹妹決定去白湖農場探望大姊姊。她被告知單身女子去安徽很危險，因為安徽災情嚴重，路途常有人搶劫財物和食品。聽了這種情況後，茵秋的妹妹嚇得不敢動身，遲至第二天待她趕到白湖農場醫院時已是七月廿八日晚七時許，而茵秋於七月廿八日下午一時左右去世，六時許已由工友草草安葬於馬家山墓地。茵秋最後還是未見到家裡任何親人，天主讓茵秋真正地作了全燔之祭。

胡美玉，張保祥（貞女胞弟）

第四十四章
一串珍珠項鍊

　　我們十三、四位教友都抱著忠心於天主,忠心於教會,忠心於友誼的同一心願相聚在一起。是聖母把我們揀出,並且用天主的愛將我們串成一條精緻的項鍊,佩戴在聖母的胸前。我們每人發出基督之光,盞盞小燈長明不熄,照亮了黑暗中迷途的人們,每人心中的熊熊烈火匯合成一個愛的熔爐,溫暖著受冷淡被歧視被遺棄的人們。一兩百年前的中國致命者的精神在這裡得到延續。中共當局常常說「只要你們和梵蒂岡脫離關係,只要你們控訴主教神父 可以寬大讓你們回家。」「寧可失去一切,誓死跟隨教宗,永不出賣朋友。」我們卻默默以行動回答,如聖保祿所說「生是基督死是福」

　　這串項鍊中最光輝奪目的一顆是張茵秋姐姐,她首先戴上了致命的花冠,其次是張玉琴姐姐,她們確實是我們的表率。我們彼此之間十分友愛,不是姐妹,卻勝如姐妹。一位姐妹家中寄來郵包,總是留著在大瞻禮日分給大家吃,似乎一個人吃不下去。我的刑期更是博得諸位姐姐對我的同情。

再加我身體比較虛弱，每次上夜班不到三晚我必發高燒。總是由別的姐姐替我繼續下去。後來大家要求護士長乾脆不要安排我值夜班。幹部護士長對我也很關心，有一次他笑著對大家說「你們好像都願意替胡美玉分擔一些刑期，可惜法律不允許，否則你們各人加上一、兩年就不成問題了。」我說「債多不愁，虱多不癢，刑期長也不擔心，再加我獨身一人無憂無慮，請勿為我焦急。」

那時每月我的零用錢是二角美元，有的姐姐刑期較短在那時已刑滿，仍不准回家繼續像牛馬一樣勞動，稱為留場就業，他們的工資每月大約三美元。他們省吃儉用，把節餘下來的錢買雞蛋奶粉給我吃。在生活上我是典型的稀里糊塗的人，我根本不知道這些營養品是從哪裡來的，她們哄著我說：「因我身體衰弱，是政府發給我吃的。過了一些日子，我見到別人吃不到雞蛋，為什麼我能有此特殊待遇？莫非政府另有用意？在這樣的追問下，她們（王培貞、黃松青）才吞吞吐吐說出來是她們的錢買的。她們說「我們是串在一起的項鍊。如果鍊子斷了，這串項鍊再也不能戴在聖母的胸前，那還有什麼意思？」我不禁簌簌地哭了起來。我是眾姐妹中最軟弱的一個，珍珠中最暗淡無光的。但大家對我的厚愛使我決心向上，尾隨著各位姐姐爭做珍珠項鍊中光彩奪目的一顆。

六十年代中國正處於油盡燈乾的年代，吃的是野草樹

皮,因此絕大部分人患的是低血糖和腹瀉。一個病區總共只有兩、三百人,但每到清晨卻要死去十餘人。在這樣特殊的環境中每天有做不完的事,首先我們採取措施盡量延長他們的生命。後來因我們的要求政府每天深晚發給六公升(Liter)由山芋熬成的糖水給重病號喝。說實在話,我們當護士的自己也常處於饑餓中,見了糖水也是垂涎三尺,我在病房中見到一雙雙乾枯的手顫抖地拿著破杯子來接糖水的情景,真使我熱淚盈眶,有時有些較輕的病人分不到糖水,感到萬分失望,總是哀求地說「胡醫生明天請分給我一口不然肚子餓得實在睡不著覺。」在勞改營中患的多數是饑餓所引起的各種疾病。

我們中有不少姐妹把自己家中寄來郵包中的餅干、罐頭食品不聲不響地帶到病房餵給病人吃,有位姐姐對我說「這位垂危病人在快離開這個世界時,他突然想起過去在家時喜吃梅林牌鳳尾魚罐頭。」正巧這位姐姐家裡寄來了她一聽到這事,她就將此盒魚全部送給了病人。一盒魚的價值並不大,然而這是她自己日夜盼望的食品,但卻全部送給了病人。

我們所接觸的病人中不但有活動性結核患者(一口痰中充滿數百萬結核杆菌。)傳染性肝炎以及各種傳染性的皮膚病患者。我們長時期處在連飯都吃不飽更談不上營養的情況下,若不是天主的聖蹟早已傳染到各種疾病。記得有一

天隊裡送來一位全身患有類似天花或帶狀泡疹的病人，看他表情十分痛苦，既癢又痛。病區負責的幹部醫生說「為了防止交叉感染，最好指定一位護士專門負責治療和護理。當時我是病區護理部的負責護士，我想這樣的重擔理應由我自己承擔。負責的醫生看了我一眼說「萬一你傳染到疾病不要後悔。」我說「我盡量注意一些」。後來有其他姐姐也要爭著去服侍，但由於我第一個提出，就給我搶著這份好差使。當我見到病人的創口經常流出黏答答的汁水，並散發著惡臭。我本能地噁心起來，為了不使病人難受，我總是輕手輕腳地替他清洗以及做各種治療，久而久之，我似乎已嗅不到臭味，我真的把病人當作耶穌基督的化身，我回憶過去看到聖人的行實中有很多聖人連痲瘋病都不怕。我要效法他們必須一步一個腳印踏著他們的足跡。數個月後，這位病人奇蹟似地痊癒了。在他出院的那天特地到護士辦公室來，一見到我雙膝下跪痛哭流涕地對我說「姑娘，你真是我的救命恩人，你沒有遺棄我這個可怕的傳染病人，我今生無法報答，來生做牛做馬也要來報答。」我立刻扶他起來說「我是天主教友，愛人是天主的誡命，我不要你的報答，請感謝天主。」

其實這件事最受感動還是兩位共產黨身分的醫生，有一次他們和我們談心說「你們的天主必有道理，為什麼你們個個願意為別人犧牲，願意搶挑重擔，如果你們的宗教不

第四十四章 一串珍珠項鍊

是真的宗教的話 你們哪裡來的這麼巨大的力量。」我說 「有機會你們應該研究一下天主教,你們已從它所結出的果子判斷這棵樹是好的。」我們已在他們心中播下了種子,希望將來他們有勇氣接受我們的信仰。

一串珍珠中三顆(張茵秋、張玉琴、朱奮健)已榮登天國,她們在聖母前永遠閃耀奪目,剩下我們在世者希望能永保珍珠本色,待他日回歸天國後,仍串在一起,佩在聖母的胸前。

教宗若望保祿二世曾預言廿一世紀將是亞洲教會興旺的時期。榮幸的白湖已有多位致命者的血將它染紅。數位致命者的忠骨埋於青山,總有一天,天主要大大地廣揚他們。這日子必然來臨,成千上萬的信徒將從西方到東方來朝聖 白湖這美麗的天使湖,白湖這致命者精修者的孕育之地,將大放光芒,我們同聲祈求盼望這一日早日降臨!

朱奮健

第四十五章
是因果還是懲罰

當你一見到這標題,似乎就會感覺到這是一個很深奧的問題,也許是屬於神學家,哲學家所探討的內容,而我是個至今連早晚課都背不出的教友,其他方面的知識更十分淺薄,又如何來談論這問題呢?今天只從自己的一個親身經歷讓您從具體事實中清楚地看到罪惡的果。

這件事發生在一九六一年春,地點是中共勞改白湖農場醫院,時間先後經過僅僅五個小時。那是一個簡陋的用茅草蓋屋頂,四周是泥牆的棚子,大約有十餘平方大,裡面住了七八位護士,所謂護士有被判勞教,也有判勞改的,那時我和德蘭還有兩位教友住在裡面,其他的都是外教,她們有的因貪污、偷竊等而被判。其中一位勞教兩年,她的個性驕橫、暴躁,對任何人總是惡聲惡氣,她總認為她是勞教,比勞改犯高等,為什麼我判了十五年徒刑也和她睡在同一個工棚,享受同樣的待遇,也不知是否僅僅因為這一個理由,她經常把我的東西摔來摔去,而且總是惡狠狠的瞪眼看我,我常常原諒她的無知,有時我們有一些吃的東西,德蘭故意叫

我去送些給她，但總遭她惡罵，她對別人也是如此，好像別人欠她三百兩銀子一樣，因此她就成了人人見了她都要搖頭的搗蛋貨。

有一天中午，我們大家都在吃飯，她正值夜班，睡在床上，當我們吃到一半時，她起來，拿著面盆，就在我身邊小便起來，我就說了一句「謝玉梅，下次我們吃飯時，請到廁所。」

誰知說這一句，引起她的軒然大怒，她即端起面盆，把小便直往我頭上身上潑下，連我口裏都嚐到了滋味，我被她這一舉動驚慌得呆若木雞，我想我在看守所，受盡折磨和迫害，但我萬萬沒有思想準備去品嚐別人的便味，所以我想罵她，但當我想到比拉多衙門的耶穌呈現在我的眼前，耶穌是至尊美善的天主，無罪而問死罪，受盡凌辱，我本是罪人，更應接受一切，我把已到口邊的話縮了回來，別人見我啞口無言，大家都紛紛說：「這太不像話了，污辱人到如此地步，胡美玉判十五年，她犯的是國法，你，謝玉梅為何要如此對待她」，德蘭就說「你怎麼還不知去洗洗頭，洗洗澡？」於是大家把每天供應僅一瓶的熱水都省給我，結結巴巴的洗了頭，換了身衣服，飯是沒有胃口吃下去了，同房的外教人都一起趕到指導員的辦公室去回報了，幾個小時以後指導員找我去談話問我有什麼要求，我說希望她以後改正，不能以這樣的態度去對別人。

下午三點左右，指導員召開了生活檢討會，要大家對謝玉梅的行為提出意見。由於她平時欺人太甚，所以大家也說出了一些心裡話，但並不尖銳，最後要我表明態度，我很坦然地說　「我以一個天主教友的胸懷完全寬恕她所做的一切，但希望她以後必須改正，如果再以這樣的態度對待別人，那恐怕對自己很不利。」散會以後，各自返回病區工作，大約半小時以後昭儀和我正在病區門口倒垃圾，忽見謝玉梅跌跌撞撞從山坡上下來，昭儀立即對我說　「不好了謝玉梅出事，你去扶著她，我去找醫生搶救」，我三步併作二步上去扶著她，只聞到一股很濃的LYSOL的味道，我大叫一聲　「謝玉梅妳為什麼這樣做？」正在這時一群醫生護士已經趕到立即強迫她上擔架，送急救室搶救，洗胃、灌腸忙個不休，但因她服的是濃的LYSOL，怎麼救也救不了，廿分鐘以後即宣布死亡，工友把一條蘆葦席把她捲好，指導員命令立即上山埋葬，德蘭和我兩人陪著工友一起上山，我一路走，一路哭，我對德蘭說：「今天天主給我機會真正見到了罪惡，也見到了後果，我願意接受凌辱，然而見到一個靈魂的淪落，這心頭的創痛我永遠不能忘懷。」

　　這已是四十六年前的事了，我有時還在為她祈禱，也許在她最後一分鐘，有所悔悟，然而這是很渺茫的可能，一個一直任性、放縱的靈魂，期待在臨終時悔悟，那是談何容易的事呀，罪本身有它的罰，罪的罰就是與天主的分裂，且失

落聖寵，一次次的犯罪，一次次的失落聖寵；一天比一天更遠離天主，怎能在臨終時突然聖蹟似的與天主修和，這是很難得之事，有的人說你看右盜，他還不是一生爲盜，最後也升入了天國嗎？右盜是我一輩子最恭敬的聖人，我之所以稱他爲聖人　因爲耶穌親口對他說　「你今日與我同登天國」。右盜有著超凡的信德，他認識耶穌、信賴耶穌，不是在耶穌復活死人、治好癱子、榮進耶路撒冷光榮之時，他對耶穌說：「請在天國中記念我」，而是在耶穌和他釘在一起，腳碰腳的時候。有多少人在十字架下走過來走過去的譏笑著耶穌說　「你是天主，怎麼不從十字架上跳下來呢？」右盜爲升天國付出了代價，天主的無限仁慈在他身上顯現出來。經常偷竊死不悔改的猶達斯，最後出賣主而自盡，是因果還是罪罰我不敢下結論，我相信天主是無限仁慈，也是無限公義的。

第四十六章

雨夜護送

在剛才所說的一串珍珠項鍊中最年長的一位是黃松青醫生，她原是上海公濟醫院骨科護士長，後又進修成為外科醫生，她因聖母軍判刑四年。她的治療操作做得十分乾淨俐落，不得不使幹部醫生佩服得五體投地。記得有一次一位幹部醫生替病人做腰椎穿刺，連續刺了廿餘針，始終未達要點，在不得已之下，幹部醫生只得說：「把黃松青叫來。」黃醫生來後，謙虛地說了一句「我也不一定行。」接著她摸著腰椎的正確位置，在感到胸有成竹後一針插下去，只見胸脊液滴滴的下來。病人感動得大喊「黃醫生，技術真棒！」我們入院後，一切的治療操作都是黃醫生手把手的傳授給我們。為了使我們更多地練習，她常常伸出她的胳膊說「來打我的靜脈，不允許你們把病人當試驗品。」她還常常對我們說：「要做一個好的天主教醫務工作者，必須要有兩個條件，一是要有愛心、耐心，二是要有精湛的技術，兩者缺一不可。千萬不能把技術疏忽，你沒有技術光有愛心也是枉然。」在她的帶領下，我們每天苦練本領，基本上

技術都可以過關。

　　黃醫生那時已近五十，她一生未曾結婚。她對醫務工作的熱愛勝過一切，因此她也愛我們年輕一代。她刑滿就業後工資較高，但她自己克勤克儉，幾乎把三分之二的錢用在我的身上。用她的話：「我是喜歡買了炮仗給別人放，如果你不用我的錢，我會亂七八糟地買東西送給那些不相干的人。」在這種情況下我實在難以拒絕。當時我家裡不接濟我，如果沒有黃醫生對我的幫助，恐怕也沒有今天的我。

　　當我調到醫院一直在肺結核病區工作，從我們的宿舍到病區，雖然只有五分鐘的路程，但因是丘陵地區，上坡下坡，白天走走還可以，每逢下雨天，尤其是晚上，一不小心就要跌交。記得在一個風雨交加的夜晚，我頂風冒雨去上夜班，剛走不到二分鐘，就跌了一交，渾身泥水交混，不得已只好返回宿舍，重新換一套衣服。宿舍中有人深表同情說，我一定是因高度近視的眼鏡被雨水蒙住，根本看不清路；有的認為我的腳走路不穩，也有的諷刺挖苦，譏笑我說，這麼嬌滴滴，連路都走不好，還值什麼夜班？好話歹話只得聽下去，其他人即使想幫我的忙，在此情況下也怕別人說話，因在勞改營中不提倡犯人之間互相幫助的，只有黃松青醫生她一言不發，一手拿著一枝已點燃的蠟燭，一手撐著一把傘。她說　「美玉，來，我去送你。」見此情景，我也不好多說，就和她一起出門，一路上她將我摟得緊緊的，她手中的

風中之燭也似乎特別有力,在狂風中未曾吹熄。雖然一絲微弱之光,在黑暗中也閃爍不休。一把破傘雖不能擋此狂風暴雨,但由於兩人在一起,風雨似乎也顯示不了它的威力。半路中,我的臉上淚水雨水交融在一起,世上何處能尋覓如此真誠的感情,我百感交集,這位老醫生在有人反對的情況下,能挺身而出,不考慮自己個人的得失來保護我,這一段雨夜護送實際上也象徵著在人生風風雨雨的道路上,我並非孤獨無助,而常常有主內兄弟姐妹陪同相幫。

一九九八年我回上海去探望了黃醫生,她神志有些恍惚,見到我時開始說:「你不是美玉,你是冒美玉的名而來的。」後來我叫她一聲 「媽媽」 (我在勞改營中一直稱她為媽媽)她大哭起來 「這是我日思夜想的美玉,我每天祈求聖母,希望在臨終前見到你,你每天仍唸玫瑰經嗎?不要回美國了,答應我留在這裡陪我過一、兩年。」她拉著我的手一定不讓我離開。我能說什麼呢?我並不貪戀美國的生活,我尤其不喜歡美國人與人之間漠不關心的態度,但我上有九十五歲的婆媽,下有女兒,中間還有一位先生,這麼多的千絲萬縷將我綁著,我衷心願意接你到美國來度晚年,但遭你的嚴正拒絕,你說你怎麼也不願增加我的麻煩。第二次我再也沒有勇氣去探望你了,再也無法解開這心頭之結,用什麼來報答你數年來對我的一片恩情,只有每天為你祈求聖母,求好天主降福報答你!我的好媽媽!

第四十七章
晴天霹靂

在人生的道路上往往不是平坦筆直，總有迂迴和曲折，更何況在勞改農場，怎能會平靜安逸？我在白湖農場醫院五年以後常常認為這裡是人間樂園，這麼許多主內姐妹相聚在一起，為著一個共同的目標而工作，再加那些負責管教我們的幹部比較溫和，所以我在那時真有「此間樂，不思蜀」的感覺。想想如今父母雙亡，孤家一人，即使不判刑，在社會上也是生活在一個人心惶惶、彼此不信任的環境中，有何樂趣？還是在勞改隊保險箱內，何況和這些志同道合的教友等在一起，真是其樂融融。和有這麼許多忠心真愛的人在一起預嘗天堂之樂。

好景往往不長，天主召喚我是要我走加爾瓦略山的道路，並非要我天天參加加納婚宴。一九六五年秋，院部突然召開一緊急會議，在會議中宣佈根據政策，凡判刑在十年以上的重刑犯必須調離醫院，當然我是屬於必走之輩。會議結束後，我病區的負責幹部醫生對我說 「我無法留你下來，你在這裡做了大量工作，我們會將你的情況向新單位介

紹，估計你去新單位也是擔任醫務工作。」此位醫生雖是黨員身分，但心地正直，為人善良，對我們對病人都十分有愛心、耐心。在動身時，他叫他的家屬特地替我做了幾個餅，讓我備著路上饑餓時吃。共產黨員會對我如此關心，天主聖寵的種子已播在他心中了，有朝一日會出芽、生長、結果，我們所播的種子將來讓別人去收穫。

消息公佈後，我無法表達自己的感受，誰都不願意我調走，我自己更不想走。但如果我哇哇地哭起來，一些同伴們更要傷心得無法控制，如說很高興，這根本是假話，所去何處，不知道。反正去處總要比白湖艱苦，物質方面艱苦一些尚可熬住，估計再也找不到其他地方像白湖醫院一樣那麼多的主內姐妹可以親密團結，彼此鼓勵 互相合作。仔細想想，這次的調動並非因我自己的錯誤或缺點所造成，那很明顯的是天主的聖意，既是天主的聖意，那怕再苦也要接受。我兩次被捕離開家裡也不是說走就走嗎？這是第三次離「家」，也得狠下心來。姐姐們都紛紛把平時節餘下來的糧食送給我，因為在那時沒有糧票根本買不到糧食，連蛋糕餅乾都不能買，黃松青醫生把她餘下來的錢自己一分不留全給了我，千叮萬囑對我說 「如能買到吃的東西，盡量買來吃，錢不要擔心，我會寄給你的。」還有的送我一些營養品、藥品。她們都把最需要的寧可自己不吃不用，都塞給我，我受之實在有愧，而卻之不但不恭，而且會大大的傷了

她們的心。

　　德蘭對我說「你去後就寫信給我，我盡量設法去看你，這裡的管教叢幹事對你有極好的印象，我相信他會同意替我出介紹信來探望你的，不過你記得，一定要經常寫信給我。」我心想，你有這個想法使我十分感動，然而要把這想法化為現實還需出極大的代價。

　　次日清晨很多人都擁到船碼頭來送我們一行八人。我的行李最多，其中不少是別人送的，那天只要不在值班的，統統都來送別。誰都想哭，誰都哭不出來。調走的是我這個被判十五年徒刑，有時連走路都不穩的人，她們真不放心呀！就像黃醫生所說：「你的十五年是你對天主的慷慨，我們理應幫助你走完這段苦路，如果我能換你調走的話，我十分願意，這樣比看你走，思念你，為你擔心還好受一點。」我只有強作鎮靜說「我既已全部奉獻給天主，一切主旨唯承吧！深信天主會照顧我的。」

　　船開到總場，再由總場坐汽車到蚌埠，然後到黃河故道邊的碭山果園場，一路走了三天，沉重的行李給了我很大的累贅。到了碭山，人已疲憊不堪，第一餐伙房發的是充滿霉味的爛山芋片，一小撮很苦很苦的蘿蔔菜，據說這裡是淮北平原，吃不到大米。一年到頭山芋片，高粱窩窩頭，我想這下砸鍋了，我的胃怎麼能經受得起這樣的伙食，我的天主呀！你在哪裡，我需要聖寵和力量！

第四十八章

碭山簡介

　　碭山縣位於安徽省淮北平原，與江蘇省、山東省、河南省交界，緊靠黃河故道。全年氣候溫差極大，冬天最冷時達零下三十餘度，炎夏酷暑時，室外達攝氏四十餘度，（相當於華氏一一〇度左右。）屬沙土地帶，不能種植稻谷之類，卻盛產水果，春季風沙駭人，出門非戴帽子眼鏡不可。碭山處於戰略要地，曾是著名的徐蚌會戰（淮海戰役）的戰場，沙土下埋有無數無名屍骨，我們在果園鋤地時常常發現白骨纍纍，有時也拾到念珠，聖牌等聖物，更有趣的是我們在夏天吃西瓜時，曾數次遇到過這樣的怪事，幾只西瓜在黑暗中閃閃發光，好像有螢火蟲叮著，大家都嘖嘖稱奇，推測大約由於地下屍骨的磷質太多，以致生出了夜光西瓜。

　　碭山有十餘個中隊，女的有女犯隊和刑滿就業隊，男犯也有將近十個中隊。我們所在的勞改單位對外稱省碭山果園場，實質上它屬於安徽省第三勞改支隊的勞改果園場，它的著名產品為碭山酥梨，汁多味甜，馳名海內外。恐怕很少有人知道它是勞改犯人勞動的果實。碭山果園場的政府管教人

員從總場到各中隊都特別反宗教。我在六年中對該場的感受是，各個中隊中的宗教犯都是各項運動中的運動員，大會中的靶子。由於在這類幹部的影響下，各中隊也有很多犯人見風使舵，為了討好幹部，就專門盯著教友，在那時我的感覺，天主教犯人似乎比別人還低三級，我們好像頭頂石臼，連走一步路也是歪的，也要受到批判。

碭山女犯中也有部分自北京調來的，其中有兩位我至今仍記得很清楚。一個是蒯淑萍，年約六十歲，被捕前為北京大學外文系教授，她的父親為清朝舉人，是第一批送中國留學生到英國去留學的。她畢業於英國牛津大學，原籍安徽省合肥人，合肥蒯姓為一大族。她所謂的犯罪是由於在一次涉外宴會中和一些外國朋友談論說笑，說中國農村實行了人民公社，說是吃飯不要錢，很多人餓死了，根本連飯都不要吃了。後來給在宴會中服務的中國工作人員檢舉揭發，就此判刑十年。她說現在我才知道，這些在外國人身邊服務工作的中國人，絕大部分是有特殊任務的，蒯患有高血壓心臟病，在一九七一年病逝於碭山果園場醫院。

另一位是王知還，據她自己介紹，她的父親是國民黨海軍高級將領，她在上海就讀聖約翰大學時，和黃炳南（曾擔任中華人民共和國駐外大使）相識，後和黃一起奔往延安。在延安擔任文藝翻譯等工作，為黃炳南的原配夫人，結婚沒有幾年，就因感情不合而離婚。她從不認罪，她說自己

從小過著養尊處優的生活,是家裡的嬌小姐,為了追求革命,和國民黨父親斷絕來往,去延安過著十分艱苦的生活,專門翻譯毛澤東詩詞,後來因作家周揚等一伙捏造污蔑她,被判反革命七年。中隊裡為她的不認罪曾年年多訓小組大會批鬥她,但誰也說不過她。記得有一次她對指導員說:「我參加革命是付出了代價,你們搞革命是要騎在我們的頭上,可以作威作福。」幹部也無法批駁她,所以也只得讓她聽之任之。我在暗地很同情她,想想她說的也是有理,但很可惜她所信賴的共產主義沒有給她帶來平安和喜樂,只是不斷的悔恨和遺憾,她身體很衰弱,無法作重體力勞動,在秋天分配她去掃樹葉,她說拿不動大掃帚,於是她想出辦法,用一根棍子綁著一只大頭針,見到樹葉就一戳,出工時她戴著一頂大草帽,帽子上放著她已洗淨的手帕、襪子等,她說如此可以避免放在工棚怕被人偷走,同時在外面吹吹風容易乾。一手拿一根棍(帶有大頭針)一手拿一只大口袋,她將樹葉一片片戳住,放進口袋。中午回來時,往往有一袋了別人看了個個感到很滑稽,也難怪她想出這個妙計,既可不拿掃帚,又可不彎腰。她常說:「政府只可強迫勞動,不可強迫勞力。」

她刑滿以後因無家可歸,必須留場,後來我和她分開後據說她已和另一位留場人員結婚了。我很想知道她的先生是屬於那種層次的人,別人風趣的回答我說 「男的根本沒

有文化，在勞改隊中，他是個刮飯桶能手。」我說 「我無法想像王知還能和這樣的人結成夫妻。」她說 「那也不奇怪，男的幫她洗衣服，幫她燒飯，一切家務由男的做。這樣王知還也感到輕鬆得多了。」以後情況就沒有聽到了。我認為黃炳南即使是高級官員，但對她毫無感情，那也談不到幸福；她的勞改隊中的那位先生，如果能對她十分體貼忠心，那文化高低也不是主要的條件了。

第四十九章
一代聖女 —— 張依成姆姆

張依成姆姆是拯亡會的修女,一九五八年她和我一起被押解到白湖農場,她端莊的外表和優雅的儀態馬上博得了大家的尊敬,連外教人也推崇她是出污泥的白荷,她時時守好靜默,她常提醒我說 「沉默就是力量!(Silence is strength)」那時白湖農場女隊中約有廿位教友一起幹活,教友們因不會搶工具,又不擅長農活,常為了任務沒完成而在工作結束後被罰坐在露天一、兩小時。依成姆姆總是提醒我善用這機會唸晚課、唸玫瑰經,不要抱怨,也不要浪費時間。

一九六三年我倆又一起調往碭山,刑滿後她就業於第十隊,我在九隊,六十八年文化大革命,碭山果園場掀起反宗教高潮,每個中隊的天主教徒都成了活靶子,當時八中隊批鬥沈介敏神父,九中隊是我,十中隊則是張依成姆姆。

依成姆姆在碭山受盡折磨,她小組中有人專門在她頭上立功,一天要三次到部隊去回報她的一舉一動。她若不說話,說她一付抗拒政府的態度,若她和別人說話,則說她在

拉攏別人，總之站也不是，坐也不對。但依成姆姆效法耶穌的忍耐，一言不發。她平時總把方便讓給別人，幹活時別人把最難做的留給她，她從不抱怨。實在同伴們都知道她是一位充滿愛心的人，但在這種惡劣環境中，又有誰站出來為她說一句公正話？一位聖德非凡的修女，竟成為一個中隊裡中挑出來最壞的典型，這是地地道道黑白顛倒，是非混淆的年代。

在女就業隊從來沒有一個女的被捆綁過，而我們的依成姆姆僅僅因為不認罪（實在無罪可認）被五花大綁，繫得雙手兩足都不能動彈，見她仍不屈服，還要升級將她吊在樑上，這種刑罰即使是身強力壯的青年都無法忍受，何況是一位手無縛雞能力的瘦弱修女。後來有人見到姆姆面色已轉青，對指導員說要出事了，在這種情況下怕出事才將姆姆放下，那時姆姆也幾乎暈蹶過去了。以後，沈神父、張姆姆和我又分別到全場巡迴游鬥，每場大約四、五千人，也有上來腳踢手拉的，很遺憾的是和我在同一醫務室的方濟各會林姆姆，是大批判小分隊的積極份子，也說不出她對我們有多少仇恨，竟狠狠地上來打我並大罵依成姆姆，我很可憐她，並為她求天主的寬赦，因為實在她不知道她自己在做什麼？

自從批判大會以後，依成姆姆一直從這小組調到那個小組，而且逼迫她一直在果園裡和強勞力一起打藥、收果子。但她常常保持內心的平安喜樂，以極大的忍耐接受天主所賞

賜的各種患難，她實在是一位精修加致命的聖女。

八十年代，依成姆姆回到上海弟弟家裡，我曾去探望她，打算邀請她到合肥與我們一起生活，她很高興。但她弟媳說，依成姆姆得幫她料理許多家務，走不開。姆姆只得順從他們的意思，便暫留在上海。一九八九年我移居美國，我們夫婦有意把家安頓後便接姆姆來住，但聯絡後才知道，她罹患了老人痴呆症，已被弟媳趕出家門，最後由沈樂平等人將她安置在養老院中，她的病需要特殊照顧，而養老院的條件很差，護理不夠標準，有一晚因腹痛劇烈，未引起注意，等她被送醫院時，已因盲腸穿孔形成腹膜炎而與世長辭。

我得知消息後許久無法抑住內心的悲痛。這一代「聖女」沒死在共產黨的監獄，沒死於癌症或心肌梗塞，竟然因闌尾炎耽誤而死，我恨自己為何這幾年來沒有妥善照顧她，特別在樂平死後沒關心到姆姆的生活，還以為她住在弟媳家。我移居美國，不就是希望更有能力幫忙這些需要照顧的人嗎？否則，我來這裡幹什麼？

依成姆姆——我知道妳永遠不會責怪我，但我會記取這次教訓。國內還有其他和妳一樣的修女和教友，需要及時的照顧和關懷，如烏蘇拉會中的雙目失明的趙姆姆、十分衰竭的 Helena……等等，她們都是一輩子在勞改營中度過的，或許教會有人不知道仍有許多因信仰而下農田，被批鬥，受苦受難的人正散居在大陸各地，晚景堪憐，需要照顧。如今我

躺在病床上,但良知不允許我忘記他們,我只好搶些還可搶到的時間寫些他們榮主救靈的言行,激動大家愛主愛人的心。

一粒麥子落在地裡,如死了,將結出更多的籽粒來。(若十二24)

第五十章

罪人和義人

　　耶穌在聖經上說　「我不是來召義人　而是來召罪人。」（瑪九13）

　　在大陸史無前例的「文化大革命」期間，我正在安徽省黃河故道邊的一所勞改營碭山果園場服役。此果園場的地理位置偏僻，而且氣候惡劣，高溫達華氏一二〇度以上，而低溫達華氏零度左右。更有甚者，那裡的中共管理人員，絕大多數是反宗教狂。正當在社會上大批鬥的同時，當然他們也不甘落後，在各大隊中隊組織無數場次的鬥爭會，主要針對著天主教神父、修女和教友。我因判重刑十五年，況且又是花崗岩的頭腦，頑固不化，所以是隊裡著名的「運動員」。每次運動理所當然地成為眾矢之的的靶子。因此在文化大革命中，無論怎樣也難逃厄運。

　　那時在我同一大隊中，有一位也是來自上海的沈介敏神父，他實在是一位老好人，什麼事情都告訴周圍的外教人一旦運動來了，大家都紛紛立功向政府告密，說他和我有反革命串連的行為。我隊的指導員顧念我在做醫務工作，對我

總算還有些人性,他把我叫到辦公室對我說 「這次總場指名要大會批鬥沈介敏和你,我認為你的工作很好,我也不願你作為批判對象,所以我向場裡說情,允許你參加大批判小分隊,你只要說上兩句批判沈介敏,你就可逃此一劫。否則你要知道,這次批判會不只一場,還要到全場各大隊、中隊去巡迴批鬥,有時犯人們的情緒激動時,還可能上來腳踢拳打,你要吃大苦的。」我不假思索,非常輕鬆地回答指導員說 「你的好心,我十分感激。十分抱歉,我扮演不好批判別人的角色,倒不如讓我站在沈介敏旁,一起被別人批判吧!」指導員也只得苦笑一下說 「胡美玉,你這人也許吃苦吃得上癮了,給你康莊大道不走,非要鑽牛角尖走羊腸小路。」狂風暴雨接著跟蹤而來,開始在本大隊,聲勢浩大地貼出大標語,裝了大的麥克風,企圖以氣勢來嚇倒一些膽小者。對這一切,我思想上早已有所準備,但在第一次批鬥會中,我見到了和我朝夕相處的另一位醫務,她在上海是省會長姆姆的代理,很遺憾,她已是無味的鹽,沒光的燈。她是批判小分隊中最積極的一個。不但對我惡言咒罵,更上前一步,給我一個響亮的巴掌,並說 「你這死不悔改的反革命份子,到現在還堅持反動立場。」頓時站在比拉多衙門前的耶穌浮現在我的眼前,我說 「耶穌啊!現在請你稍許休息一下,讓我替你被別人鞭打幾下,你的茨冠也戴得太重了,讓我用現在的痛苦代你戴一回兒,哪怕是短暫的

一、兩分鐘。」那時我的心情極為平靜喜樂，可悲的是那位修女，她已淪落到此地步，更需要我為她作補贖呀！正在此時，忽然聽見有一位犯人大聲在說「不許打人，毛主席也說過，要文鬥不要武鬥。」我驀然一看，那位婦女是個望教者，在我為她看病時，有一次她對我說「美玉，你可知道我的身世嗎？我過去曾當過妓女，犯過很多的罪。現在看到你們教友如此愛人，何等仗義，我也願意信仰天主教，不知教會是否會收納我如此骯髒的罪人。」於是我對她講了聖經上有關瑪達肋納的故事，耶穌來是為召罪人，不是為召義人，只要你悔改，天主一定會寬免。事實上，我們都是罪人，天主不看過去，不管你從前是強盜，是殺人犯，是妓女……，只要悔改都是好。天主只看現在，既然你有意信仰天主，希望你依一個天主教教友的標準來要求自己。也就是這位婦女在如此瘋狂的大會中竟有勇氣阻止這位修女失去理智的行動。這不是她在用實際行動效法聖女瑪達肋納嗎？沈介敏和我的批鬥會也真的欲罷不休，一場接一場，且規模越來越大，每場有四、五千犯人參加，聲討咒罵聲震耳欲聾，感謝天主，我一句也沒有聽懂他們在說什麼，我只當它是演戲，我想人生本如舞台，既然天主的聖意，要我擔任各種角色，我總樂於配合。聖保祿說「一切為愛慕天主的人是好的。」只要我在愛慕天主，我把所受的一切獻給天主，這是我最大的榮幸。

當每場批鬥會結束，他們將我關閉在暗無天日的禁閉室。本來犯人的伙食已經極差，每餐爛山芋片或粗高粱窩窩頭，這些東西都粗糙得無法下嚥。每周只有一個白麵饅頭，關入禁閉室後，每日只給兩餐，給我吃的東西恐怕連豬都嫌難吃，但這一點也不影響我的情緒，因為人不是單靠麵包而生活的，聖女大德肋撒說過「唯一天主於我已是矣。」我在禁閉室中天主常常和我在一起，既有全能全知全善的祂陪伴著我，我還指望什麼呢？日子過得很快，記得有一天當管理員開門給我送飯時，我又見到這位婦女，見我的門已開，她就急忙趕著一只小花貓朝著我住的禁閉室方向奔來，口裡銜著一樣東西。待牠到我身邊喵嗚一叫，就放下東西。當我一看用紙包著的是一只白饅頭時，我情不禁哭了起來。好朋友呀！你在菜園挑糞燒水，做重體力勞動，多麼需要糧食，而你把最珍貴的東西省下給我，我怎麼能當得起接受你這片深情厚意呢？另外我也佩服你的聰明，世界上再苛刻的政權也無法懲罰一只小貓小狗，你明知自己不能送饃給我，卻托了這只小花貓輕巧地完成了任務。說起這只小花貓，靈氣十足，善解人意。我常常深夜為病人打針送藥，不論牠在哪裡，只要一聽到我的腳步聲，它就會立即竄到我的身邊，步步緊跟著我，似乎在做我的保鑣。在滴水成冰的冬夜裡，屋內毫無取暖設備，我的血液也似乎凝固不能流動時，牠總是鑽在我的被窩裡，用牠的體溫來溫暖著我。說也奇怪，小花

貓對和我同居一室的那位修女，從來也沒有表示過任何友好的舉動，我曾聽過聖五傷方濟各和聖安東尼和大自然中的動物交朋友的故事。我的小花貓也許是天主對我特別眷顧的一種表示。據說我離開礄山後，小花貓常在醫務室門口逗留徘徊，後來不久就過世了。

最後，我想告訴大家，這位婦女在勞改單位領了聖洗，且得到安死善終，天主以永生賞報了她做的一切。至於那位修女離開了果園場後回到上海，在佘山教堂工作。據說有一天晚上，她腹痛劇烈去醫院開刀，第二天即逝世了，我將她的靈魂付托在天主仁慈的手中，只要她悔改，天主的仁慈總勝過她的罪惡。

小花貓去世了，這位愛護我的，自認為罪人的婦女在勞改營中領了聖洗聖事，不久也死了，修女也死了。

耶穌曾說過「我不是來召義人，而是來召罪人」，這兩位婦女，一位曾為妓女，一位曾為修女，到底誰是義人？誰是罪人？其實我們都是罪人，願天主的無限仁慈垂憐我們罪人！

第五十一章

田園樂

　　這裡沒有梵谷油畫中生氣蓬勃的田園風光，也聽不到貝多芬「田園交響曲」的優美旋律。這裡是風沙瀰漫的黃土地帶，這裡是中共勞改營碭山果園場中的一個菜園。在這人間的悲慘世界中，我在那裡勞動四個餘月後，倒有人間樂園的感受，你也許會感到驚訝，待我細細地向你道來。

　　一九七〇年我在經歷過不知其數的批鬥會後，政府認為我既不認罪又和教友們進行反革命串連，即勒令我離開醫務室到菜園去勞動。在旁人看來，做醫生是勞改營中最愜意的差使，既不做重勞動還受到別人的尊敬，況且吃喝都在門診室，不和大家一起擠在大工棚裡，這是令人眼紅的職位，很多人責怪我說身在福中不知福，有福不惜福，但我心裡明白，我落得如此下場，並非因我個人的過失所造成，天主自有祂的安排。

　　調到菜園後，首先感到無職一身輕，從此可以不需要半夜起來去看病人，也不必為病人的休假傷透腦筋。另外，菜園中最使我感到欣慰的是人與人之間幾乎無傾軋排擠，也沒

有人向政府作小回報。這是在勞改營中很稀有的單位，一般來說，勞改犯經過洗腦後都十分自私，大多數的人總想出賣別人來討好工作人員，以期獲得一些小小的好處，例如每月零用錢比較高些，或是有時可以做些比較輕的勞動。即使是這些微不足道的優惠，不少犯人也會整天挖空心思去回報別人的一言一行。在菜園中，囚友們彼此團結友愛，尤其在一位馬姓囚友的負責下完成生產任務，每季的蔬菜瓜果的產量幾乎季季豐收，所以指導員等工作人員根本不上菜園，因此我們的自由度就大一些了。晚上大家圍在一起名為學習，實質上到西瓜地去找熟的西瓜，沒有刀用拳頭一搗，大家分著吃。有時嫌吃西瓜太單調，有些難友就將白天在樹上逮住的知了，在火上烤烤，吃起來又香又鮮。我有一次笑著說，我從來也沒有想到在勞改營中還有如此人間美境，俗話說「討飯三年連官都不想做了，而我到菜園三個月，根本不想回醫務室了。」這是田園的第一樂。

到了菜園，我想自己不會整田也不會撒種，還是乾脆揀一擔輕巧的糞桶，每天挑糞就是了，幾位年長的難友一聽到我要挑糞，就在晚間煤油燈下在自己的包裹中找了一些舊布以及破棉花，連夜替我縫製了挑擔用的墊肩。他們說「這樣你可不讓扁擔直接壓在你的肩上，同時衣服也不會太費。」當他們翻開我的黏乎乎髒兮兮的被子，嘆了一口氣對我說　「美玉，你還算是個醫生，怎麼被子髒得這樣也

不洗。」他們邊說邊就動手拆我的被子。我在被捕前連一塊手帕都沒有洗過，在勞改營中不但自己要洗這麼大的被子，而且還要套好，為我這個生活中的低能兒，這簡直好比造萬里長城。每當想到這事總感到十分苦惱，再仔細思索一下，和我一起逮捕的神父們不是也在面臨這種考驗嗎？他們是男的，比我更不會做針線活，尤其像出身優越的朱洪聲神父、雙目幾乎失明的嚴蘊梁神父，他們的被子肯定也會髒得像烏賊魚一樣，但他們追求的是心靈的純淨，至於被子髒不髒和永遠又有什麼關係，當然我並不鼓吹不注意清潔，但在為信仰奉獻一切時，就不能考慮得太多。當天晚上我蓋上乾淨潔白且在陽光下晒了一天的被子，散放著一陣太陽香，我內心的喜悅絕不是用金錢所能買到的。難友們一不做二不休，他們都說我在醫務室別人不能幫我做事，過去曾有數位難友因幫我套被子被指導員大聲訓責，現在菜園是真空地帶，一定要將我數年未曾洗的棉襖棉褲徹底清洗縫好。還有一些衣服我在醫務室時破了就用膠布一粘，難友們也一一替我縫補得整整齊齊。我對難友們笑著說「指導員將我送到這裡，實在有很大的必要，不然再下去我可能身上生虱子了，現在你們替我收拾得整整齊齊，真的，我不想回門診室了。」這是第二樂。

如此，我在菜園中度過了四個月，原先工作人員等待我的是向部隊呈交悔過書，要求重回醫務室。他們曾來過菜園

看到我肩挑糞桶打著赤腳,邊走邊唱逍遙自在。也許他們看到我的日子太好過了,有一天指導員到菜園說「你們明天要將這個糞池出空,胡美玉一定要下去。」所謂糞池其深度大約三呎深及我們的腰部,大小約三六〇平方呎,裡面堆積的大部分是人糞。出糞池大約需八人下去泡在大糞中用大鍬,一鍬、一鍬地將糞扔在上面。第二天吃過早飯,馬姓囚友對我說「這下他們要將你的軍了,你下糞池是否有困難,如有困難,到門診所去請個假。」我說「不要為難你了,既然他們指名要我下,我又何必逃避,你們能做的,為什麼我不能做?」

說實在的,過去嬌生慣養的我皮膚歷來很過敏,一遇到一些髒東西,立刻全身風疹疙瘩。一九五一年我住宿在上海市聖約翰大學,那所大學也算是很貴族的學校,但我還嫌衛生間不乾淨,當我想解大便時總急匆匆趕回家去。如今我因堅持信仰身為囚犯,照他們的想法,我不怕批鬥,不怕勞動,但若要我下糞池,可能我就會叫饒了,我想來想去,既然我已許下一切奉獻給天主,這一切一定也包括我很難棄捨的東西,如果我這次不下糞池,政府工作人員就有話可說,胡美玉並不是不能攻克的碉堡,我們擊中了她的弱點,她只有乖乖地跟著我們的指揮棒轉。我不願做半途而廢的教友,我確信只要依靠天主,沒有克服不了的困難。

於是我就跟著囚友們捲起褲腿,霍地一下跳下糞池,囚

友們對我十分關懷，一再囑咐並主動讓我站在上風，並且叫我不要用力太猛，不然在糞池跌交更是無法招架。果然不久指導員來了，他看見我和其他七位囚友一鍬一鍬地鏟著大糞，他就說「胡美玉倒怪有經驗的，竟然揀個最上風的位置，是怕吃糞水是嗎？」當他見到我還是臉上髮際嘴邊都沾著糞水，他洋洋得意哈哈大笑說「資產階級出身的大學生，只有通過這樣的勞動改造才能脫胎換骨。」我滿嘴鹹答答的糞水味也懶得和他說話。大約過兩個多小時出完糞池，大家都跳到附近的小溪中清洗，當然既無香波，也無護髮素，洗來洗去還是一身臭味，恐怕這種味道一、兩星期不會消失。但我想糞水只能污穢肉身，但卻淨化心靈，我如此軟弱的卑微罪僕，如今藉著天主的恩寵，才能有勇氣下糞池與糞水共舞。

地球在運轉，時間在消逝。世間的福樂剎那間變為雲煙，痛苦也不會久留，我絕不可能一輩子浸在糞池中，既然要過去的又何必太懼怕，你越懼怕，這個十字架將壓得你越重。要做一個真正自由的人，要克服重重困難，穿越種種障礙，始終愛慕天主於萬有之上，天主是忠信的天主，祂總不會讓我們的慷慨勝過祂的慷慨。在天主的蔭庇下我能活到今天，我們一起光榮感謝至美善的天主！

第五十二章
站在比拉多衙門前

吾主耶穌站在比拉多衙門前無罪而問死罪。耶穌也常常要求跟隨祂的人也要無罪而問死罪。我也有過類似的經歷；不只在接到十五年刑期的判決書時，同時還在勞改營中。

大凡經過勞改營的人都一致認為在勞改營中最愜意的工作是當醫生，也正因為如此絕大多數的醫務為了穩住自己這一位置，往往不惜用各種手段來巴結政府工作人員，至於難友們的生命安全常常不在考慮之中。我在勞改營中度過廿六載春秋，當了廿年的醫生。每天如履薄冰似地在過日子，藥物奇少設備簡陋不堪，在這種情況，要對兩、三百人的生命負責，確實是一很大的良心負擔，這也許比每天挑擔拉車的體力勞動更難勝任。

記得我在安徽碭山果園場，那時門診室有我和另一位修女，按理說我們倆都信仰天主教；政府不可能安排在同一門診室。但由於她是政府的小耳朵，我的一舉一動都在她的監管下，她每天向隊長做我的小回報作為成績。門診室內所有的藥物原來就少得可憐，遇到有些葡萄糖抗生素等她都一一

留給政府工作人員使用。難友們總是硬挺，或者吃一些止痛藥片而已，至於病假隊裡規定不管昨天發高燒或高血壓，只要今天早晨測量不出就必須出工幹活。隊裡原來由那位修女負責每天早晨去向工作人員呈請假條，後來不到一個月大家對這位修女意見紛紛，說她常常收別人賄賂。指導員就把這工作交給了我。我想在勞改營當醫務好比善牧帶著一群羊，這些羊既餓又累，在生病時更是可憐；無親人在旁，又無可口食品，有些大病初愈也要被逼著去幹重活。面對這些悲慘的生活現實我要盡最大的努力幫助難友們求生存的權利。

第一天我查完工棚中的病號後隨手寫了十餘張建議請假條，走到辦公室請指導員批准。誰知他一見到我手中那麼許多請假條大發雷霆，桌子一拍聲色俱厲地說：「你看你寫了這麼許多，你是否有意搗蛋，還是想破壞隊裡的生產？」我筆挺地站立著，想用什麼來回答最合適呢？他見我久久說不出話來，再將我一軍，說：「你大約想到菜園去挑大糞，不想幹醫務了是嗎？」我說「正是。」我如果不能按天主愛人的心來做醫生的話，我寧可不幹，我既已棄捨一切來到勞改營，還有什麼能使我患得患失呢？我索性一切都不在乎，他倒拿起筆來一一批下，以後每天我聽他的訓責後再一一向他解釋這個是高血壓，那個是心臟病……萬一他們出工後出了問題指導員也要受到批評的，因為場裡規定隊裡是不准死人的。有不少難友經過辦公室聽到指導員對我的惡聲惡

氣有的說 「胡美玉是吃豹子膽長大的,怎麼一點也不害怕?」有的說 「不要難為妳了,我撐著出工去好了。」

我常常想起解罪經中的一句「多能為善而未之為⋯⋯」關於這一類罪我往往疏忽,實際上一個人在任何工作崗位,在任何情況下總有可以為善的一面,尤其在勞改營中當個醫生要存心為善可以做多少好事啊!中共管理人員根本沒有醫務常識,連對血壓體溫多少是正常範圍也一無所知。有些難友有時也不一定真正有病,實在因為太累了,想休息一天,我就說 「躺下躺下,我替你請假。」但關鍵在乎那位修女常常要搗蛋,記得有一次拯亡會張依成姆姆因心跳過速我連續替她請了兩天病假。第二天此位修女開腔了 「胡美玉,你真是苦頭吃不怕,不識時務到這地步,張依成是修女,妳不怕別人給你扣大帽子嗎?」說完這句話她立刻去到辦公室,不到五分鐘,指導員跟她一起來到門診室,開門見山地問我 「為什麼張依成不出工?」我想如果我畏畏縮縮他更有理由來訓責我,我索性處之泰然說因為她心跳過速,患有嚴重的心臟病,如果我包庇她願承受一切後果。指導員也不罷休,連聲說請場裡醫生來鑑定。未隔多久,場裡醫生來了,這位醫生對我的那位修女原來印象就不好,說她光玩嘴的,再加這位所謂的醫生也是不學無術的,也沒有診斷能力。憑著我對他說了一遍張姆姆的情況,他就頻頻點頭用著十分官腔的語調說這樣的病人應該讓她長期在

家幹輕活，如此平息了一場風波。

　　另有一次隊裡的一位大組長文媽媽因勞累過度昏倒在工地上，我立即拿出藥箱中所備用的四十毫升葡萄糖給她注射，并將她放上一板車拉她回家。我明知我使用葡萄糖未經那位修女同意將遭到飛來橫禍，但救死扶傷是醫生的天職，搶救病人不得耽誤，管她將怎麼對待我，我不在乎。且說那位文媽媽已年逾六十，她原是國民黨海軍後勤處處長石震疆將軍的原配夫人。一九四九年中共攻克上海前石將軍勸他夫人和兒子和他一起去台灣，但他夫人捨不得放棄家中山陰路一幢住宅以及其他一些不動產，所以無論如何不肯一起去台灣，一九五〇年石將軍又派人到舟山去接她和兒子她仍然拒絕。不料到五一年大逮捕時她即因反動軍官太太而判刑七年，被捕後年僅十六歲的兒子到處流浪，不久也被政府逮住成為小勞教。文佩君媽媽在勞改營中待了卅餘年，她天天拚命苦幹，是隊裏勞動的骨幹，最艱苦最重的活她都搶著去幹。她常常對我說：「我恐怕此生無法與海峽對岸的丈夫重逢，但我盼望我的兒子以及他的下一代有朝一日與他父親重逢」

　　隔不多久她的兒子也調到我們一起的南湖茶林場，兒子對媽媽的感情不太融洽，他常常說的一句話是「一只棋子錯了，全盤皆輸定了。」他總是責怪為何他媽媽當初不聽爸的勸告，以致延誤終生。我在赴美以前他特來送行，他

告訴我們他媽媽於一九八二年病終。臨終前由德蘭姐給她講了些基本要理，她表示願意接受天主教信仰，由德蘭替她權付，取名瑪利亞，總算她一輩子的受苦換得了靈魂的妥當。天主聖意的奇妙，值得我們時時處處的讚美。

第五十三章
千里迢迢來探望

　　我自從調到碭山後,德蘭每月寄來五元錢,同時還有一些糧食,她總是叫我買些大米、麵條等,但作為一個勞改犯身無自由,如何能出去買這些東西,和我同一醫務室的林姆姆很有本領,常常可以托人買到糧食。在這種情況下我只能托她,條件是給她吃一半,這也無所謂,後來德蘭寄來的錢不能拿現鈔都必需存在存摺中。勞改犯一般都不允許把現鈔放在身邊,據說是為了防止勞改犯逃跑,即使錢存在存摺上,我們也拿不到現鈔。買東西用開大賬的方式,你需要買什麼,由隊裡派人統一去買,然後再分發給你。德蘭得知後,曾寄來一只郵包,裡面是一些糖果和魚乾。我收到後立即將糖果分一半給林修女。有一天她拿出糖果來吃,當剝糖果紙時立即往外走,我很納悶不知又發生了什麼事?未隔多久指導員來找我,問我郵包是誰寄來的?裡面有什麼東西?我照事實回答。他說怎麼糖果裡有五元現鈔,我說我並不知道這件事,如果我知道的話,我一定不會把這粒糖果送給林的,另外我需要現鈔是打算買糧食,而買來糧食是我們共同

吃的。實在我在碭山六年，林家中從無東西寄來，她一直和我分享。指導員也已經知道林的為人，他說「你自己要多個心眼，有的人剪刀兩面快，既要吃你的東西，又要在你的頭上立功，她來回報，我們不得不來問你。」我想兩人同居一室，按理說她是修女，我事事尊敬她，遷讓她，但得不到她的理解，她總認為我丟了教會的面子，被別人稱為最反動的罪犯，不像她年年立功受獎，我無法和她溝通。

也不知消息怎麼傳到白湖醫院，德蘭就下決心實行她的諾言前來碭山探望。首先她必須先到管教叢幹事那裡去開證明同意她來探望，因為在勞改隊中嚴禁同案犯串連，她和我都是因天主教聖母軍判刑，因此在有些隊伍禁止我們有所來往，但叢幹事說胡美玉被判十五年，是司法上的一個極大錯誤，她工作出色，熱愛病人，你們應該幫助她一起度過這十五年的難關。其次向幹部張護士長請假，張護士長說「去看胡美玉，我支持，要幾天假給幾天。」從白湖到碭山既要坐長途汽車到蚌埠，然後換坐火車到碭山，到碭山後還得步行卅餘里才能到達果園場女隊。路途艱巨遙遠。

一九六五年秋的一個中午，我正排隊去領爛山芋片，有人告訴我有朋友來送東西給我，她已在指導員家門口。但指導員不同意，當我匆匆趕到指導員家，果然是德蘭從白湖坐了一天一夜的火車，走了卅餘里路背著廿斤大米和一些餅乾、麵包等食品千里迢迢送來，看到她拿了這麼重的東西，

從碭山火車站步行卅餘里才到我隊,想到如此真誠友誼,我的眼淚便簌簌地落下。指導員開始不許我和德蘭說話,更不允許接受她送來的東西,我告訴指導員說「她來自白湖醫院,這張白紙黑字寫得很清楚,叢幹事對一切負責,雖然我很需要這些食品,但答不答應是你的權利,不過,我的朋友能克服一切來到這裡,我已獲得了世間最真誠的友誼,我很高興。」指導員聽了這話好像有所感觸,遂說「那麼你們談話十分鐘吧!」德蘭告訴我白湖的同伴都十分思念我,需要什麼,她盡量會寄郵包來,對林要寬容、要友愛,送來的東西盡管和她一起分享。指導員同意我收下一些餅乾、麵包等食品,但不同意收下廿斤大米。德蘭一再要求留下也不准。十分鐘一眨眼就過去,德蘭只得很失望地再揹上此廿斤米,她在來信中說回去的路上似乎比來時更覺沉重,最感到沉重的是她無法分擔我所負的十字架。八十年代和德蘭重逢於上海,真想不到我能活到今天。其實若沒有松青媽媽和德蘭的幫助,那很可能我現在是在黃泉之下了。

　　我一生感受真正的財富不在於金錢,而是能得到最真誠的友誼。尤其在天主內的愛情經得起任何考驗!

第五十四章

飛來橫禍

「你們知道嗎？胡美玉出了一個重大的醫療事故，這下子好了。隊裡以前開了多少次批鬥會？批鬥她不認罪。現在已找到她的碴子，這次肯定要加刑，我們等著看她的好戲。」隊裡有幾個思想非常靠攏政府的囚犯（專門做小回報的）在議論著。

「這次美玉的事不知是否可以逢凶化吉，如果楊管理員的愛人（太太）打針後有什麼後遺症的話，政府一定不會放過美玉的，為她實在擔心。」有些年紀大的囚犯在說。

也有的在說 「胡美玉已是個堅持反動立場的反革命分子，竟敢用醫務工作進行階級報復（對政府工作人員進行謀害）這樣的事故恐怕要在全省範圍內見報了。」

這件事發生在一九七〇年秋，地點碭山果園場，那時正忙於收果子的季節。我剛從工地回來，楊管理員來叫我趕快到他家，替她太太打「複方奎寧」針 因她感染到瘧疾，下午三時開始要畏寒發冷，所以按醫療常規必須在發作前兩小時注射奎寧針。我聽楊管理員一叫，連到食堂去打飯也不

第五十四章　飛來橫禍

去了,匆匆趕到他家,只見楊太太剛自工地回來,因為收成季節,政府工作人員的家屬都參與工作,隊裡付給很高的工資。所以這些家屬們都要錢不要命的拼命去幹。她說「趕快給我打針,下午我還得去收果子。」我立即替她注射了兩支複方奎寧。注射畢我將針筒和針藥包帶回門診室。正當我拿了飯碗要去食堂時,只見楊管理員匆匆而來,氣急呼呼地說「胡美玉,你剛才打的什麼針,我太太昏死過去了。」我的心頓時好像跳到喉嚨口 兩腿發軟,到了她家 只見她倒在床上,喚她也不醒。我說「管理員請立即通知醫院來急救。」我守在病人身旁,數著脈搏呼吸也檢查了瞳孔正常,對光反射也有,但為何怎麼呼叫都不醒。楊管理員首先去了門診室,囑那位修女查看了我所用的針管以及針劑的安瓿,當然他沒有發現我用錯藥物或劑量,否則一定立刻將我用手銬銬上。即使他未發現差錯,但仍將針管拿在手上,待場裡醫生進一步驗證。未隔多久,場裡來了醫生,忙著量血壓體溫等等,並且掛上了葡萄糖水。同時詳細詢問我為何在打奎寧針前不做過敏試驗?我說「醫療上從來沒有這項規定。如果打青黴素不做過敏試驗,那是我的失責;打奎寧就不一樣。」他們查來問去也說不出什麼名堂,但由於他們是政府工作人員是朝南坐的,一切都有理,而我是囚犯,步步都是錯。同時楊太太持續昏睡,我再有理也是跳在黃河洗不清了。最後他們向我宣佈「現在

要看楊太太的病情發展，萬一她有三長兩短，你吃不了也要兜著走，法律不會饒恕你的。」那時我的心像掛上十五只吊桶七上八下，我沒有拿錯藥，也沒有用錯劑量，上午剛從工地汗流浹背回來，而那位修女在家坐了一個上午。醫療工作和體力勞動不同，體力勞動多做一些頂多累一些而已，而醫務工作不做則不會出事故，若做得越多，則出事故的機會也越多。我也明白這一道理，但她非常乖巧，能不做的則盡量不做。而我內心的良知驅使著我時刻以救死扶傷的精神去對待病人 因此去工地巡迴的是我，踏雪踩冰到幾里路外的小菴子（果園看守果樹所居住的小棚子）去看病人也是我，至於政府幹部家的病人有些大幹部，如 指導員隊長家都是那位修女去的，至於管理員等的一些小幹部家都是我去的。

我自一九五八年第二次入獄判決後，至一九七〇年已達十二年之久。有時算算瞎子磨刀已快天亮了，雖然刑滿後仍需留場就業不能回家，但畢竟可以有少量的生活費（每月約兩美元）對於在苦海中的囚犯 即使是這細微的改善也感到高興，至少每周可到食堂去買幾次炒肉絲吃吃，總比現在三月不知肉味好些。現在由於這飛來橫禍恐怕連這個希望也將撲滅了。漫長的十二年在痛苦的沙坑中滾過來的，但沒有一種禍害比這次更使我難受，我的心在痛，我的精神在煎熬，天主啊！你怎麼允許這樣的事發生在我的身上，也許這個考驗連古聖約伯都沒有受過的。你深深知道我和病人的地

位如此懸殊，萬一他們要在我的身上做文章，將我做為典型來警戒那些不肯「悔改」的反革命份子將我加刑到無期或拉出去槍斃，都是可能的。再一想我也想穿了，本來我就不打算活著回去，如今父母雙亡，孤身一人乾脆一槍送我上天堂倒也痛快。但使我難受的萬一楊太太走了，她一家四口尤其兩個未成年的兒子失去媽媽，我將以什麼來賠補他們呢？中午飯我未吃一直陪著她，兩眼直盯看葡萄糖水一滴滴地下，楊管理員說：「你回去吃一些，我來看守一下。」回到隊裡，就聽到吱吱喳喳的各種議論。急匆匆地吃了幾口飯，那位修女對我說：「一人做事一人當，這事與我無關，你不要將我扯進去。」我聽了很不是滋味，和她相處六年以來，好事都是她的，壞事都是我的，我從不抱怨。為何再要在我這麼痛苦的時刻再來刺我一下呢？

夜已深了 只見楊太太嘆了一口氣說 「口渴，口渴，給我點水喝。」我立刻去替她端水倒尿。她說 「我實在太累了，早晨也沒有吃早飯，中午剛回來就打針，一直到現在一天沒有吃過東西。」我急忙請楊管理員給她燒些東西吃，我仍不太放心，一直陪她到天明 只見她睡得呼呼的，她是否知道身邊的那位囚犯幸虧對天主有足夠的信德，不然早已被她嚇得魂也出竅了。

在勞改營中政府工作人員和罪犯之間有著不可逾越的鴻溝，但畢竟大家都是人，他們冰冷鐵石心腸也許是由於職業

上的需要，也並非天生就是如此。我們以火熱的心，以天主的愛相信，終有一天能融化他們的冰心。

一九七一年當我由碭山調往宿縣第三監獄時，隊裡囚友們一片依依不捨之情，沒有想到楊太太親自上門診室來和我告別，她說：「那次事情實在因我太累太餓的情況下要你打針，害得你日夜不安。」我說「豈僅是日夜不安，我打算為你去吃槍子了。」臨行上車時她的小兒子匆匆趕來，拿了兩只黃瓜塞在我的手中說：「媽要你帶著，路上口渴了沒有水喝。」兩只黃瓜也代表她的心意，但願她認識我的愛人之心。

我的心已滿足了，因為在實踐中我已體會到全能者天主是我們的舵手，在祂的船上，即使是狂風駭浪，也總是有驚無險。

第五十五章

遺　憾

　　我一生縱然歷盡坎坷,但極少有真正的遺憾。我確信一切都是天主安排的,一切至少是天主所允許的才能發生,無論患病災難,我都認為這是生命中的必然,不值得遺憾,但這一次我真正感到遺憾了,這究竟是怎麼一回事?

　　大約在一九六九年冬的一個深夜,我睡得正酣,突然聽到醫務室窗口有人不斷地在叫我——「胡美玉,胡美玉,快起來,我們小組的陳李氏不見了。」我說「你小組人不見了,不是我的事,你們到處去找一下,也許她上廁所去了。」隔了大約十分鐘,院子裡傳來了一陣非常驚嚇的呼叫聲,我立即穿好衣服,那時已有人來到醫務室,結結巴巴地說;「小組長孫蘭英在一間放雜物的屋子裡見到陳李氏吊在樑上,你趕快去看一下,是否還有救?」我背著藥箱,手提煤油燈,緊緊的跟在她們後面。雜物間一片漆黑,只靠著我的手提煤油燈的一絲光線,模模糊糊地見到陳李氏雙腳筆直地吊在樑上,小組長已驚嚇得昏厥過去,我只得叫人把她扶回工棚,其他兩人跟著我,我也確實嚇得手足無

措，怎麼辦？首先要放她下來。我怎麼有勇氣、有力量做這件事呢？幸好有一位自告奮勇的王椒英，平時她一貫搗蛋，是個擺不平的三角磚頭，但她也不欺侮我。在此時她在我的身邊，倒豁出來拔刀相助了，她說「胡美玉，不要怕，我來放。」說著她去扛了一把梯子，拿了一把剪刀。我說：「王椒英，聽別人說如何放上吊的人的方法很有名堂，放得得當，還可以有救，如一下子將繩子剪斷，就無希望搶救。」她好像很有經驗的腔調地說：「你摸她的雙腳都已冰冷筆直，這是上半夜的事，根本無法搶救了。」她邊說一手剪繩，一手扶著屍體，三下二除五，在只有一絲光線下，她乾淨俐落地扛著屍體從梯子上下來，接著我將她抱在懷中，仔細地檢查了一下瞳孔，已放大，無對光反射，再聽心跳早已停止，呼吸當然也消失，遺體已顯得有些僵硬。我說：「王椒英，你將我的藥箱打開，取出注射器，雖已無法搶救，但按醫務規則，死前必須採取搶救措施。」於是我直接向她的心臟注射了一枝強心針，雖無效但必須做。

接下來我頭腦很清晰，一定要立刻回報指導員，我和王椒英兩人一起去指導員家中，一聽到這樣的事發生，指導員也不敢怠慢，他說「搶救第一，上面規定隊裡不准死人的。」我說「死也死了，雖作搶救，但根本無效。」過了十分鐘，指導員也來到雜物間，鑑定一下陳李氏確實死去，囑咐小組中派六個強勞力到沙灘去挖一個坑，立即埋

葬,明晨不許三三兩兩傳播這條消息,別人問就說不知道,我心想這樣的大事,怎麼能瞞住?也不去管它了。

　　我請求指導員給她一條草蓆,連同她自己的被子將她捲好,跟著她們一起到沙灘上挖坑。那時大約清晨四時,我要求他們將坑挖得深些,不然大風一刮,屍體暴露在外,容易被野狗咬食。她們一面挖坑,一面也在納悶,陳李氏是小組中最好的好人,什麼事都肯吃虧,也不知為什麼一下子思想想不開,走此絕路。

　　我和陳李氏相識已有數年,她大字不識一個,一雙三寸金蓮的小腳,自己一輩子連個名字也沒有,結婚後就叫陳李氏,因家境貧苦,無路可走,才去信仰一貫道。我也不知中共怎麼去估量這位農村婦女的,像這樣的人能有多大的反革命能力。她被判十五年,丈夫已亡,被捕後,兩個兒子流離失所,真是家破人亡。開始政府分配她在果園旁的一個很小的A字工棚看守果樹。我常常背著藥箱去看望她,她從心裡喜歡我,每次我去她處總要塞給我一些吃的東西,有時她從田裡拾到一些花生米(別人秋收後沒有收乾淨的),她將它炒得噴香,自己捨不得吃,留著給我;有時她在果園中捉到一些「知了(蟬)」,在火上烤過後給我吃,好像有點廣東龍虱的味道。總之她一見我去有說不出的愉快。她還親手為我做了一雙「毛窩子。」這是用木頭做底,面子是用蘆葦一根根編出來的,後跟很高,與地面隔離有幾寸,在嚴

冬臘月穿著它非常保暖。她常常掛念她的兒子,不斷對我說 「我被捕後也不知我的兒子們如何過日子?」

後來不知誰到隊裡去回報,說 「她思想仍然反動,一點也不認罪,給她分配看果園,不妥當,萬一她逃跑,又怎麼辦?」指導員也不經調查,就將她調到大田組,大田組要打藥、施肥等等,勞動強度很大,她這雙小腳怎麼能忍受?在她自盡那天的中午,隊裡貼著一張告示說:「縣城裡有些人被捕後,因罪惡深重,又拒不認罪,其中有兩人被處以死刑 立即執行。」據有人聽陳李氏說在佈告上被槍決中有一個是他的兒子,是否因此事,她萌生厭世之念,誰也無法證實。

我遺憾的是這麼一位善良的好人,她個性本來就很內向,再加勞改隊動輒有人回報,她怎敢隨便向別人說心裡話,她和我無話不談,但我很少用教會的道理去啓發她,幫助她樹立生活的信心,特別在她被調到大田組,我有責任去為她向指導員說明情況,她不宜在大田組作重體力勞動,我犯下「多能為善而未之為」的罪行。如果我說了,也許指導員會考慮,也許不會有如此的悲劇發生,這是一生中最大的遺憾。

一個月以後,她兒子帶了一些簡單的物品來探望她,指導員怪他為何不來信給她媽媽,他媽因見到有一同名同姓的被槍決,誤認是他因此才走上絕路。她兒子走到埋葬之地,

幾乎要落地三尺陷下去和他媽同埋於此，我勸他「人死不能復生，不要說你，我也十分難受，今後自己多多保重，以慰母親在天之靈！」

我在寫這篇文章時，陳李氏清秀俊美的臉龐重新又出現在我的腦海，妳在哪裡，陳李氏，我永遠也難止我心頭之創痛，永遠也難擺脫我這遺憾的困境。

他的兒子也許比我更遺憾，已成事實的已無法改變，但天主是超時間的，也許天主聽納我們今天為她的祈求。她一輩子是好人，從未作惡為歹，她的自盡也許是由於她痛苦太深一時無法解脫所致，求天主在她臨終前一刻賞賜她能認識天主，接受天主教信仰的恩寵！

238 樂在苦中

扛屍

第五十六章
為于右任捐軀的小尼姑

我在碭山果園場時,有一位和我同小組中的小尼姑——姓陸名青雲,據她本人私下對我說她原是個被人遺棄的孤兒,後被上海市陸家觀音堂的當家尼姑所收養,那時她連名字都沒有,後來持家尼姑說:「這裡是陸家觀音堂,那你就姓陸,取名青雲,希望你將來能平步直上青雲。」她是被劃為反革命犯的,到底什麼樣的反革命?說來也很可笑,她所在的陸家觀音堂的大堂供著一尊很大的觀音菩薩塑像,在此塑像頂部多少年來一直懸掛著一塊由于右任所題的「普渡眾生」橫匾,在共產黨佔領上海以後歷次運動中中共曾數次動員尼姑們將此橫匾取下,原因是于右任是國民黨元老,是大反革命份子,不允許他的手跡出現在中國大陸的土地上。但這位小尼姑一再向當家尼姑要求 「這裡是佛門淨地,與世無爭,更和政治無所瓜葛,況且于老夫子是個讀書人,既不是貪官污吏,又不是什麼反革命份子,他所寫的也是大家公認觀世音菩薩,是普渡眾生的。在這位小尼姑的堅持下,這塊橫匾一直掛到一九五八年。有一天有數個

警察直衝觀音堂親手將橫匾拿下,在這時陸青雲奮不顧身和他們搶奪,由於這一舉動立即就遭被捕。數月後判刑七年由上海押送到碭山果園場。陸青雲實在是個文文爾雅,從不與人計較,從不與人爭吵的老好人,我從內心十分尊敬她,因她是位正直的人,願為自己的信念付出代價。碭山果園場是所有勞改單位中反宗教最激烈的一個單位,那麼陸青雲也當然是每次運動必當靶子來打的對象,如開批鬥會往往上半場是她的,下半場則輪到我了。我記得我曾對她說過「如果沒有你的話,恐怕所有的砲都要對著我了,我感謝你也為正義受到窘難。」

在剛開始時即使批鬥了她,中共幹部查看了她的檔案,說她出身清貧,也從未和國民黨有任何關連,所以認為她的犯罪也是因情緒比較激動而已,但在勞改營中每年一次的冬訓學習,幾乎每人都必須罵自己罵得比狗屎還臭,比劊子手更兇惡殘忍。但輪到這位小尼姑發言,她左一個于老夫子如何博學多才,右一個于老夫子是個德才兼備的學者。她堅決表示在任何情況下她不可能承認于右任是反革命份子,至於她自己所謂的罪行完全是莫須有的罪名,因此她永遠不會認罪。每逢她如此發言,隊裡總是立即召開大型批鬥會向她砲轟。試想在無產階級專政下的勞改營中怎能允許你如此讚美歌頌國民黨元老呢?但開批鬥會也好,關她禁閉不給吃飽也罷,再問她對自己罪行的認識時,她仍然紋絲不動地說

第五十六章 為于右任捐軀的小尼姑

「于右任老夫子是個學者。」

一九六五年她刑期已滿,但始終未獲釋放,在一九六八年文化大革命開始後,對她的人身攻擊更是劇烈,幾次三番剝去她的尼姑衣服,剪掉她的頭髮,後被加刑到無期徒刑。於一九七一年和我一起押調到宿縣第三監獄,據說監獄一直將她關在禁閉室,不允許她和任何人接觸。在監獄中往往有這樣一個慣例,當一次大運動開展時總要拉出幾個比較頑固的犯人去槍決,以起到殺雞儆猴的作用,看你們誰不老實,誰也可能有如此下場。一九七二年秋,監獄中又掀起一打三反運動,人人必須自己深挖犯罪根源以及檢舉他人立功贖罪。我暗暗的為陸青雲擔心,前兩批槍決名單中沒有見到她,不知這一次是否能免於一死。數天以後,果然不出所料,犯人中也有個別消息靈通人士悄悄地對我說 「你是否碭山調來的,有個小尼姑叫陸青雲的已判死刑立即執行,恐怕明後天開大會時就要執行了。」現在每隔兩個小時就有兩個幹部去問她,如果她說 「我認罪了。」她就可以免於一死,因為她畢竟是言語上反動。而沒有實際的行動。第二天我也曾見到中共幹部頻繁地往陸的禁閉室去,有個幹部見到我問道 「你認識陸青雲嗎?她實在太頑固了,我們等待她那麼許多年,用各種方法教育她,但始終抗拒,也只得將她處極刑了。」我說什麼?讓她活著又會對國家、對人民帶來什麼危害?中共大權在手,要處決一些罪犯是輕而易舉

的事,但應該承認勝利的是陸青雲,政府無法用權力來奪走她的信念。

　　第二天清晨有人告訴我陸青雲去刑場時十分從容,異常鎮靜,不要求喝酒或其他什麼,也許她感到高興的是至死忠於她所敬愛的于右任老夫子!

第五十七章
可敬可愛的施惠英姆姆

　　施惠英姆姆是上海仁愛會修女，被捕前是著名的廣慈醫院洗衣間姆姆。一九五八年被捕後因反對人民公社及效忠教宗的罪名被判刑十年。這真是天曉得的事！她既非聖母軍也沒和任何神父來往，她只是仁愛會中最默默無聞的修女，卻為堅持信仰被處以重刑，六十年代被押解到碭山果園場，她住在看管果園的A字小工棚，在數九寒天時，室外是攝氏零下卅五度的低溫，她的小工棚無任何取暖設備，每晚只能和另一位老媽媽蜷伏在一起，以彼此的體溫取暖，苦等天明。她雖沒什麼高深學問，但對天主的事卻有非凡的超見，她常對我說「這個隊三百餘人的生命都在你們醫務的手中，妳應該像善牧一樣看護妳的羊群，該給別人病假的一定要給，那怕被指導員訓斥，妳要頂住，另外千萬勿接受別人送妳的東西，所謂「吃人的嘴軟，拿人的手短，要公正，一定先要無私。」

　　那些年我在勞改隊中作醫務，一直以施姆姆的話為座右銘，想想她的話哲理有多深呀！她是位極普通的修女，卻有

一顆超凡的愛人的心。近幾年中我曾回上海兩次，每次她總是從金山縣拎著一籃子的雞蛋來看我，她說：「你在美國吃不到這樣的雞蛋，我的雞都是自己餵養的。我什麼都不需要，吃的、用的樣樣富足有餘。我常常想念妳和妳的全家，但願妳一直保持神修的精神，不要在花花世界中迷失方向，人要變壞是很容易的事，難就難在一生堅持信仰到底，我沒有什麼可以給妳，不過每天為妳和妳的家庭唸一串玫瑰經，大約卅年來我從不間斷。」

世界上誰能比我更幸福，有一位修女終生在為我祈禱。如此忠誠純真的友誼只有在教會中才能覓到。施姆姆已年逾八十，目前我有時和她通通電話，她說每天忙於替別人送善終，參加追思禮儀。她村莊中的教友都很熱心，家中有任何婚喪喜慶都請她去唸經。她的一只肺已硬化，一到秋冬天咳嗽氣喘劇烈，但多少年來從未聽到她有任何抱怨之言。她的生活費現在仍由勞改農場發給，但有時一拖欠半年不發，而她始終穩如泰山，從不為生活焦慮。她常常說「既然在勞改隊中廿多年的生活，天主無微不至的照顧，現在還不放心幹什麼？

施姆姆學問平平，更沒有什麼社會地位，但她對天主的一片忠心，對慈母聖教會的熱愛，使人一見到她，就感到一種超然的力量，她真是一位我們值得效法的善表！

第五十八章

土皇帝

在勞改單位工作的政府幹部一年到頭也和我們一起在窮鄉僻壤，或荒無人煙的地區工作。似乎他們也為「革命工作」做出了貢獻。但在勞改隊時間較長的犯人都知道，在勞改隊當幹部比做大官權力更大，油水更足。真所謂一人之下，萬人之上。過去奴隸主即使擁有上百的奴隸，但這些奴隸都屬於沒有文化，沒有特殊技能，同一層次；而勞改隊中犯人既有名教授、大畫家、精通幾國文字的翻譯家、能工巧匠一大批。任何幹部對這些人可以呼之即來，喚之即去，不管什麼人都可以為他而服務。

先從幹部家的傢俱說起，他們的傢俱都是由隊裡造房子用的最好木料做成，犯人中往往有高級的木工，可以叫他們暫時不做公家的事，先替他們做傢俱。有時他們的家屬也會拿來一些零星小木料，說起來是用自己的料加工的，有的不但做他們自己的傢俱，連兒子討媳婦的新房傢俱也是犯人所做的。木料是公家的，犯人勞力是不付錢的，這是無本萬利。至於他們家中養的豬、雞、鴨、鵝一律交給犯人食堂代

理，用的是犯人的口糧，花的是犯人的勞力，如有意外，還得由食堂中飼養的大批家畜中拿出來賠償，這是十足的倒貼。幹部在犯人菜園中買菜，當然挑的都是時鮮菜，韭菜要吃頭刀的，油菜、小白菜，老葉全部剝去，只留下菜心，而且三斤算一斤。西瓜要切開後吃過再付錢。他們說不甜，可以不付錢。誰敢和他們爭理。菜園的組長就憑這馬屁功能穩坐家裡，不幹重活，僅記記帳而已，如果得罪了幹部，要常年穿小鞋，其苦難言。

照規矩，幹部以及家屬有病都不得在犯人門診室看病，當然也不能在門診拿藥。但只有極少數的幹部遵守此規則。那時抗生素非常緊張，幾百個犯人僅分配到廿瓶青黴素，根本不夠應用。但他們有一點牙痛或咳嗽，非指名要打青黴素，一打就是八、九瓶，若拒絕，他們大權在手，可以趕你出醫務室，到大田勞動。我在門診室根本不買他們的帳，我對指導員說「我沒有青黴素，這麼許多犯人我保證不了不出人命，如出事指導員你是第一個要負責任的。」他仔細想想也是有道理，他自己有病完全可以到附近的醫院去。

勞改犯中也有手藝很好的裁縫。幹部家要做衣服就叫她不要出工，這家做好轉那家。犯人做衣服總比在大田勞動好，所以也會很樂意去做。有的會畫國畫，有的擅長書法。待幹部有送別人書畫的需要時，就請他們在家作書繪畫。犯人中有大學生的，便召來為他們的子女補習準備考大學。

有時一補習就是幾個月。有的犯人說補習倒無所謂，但不能包考上大學。萬一考不上，不能因而處罰我。所以在補習時也是膽顫心驚的。據說「近幾年來還有要求補習外語的。」

有的在刑滿留場就業中隊做幹部的油水更大，所謂就業人員刑滿後仍不准回家，而留在勞改隊中，他們和勞改犯不同的是有些工資（大約每月拿到六美元工資）大約每兩年可請假探親一次約十到十五天。請探親假是否批准就要看每人的本領，其主要的關鍵在於疏通有關的幹部，而疏通的最好手段，是答應他們到上海「買香煙」或「衣服」等等。所謂「買」，就業人員回來後不好意思向他們要錢　因此每人就變相的每次回去必須孝敬幹部一包東西，才能准假。如果一個隊有兩百人，那麼他們的額外收入是很大的。

當然不是所有的政府幹部都是如此，也有個別十分廉潔非常奉公守法的。使我最感動心服的還是白湖醫院中的一些幹部醫生和管教幹事。他們十分尊重我們，常常說「你們犯的是國法，我們無權使用你們為我們私人做什麼事情」，數年相處以後他們常常誇獎天主教友的愛人精神。後來各病區的負責護士以及倉庫等都交給教友掌管。記得有一位幹部醫生，他處事非常英明果斷，病區中有一位護士一直盯著回報他，我的思想如何如何反動。這位幹部一聽，就對她說「為什麼胡美玉不對別人說反動話而和你交談

如果你是思想很進步的話,她怎麼敢和你說起反動話來,我憑你的回報,胡美玉是否反動,我還需查證,但你思想不健康已是肯定的了。」這些話說的此護士啞口無言。事實也是如此,人與人之間確實如此,你有前言,我才有後語。只有大家有共同的認識才交談得起來。這位幹部一貫主持公義,所以在他的帶領下,不太有人作小回報。

其實說穿了做土皇帝的也不僅是中共勞改幹部,我來到美國後見到某些慈善機構的頭頭不也是照拿著別人的捐款遊山玩水,吃喝玩樂。當人的自私膨脹到一定的程度,不論在什麼單位,擔任何等職務,總會想盡一切辦法叫眾人圍著你的指揮棒,勞改單位情況比較特殊一些,容易一目了然看清,其他的有時往往披著一些其他外衣。但一切的人將來都要面對天主,任何的罪惡如果不悔改,都不能得到公義天主的豁免。

第五十九章

送一輪明月

我在中學求學時曾反覆閱讀了雨果所著的《悲慘世界》。其中有一段最使我感動的是——本堂神父請逃犯冉朗飽餐一頓，待他吃飽後卻將神父的銀製餐具偷走了一些。結果被警察抓住，把他押到神父那裡，神父一見即靈機一動對逃犯說「先生剛才我送給你的全套餐具，怎麼你還有幾只忘了拿走？」警察聽了此話，只得將他的手收回，不再放在逃犯的肩上。

寬恕是吾主耶穌親自說的，這是愛人中的最高級。我在日常生活中也勉力向那位本堂神父學習。有一件事使我終生難忘。那是在生活艱苦的勞改營中 當時在皖北碭山果園場，那裡因地處黃河故道的沙土地帶，冬天異常寒冷。和我在一小組有位難友是因偷竊判刑，家中幾乎不寄東西給她，因此在低於零下卅度的氣溫，她也只穿著一件政府所發的大棉襖，根本不能禦寒，而我則有兩件毛衣，一件絨衣。有一天大雪紛飛，樹上都掛著冰柱，好像在水晶宮一樣。清晨起來大家見她棉襖內穿著一件毛衣，就吱吱喳喳地議論開來。

有人說 「她根本沒有收到過郵包，哪來的毛衣？」有的說 「她不是偷便是騙，一定是歪門邪道搞來的。」還有一個快嘴丫頭說 「這件毛衣是胡美玉的，我看見她穿過。」就這樣說著說著她們就決定去向管理人員回報一定要好好追究這問題。

下午放工時就有人來對我放空氣了 「今晚要開生活檢討會有關你的毛衣。」說實在的我根本還不知道毛衣已經不在的事，回到工棚急忙看了一下旅行包毛衣果真不在，丟失一件毛衣當然心痛而且又遭來橫禍，今晚在批判會上我該怎麼說呢？若說不是我的，那要我出示這毛衣，我又拿不出；若說是我的，那麼她的罪名不是就成立了嗎？在改造期間惡習未改，嚴重的可加刑。怎麼辦呢？」晚飯後兩位政府工作人員來到我們小組，氣勢洶洶。首先一管理人員直截了當問我 「XXX所穿的毛衣是你的嗎？」我回答說「正是。」「那麼你的毛衣怎會穿在她的身上？」大家都屏息地在等待著回答，有的在著急，有的在幸災樂禍，巴不得XXX得到應有的懲罰。我不驚不慌地說 「XXX勞動很積極，這麼冷的天一早趕到果園去檢查蟲害，她沒有毛衣容易受寒感冒，我做醫務的應該預防為主，因此我把自己的毛衣送給了她，僅僅是為著她的需要。」兩位管理人員久久講不出一句話來。隔了半響，其中一個喃喃地說 「胡美玉，你下次要送東西給別人也得向政府部門請示一下然後再

做。」後來他又用著十分官腔的口氣對大家說 「今後向政府回報要了解清楚再說,不然冤枉了好人不太好。」

　　隔了幾天,我在廁所中遇見XXX。她見到我熱淚滾滾地對我說:「我永遠不忘你對我的恩情,若不是你救我,這次我可能要加刑。」我語重心長地對她說 「這件事也可以說怪我,你睡在我的旁邊,你沒有衣服取暖,我沒有主動來關心你,這已經說明我愛人之心很是膚淺,今後我要努力改正。至於你今後如有什麼需要,不要不打招呼就拿別人的東西,這是不道德的,我不指望你感謝我,但確實盼望你能改正惡習。」從此以後她與偷竊惡習一刀兩斷,成了一個以助人為樂很有品格的人。在一九七二年我們分手時,她說「你是我一生中真正教育我的老師,青年時我偷竊扒拿,父母只是責怪我,用鞭子棍子打我,雖痛了我的皮肉,但沒有使我的心靈受到溫暖,沒有喚起我的良知,所以多少年來沉溺於罪惡中,是你的榜樣照亮了我的雙眼,使我認識了什麼是人間的真善美。」

　　寬恕和教育也不是萬能的,在上海看守所時,有一位慣偷和我,兩人關在一個號子裡,她是患有「偷竊癖」的,不論便紙、肥皂、牙刷、牙膏等,她樣樣要拿,即使她自己有很多,她的手還要伸到我的包內,拿走我幾乎所有的一切,她引以為樂哈哈大笑。我數次善言相勸說 「如果你見到我包中有你所喜歡的東西,請告訴我,我一定送給你,但千萬

不要擅自拿去,至於便紙、肥皂,你媽媽已替你送來這麼多,何必再把我所有的拿去,這些東西雖不值錢,但有時一張便紙比一張十元錢的鈔票更值錢。」據我所知,多少年來,她一直惡習未改,曾加刑數次之後釋放回去成家,現在連她的兩個兒子也是慣竊犯,曾數度入獄。罪惡之根已傳延到下一代,可悲可怕,令人髮指。

最後讓我用林清玄所講的一則故事來結束此文。一位在山中茅屋修行的禪師,有一天趁月光到林中散步後往回走,眼見自己的茅屋遭小偷光顧了。找不到任何財物的小偷要離開時在門口遇到了禪師,原來禪師怕驚動小偷,一直在門口等待。他知道小偷找不到任何值錢的東西,早已把自己的外衣脫掉拿在手上,小偷遇見禪師正感驚愕。禪師說「你走這麼遠的山路來探望我,總不能讓你空手而回,呀!夜涼了,你帶著這件衣服走吧!」就把衣服披在小偷身上,小偷不知所措低著頭溜走了。禪師看看小偷的背影穿過明亮的月光,消失在山林之中,不禁感嘆道「可憐的人呀!但願送一輪明月給他。」禪師目送小偷走後,回到茅屋赤身打坐。第二天他在陽光溫暖的照撫下,從禪室裡睜開眼睛,看到他披在小偷身上的外衣被整齊地疊好放在門口。禪師非常高興,一遍又一遍地說:「我終於送了他一輪明月。」

第六十章
緬懷章顯猷神父

　　一九七三年我刑滿後由於我的家在上海，所以即使刑滿後仍需留場就業，地點是在安徽省皖南地區南湖農場。南湖因地處山谷，溫差也和碭山差不多，夏天熱不可擋，冬天冷不堪言。碭山雖然吃的全是高梁窩頭，爛山芋片，但畢竟我們終年可以用較低的價格買到新鮮的蘋果、生梨等吃，尚可度日。我調去南湖時，農場也是在新建階段。所以各方面條件也並不比碭山好。漫長的刑期盼到了頭也仍是換湯不換藥。不過可以試試請探親假，每隔兩年一次，費九牛二虎之力拿到一張請假條。在上海一晃十天就過去了，好像我手裡捏著一只五彩繽紛的肥皂泡，拿著手裡空、空、空卻還有些粘答答的感覺。

　　在南湖農場我有幸遇見了兩位有聖德的神父，其中一位是章顯猷神父。我認識章神父是在一九五〇年，他昇神父不久常常到震旦女中給同學們上教理課，他籍貫浙江寧波和我同鄉，所以我往往用道地的寧波土話和他攀談，感到格外親切。他給我留下最深刻的印象是他在震旦女中的教友們領了

一次避靜，避靜中反覆強調有一個永遠的地獄，地獄是永遠的，它的火焰永燃不熄。當我在監獄中多次思想鬥爭，想妥協投降時，這個警言就在我耳邊響起，這警鐘敲醒我想做叛徒的想法，至少為怕地獄永火也不敢犯罪，後來在監獄中遇見熟悉的教友就劃個十字說句「有個永遠的地獄」彼此常常磨礪，免陷於誘惑。

我有位同班同學章熙華，她於一九五○年進教，那時風聲漸緊，她家又全是外教，兩位已進教的姐姐已遷居美國，所以她時常擔心萬一正式教難來臨，如何應付，我建議她請一位神師作為指導。那時女中的教友，尤其是新教友，時興每人請一位神師神父，靈修以及其他問題可以有人指導。我對熙華說「我替你介紹章顯猷神父，一來你們的名字很接近，好像兄妹倆，再則不要請名牌神父，他們太忙，有時往往因為太忙而對你疏忽。」就此熙華每周去看章神父。他不但耐心聆聽熙華的交心，並且細緻周到的幫助她分析各種困難，如何應付。有一次甚至幫助熙華完成了高等代數的家庭作業，他說「數學是我的專業，我可以輔導。」

一九五五年章神父被捕後，熙華在種種威脅利誘下控訴，檢舉後立即得去廣慈醫院工作的機會，誰知到一九六八年文化大革命，廣慈醫院是所謂「牛鬼蛇神」集中之處，所以砲火特別猛烈，熙華因海外關係，聖母軍副會長，資產階級出身，因此成了眾矢之的，在重重壓力之下，她打開了煤

氣，告別了這個世界。對我來說這也是一個無法彌補的心靈創痛。

就在一九七四年於南湖勞改農場遇見了章神父，他正在替別人稱茶葉上賬。我特地走過去，雖然相隔廿年，他依然能認得出我，我猶豫片刻是否要把熙華的悲慘結局告訴神父，還是乾脆不提。想來想去，熙華實在需要有神父替他獻彌撒，我還是實話相告。我只說了一句話「神父，我不得不告訴你章熙華已於一九六八年自殺身亡。」他聽了身體搖晃了一下，面孔都刷的變了色。他見我心裡十分沉重，勸我說「好在天主面前沒有時間，我們為她祈求吧！」神父，你不是說獻彌撒是有效的祈禱方式嗎？天主一定已接納章神父為熙華所獻的彌撒和祈禱，但願她在臨終的最後一刻有痛悔的機會。

自一九七九年開始章神父和俞建華以及其他兩位教友一起調到合肥市的一個勞改單位——合肥市二輪客廠附設的翻譯公司。他們四人睡在同一房間，章神父就利用這一機會每天舉行彌撒，每星期日他們常出來，大家聚首教友家庭。我也幾乎每次都去，章神父很少說話，也從來不願接受教友饋贈或幫助，他說「你們教友有家庭，有子女，各種困難多，我一人吃飽，全家飽。我怎能接受你們的幫助。」後來一九八〇年得知他患了胃癌，朱洪聲神父曾數度到他家中去探望他，勸他離開他任教的安徽師範大學回到上海。他婉

言拒絕,一則他不願給他的外教親屬添加麻煩,再則他不願花他的修會(耶穌會)的經費。從他病重病危一直到臨終都在安徽師大。俞建華親侍在旁。

他於一九八四年十一月七日正當朱樹德、朱洪聲第二次被捕之日,天主召喚了祂的忠僕 LOUIS 章顯猷神父歸天得到他應有的賞報。

朱樹德神父

朱洪聲神父

■二位天主的忠僕──上海的耶穌會士

第六十一章
是有期,抑無期?

在勞改隊的犯人沒有一個不是扳著手指在算著自己的刑期,雖然也明知刑滿後仍需留在勞改隊中就業。勞改與就業之間雖僅僅五十步與一百步之差,但每人的刑滿日期總像一塊里程碑,標誌著人生已告一段落。

我是在安徽省第三監獄滿期的,這第三監獄對外稱宿縣布廠,布廠內刑滿的犯人很少,因為它主要關押的都是重刑犯、無期徒刑犯,偶而聽到有人將新生(刑滿)好似給監獄帶來了充滿活力的春天。我自己在這段時期也難免千絲萬縷,回想過去道路崎嶇坎坷,和我一起投入改造的約有一半已歸天,其中有絕望自殺的不少,餓死病死的更是纍纍,我自己也數度患重病,生活於死亡邊緣,也不知後來怎麼能奇蹟般地痊癒。

從一九五八年到七三年漫長的十五年的分分秒秒,日日月月,年復一年,這是厚厚的一本天主對我的恩寵史。卑微的我不知辜負了多少天主的恩寵,浪費了無數寶貴的時間,在天主的光照下見到了自己的醜惡,這醜惡激發我走向耶

穌，信賴耶穌的仁慈，我要把過去的罪惡放在耶穌的聖心中，求耶穌用愛情之火將它燒毀。刑滿不等於釋放，前面還有望不見的盡頭，我把將來放在天主上智的安排中，天主已用過去來證實祂對我的關懷，將來難道天主能棄我不顧嗎？至於現在但願我善用每一分秒，為自己為罪人做補贖。

天主真是一位最好的設計家，被捕、投入勞改在世俗的眼光看來，是人生中最不幸的不幸，但天主卻把我十五年的勞役變成了一所大學。我的專業是醫務，如果沒有勞改隊廿餘年的醫務工作經驗，在家人，尤其是高齡的婆媽有病時我無法悉心照料。難怪前年婆媽因中風住院時，當我戴著手套為婆媽從肛門掏大便時，一位護士說「你做得那麼熟練自然」，我常常對親屬說在勞改隊我並沒有浪費時間，在國內家人有病時，都是我自己診治，如果我們一患病就吃這藥吃那藥，抵抗力會越來越差。婆媽今年九十五歲，中風數次，現在家中仍能燒飯、餵狗、養鳥都是她幹的差使，她也能感到天主讓我學到了醫學知識，對她是極大的幫助。

其二，我在勞改中面經各種災難，藉著天主的恩寵都一一熬了過來，因此大大的提高了我的體質，對各種疾病的機體免疫力也大為加強。所以在癌症的八次化療中，我血中的紅血球、白血球指數一直維持正常，有很多人貌似強大，但經過兩、三次化療，血指數迅速下降，無法繼續進行化療，因而死亡的人數很多。經過勞改的人，或是在勞改中死去，

那些挺過來的人一般都較堅強，所以也得感謝勞改大學，練就了我一身的筋骨才得在癌症、糖尿病、高血壓、心臟病等的侵襲下，依然存於人間。天主的聖意實在奇妙莫測，吃官司，投入勞改，究竟是福，是災？看你從何種角度去評價，實在說來，那些過去和我們分道揚鑣的伙伴們，如今即使在世俗的處境上也不比我們優越。我兩次回國，有的都紛紛要我為他們的子女來美盡力幫忙，我真想對他們說：「你們為何不去找你們的主子爺？」至於將來天國的賞和罰更不談了。

　　寫到漫長的勞改生活，我得感謝好多位主內姐妹　黃松青媽媽、德蘭、天真、美渝、茵秋、玉琴等諸位姐姐以及我的保母，實質是我的養母，在漫長的歲月中，她一年數次寄郵包給我，遺憾的當我七四年第一次回上海時，她已仙逝。我也不知她的骨灰葬於何處，但願好天主報答她的好心。

　　另外我也不能忘情於胞姐美珍，她一直在青海農場，氣候奇冷。由於她判刑七年，在她刑滿後負起幫助三哥和我的責任。在勞改隊就業工資本來不高，她在成家後，省吃儉用，每天利用晚上替別人打毛衣，掙一些錢，她就將這錢寄給三哥和我，每隔兩個月寄一次五塊錢。在當時五元錢已是一個不小的數字，想起國外親屬很多是萬貫家產，但幾乎個個都是鐵公雞一毛不拔。我常常想，如果我和美珍換個位置，我恐怕沒有能力來支援她的，我手腳笨，身體弱，常常

是泥菩薩過河自身難保，而美珍能數年如一日按著主的愛人精神去做，實屬不易。我們不但是同胞姐妹更重要的是同屬一個基督奧體，是在天主之內的好姐妹。

　　廿六年的勞役生活，雖然已是過去，但人生的道路還在繼續；魔鬼時時醒著，牠在不斷地變換新的花樣來誘惑我們，只要我們一息尚存，就有跌倒的可能，聽吾主耶穌在山園祈禱中的聖訓　「醒寤祈禱罷，免陷於誘惑」

第六十二章
小嚴蘊梁神父——俞建華

在南湖農場遇到的另一位神父是俞建華，應該說那時他還是一位修士，他在二分場擔任醫務，而我在隊裡當醫生。我經常需到分場去送病人，去領藥。由於俞建華在分場給我方便不少，因他和幹部醫生的關係較好，常常幫我說好話，使我能多領一些藥。有時候隊裡有些病號需要針灸，我就帶  他們到俞建華那裡，他一面扎針一面教我如何找穴位，如何下針，還將他學習的筆記借給我。他的筆記寫得既細微又工整，一看就知道是個做學問的人。

我在上海就認識俞神父的，知道他是大修院修士，他有二位妹妹，一位畢業於震旦女子文理學院，一位畢業於第二醫學院。兩位妹妹都因堅持信仰而被捕，遺憾的是俞貴貞不

知為什麼原因在七十年代患上精神分裂症，終日痴痴呆呆什麼都不知道。這造成俞建華思想上很大的壓力，他說「我真不知道我的妹妹為何患上這種毛病，有時我看著她這種模樣，我真想不如早日歸去，請你特別為她祈求。」作為一個精神病患者的親屬是十分痛苦的，我說天主的聖意很奧妙，不是我們受造之物的有限頭腦所能想通的，如果我們能懂清天主的一切安排，那麼天主就不是那麼無限，天主就不是天主了。我理解你的痛苦，把你妹妹的苦惱完全奉獻給天主，求天主的仁慈恩寵不斷施加於她。

俞建華於一九七九年和章顯猷神父一起調到合肥市二輪廠附屬的翻譯公司，我們經常見面，有一次我和他開玩笑說「你是小嚴蘊梁神父。」他說「胡美玉，我聽你女隊裡的人說你好調皮，你常喜歡替別人取外號，現在取到我的頭上來了。」我說「你是小嚴蘊梁神父，第一，你們兩位都有心臟病（最後都因心臟疾病而逝世）。第二，你們兩位都有卓越的寫作天才，創作翻譯都行，因你們不但中文底子厚，且精通拉丁、法文等數國外語。第三，你們兩位都是特別孝愛聖母的神父。」當場在座的有章神父等人都哈哈大笑起來說「胡美玉言之有理，你就收下這外號吧！」後來他將他翻譯好的一本羅馬三百年教難中一位致命聖女《法表拉行實》的譯稿要我替他看看有否需修改之處。我受寵若驚，我這個人一輩子不精於那一行，都是三腳

貓，現在俞建華居然要請我為他提意見，我想別人才不外露，大智若愚。俞是一位非凡聰穎之才，智商超人，而我是整天吱吱喳喳，似乎什麼都通，難怪別人要將我一軍了。不過我也不拒絕，既然他要我看，我就化費時間看一下吧！一看，我稱服了，每個字寫得端端正正，有修改之處用紅筆細微劃出，不但譯筆流暢通順　而且譯文看來完全沒有外國味，不洋腔洋調。當我還他譯稿時，我還寫了洋洋一大頁的意見。首先肯定他譯得十分完美，當然任何文章都不是百分之百的好，在某些地方我提出了個人的看法，供他參考。他看了這一頁後對我說　「胡美玉，你也很有水平，你將來不但可以譯，也可以寫作。」我說　「你過獎了，我的水平只有兩磅，沒有五磅（過去的熱水瓶有兩磅和五磅的）　」

最後他和章神父兩人一起調到安徽蕪湖市安徽師範大學擔任法文教師。他們兩位對教育事業的熱心以及對學生的厚愛，深得校方以及學生們的讚揚。一九八四年章神父病重時，俞建華一直侍候在旁，他除了完成本身工作外，還悉心照顧章神父，他倆一直堅持每天在寢室中做彌撒。章神父逝世的日子正是朱樹德、朱洪聲兩位神父第二次被捕之日，後來師大校方也曾數次找俞建華談話，而俞說章神父將我所有的罪過都背走了，我說很多事情都是由章神父和他們連絡的，這樣一問三不知，校方也沒有興趣再問下去了。

在八十年代，每當俞神父路過合肥時，總必到我家來看

看，他告訴我因他心臟不好，接了一位姪女到學校，校方另外給了一間房間。姪女可以幫他洗洗衣服，燒燒飯，這樣他有更多的時間為學生輔導和寫點文章。

俞神父，如今你已和嚴神父共聚於天國，請你問問嚴神父，我替你取的雅號是否確當？

第六十三章

知 音

　　朋友千千萬萬，難覓一知己。這是很多人的共同感受。處在物質名利至上，人情淡泊的社會中，何處覓知音確實成一難題。但這一難題在天主教友面前不攻自破。因為我們知道天主在造化我們時，就賞賜給我們每人一位護守天神，他是和我們朝夕相處日夜相伴的知音。

　　遠在五六年大約在我被捕一年後，中共為了要我屈服投降，又採用將我關「禁閉」的手段。禁閉即是將你一人單獨關在一黑房中，既不允許你看書讀報，當然也沒有電視或收音機。逼著你四周面壁反省思過。我年青時個性活潑好動，喜歡看電影聽音樂……什麼熱鬧場面我都感興趣。現在一下子被關入伸手不見五指的黑房，真不知如何是好。進去後我不斷求主使我有勇氣經受這一考驗。回憶詩人李白的詩《月下獨酌》中一句　「舉杯邀明月，對影成三人」。詩人畢竟是詩人，明明是一人他可想像成三人。但我比他更有福，我本來就不是孤獨的，我的護守天神總是時刻守護著我。在禁閉六個月中，我不斷和護守天神密談溝通。當我徘

徊在堅持還是投降的進退兩難之際,護守天神提醒我的一段話我至今仍記憶猶新:「你現在在人生舞台上表現自己,也正在用自己的行動來寫你個人的歷史。整個教會是一奧體,已得勝的天上教會諸位天朝聖人聖女以及天使們正在注視著你,也正在為你轉求天主。現世的教會教宗以及一切神父教友們都在關心為主作證的人們,至於在煉獄中的一些煉靈更在抬頭仰望著你,苦苦哀求你勇敢地接受考驗和痛苦,用痛苦來幫助他們早日進入天國。」我在護守天神的啟示下常常感到天主和我在一起,教會永遠和我不分離。我唸經分心,請天神整理修飾後獻給天主,當我犯有過錯時,請天神幫助我好好發痛悔。從那時開始護守天神就成了我的密友和知音。

另外值得一提的是我一生中有過一次幾乎喪生的「迷途」經歷。那是在一九七五年,我已刑滿留場就業,我尚在皖南山區一勞改茶場。某天清晨大約八時許,我離開茶場到山的對面去買茶葉,我想只要翻過一座山就是,這樣簡單的路程,誰會擔心迷路呢?去時大約花半個小時,回來時已走了兩個多小時,但只見這山接著那山,山路越走越窄,越走越不對頭。開始我毫不驚慌,反正有的是時間,一直到日落西山已近黃昏時分,仍在群山中兜圈子,既無水喝又無乾糧,又急又餓又累又渴。在此十萬火急時刻,只得坐在一塊山石上一串串地唸玫瑰經。寒氣一陣陣襲擊,山風夾著狼嘯

第六十三章 知音

聲,哎呀,萬一狼來了,我根本無法招架,如果這樣死去那太沒有名堂。我只得使出混身解數大聲地呼求護守天神,請他帶領我出困境,以後我再不自作聰明了。這樣大約過了廿分鐘,只見遠處來了一位上山打柴的樵夫,莫非他是我的護守天神的化身?他見到我十分驚訝,他說:「妳這位大姐,怎麼這樣膽大?這裡一到夜晚,既有狼吃人,還有一些不法之徒專門謀財害命,妳現在趕快順那個山坡滾下去,下面是一條通道,大約走半小時到達茶林場。」要不是他在急難中救了我一命,恐怕我已葬身在山上。

數十年來,我一如既往請護守天神轉求天主,有時一早出門去坐飛機或去教堂望彌撒陪聖體,我從沒有開鬧鐘的習慣,總是隔夜拜託護守天神到時喚醒,他是非常忠心的,從來沒有一次耽誤,不信請你也試試。

這次我去法蒂瑪,知道葡萄牙國有一護守天神曾顯現給三個牧童,親授他們唸經。既然葡萄牙作為一個國家有它自己專有的護守天神,那麼中國也不會例外。現在我天天求這位天神,無論如何也不能忘記在苦難中的中國教會,請你為那些為義而受窘難者求主,促使聖教早日在中國廣揚,萬民享受充分的宗教信仰自由。護守天神,為我等祈!

第六十四章
一首動人的交響曲

　　在一九八五年秋季的一個清晨，安徽省白湖農場化肥廠發生了一件不大不小的事。在大約八時左右，掌管某車間的一個幹部發現就業人員董松齡怎麼今天沒有按時上班，按常規他每天必提早到車間，他身為倉庫保管員十分盡職，總是主動到車間去看看缺少些什麼，常常把需要的東西送到他們的手中。所以縱然這個幹部對別人很刻薄，但卻十分尊敬董松齡。那天一發現他不在，就立即奔赴他獨居的一間小屋，一看門還掩著，此幹部就叫人打碎破璃窗，一看董已倒在地上，幹部迫不及待自己從窗口爬進去，把門打開，要人叫醫務火速趕來。不到兩分鐘，醫務隨同一付擔架已到門口。經醫生診斷後，認為董平時有高血壓，這次可能是腦溢血，需立即送往醫院搶救。

　　一個就業人員患病要送醫院，這是一件常事，所以不算是一件大事，但董松齡是何許人也，讓我說明一下，你知道後會說這實在不是一件小事。

　　我認識董松齡是在一九五〇年春，那時由王仁生神父

（當時他是震旦女中校長）介紹，因校中正在開展簽訂愛國公約，此公約中有一條擁護共產黨，作為教友按信條不能擁護共產黨，所以我們要向教友解釋清楚，教友應有勇氣拒絕簽這公約，至少在簽約時要聲明這一條。那時震旦大學，男女震旦中學的教友在王仁生領導下都步調一致。一九五一年中共開展第一次的大規模肅反運動，在這次運動中，很多「反革命」以及「地主」一類人物都被槍決。董也在四月廿七日大逮捕中被捕，罪名是利用學生會主席的身分煽動大批教友拒簽愛國公約，被判死刑，緩期二年執行。後在服刑中減判無期，又過數年改判廿年，在改判廿年後，調到化肥廠做建築隊拎泥斗的小工，因他身體衰弱後在有些有辦法的教友幫助下疏通了幹部給他當保管員。在一九八五年時他已服刑卅四年，不論他在什麼地方總是給別人一個極好的榜樣。他常常吃苦在先，享樂在後，工具讓別人挑好後再拿，勞動揀最重的活做，別人辱罵他從不啃聲，在數十年的冬訓學習中過認罪關，他永遠保持緘默，一言不發。說句心裡話，我沒有他那麼勇敢，那麼成全，我在學習中常常會敷衍幾句，文不對題的說些祖國現在建設得比過去好了，人民生活提高了等等的奉承的話，好比在打「擦邊球」。既不認罪但政府看來我已比過去進步了。一個人要堅持成全一年、兩年不會太難，但要堅持數十年如一日，實在是難而又難的事。

曾經在勞改隊中已待過卅四年的人，一旦發生生命危險

時，況且他的的確確是一位英雄，一位致命者。所以那天發生的事實在是一件驚天動地的大事。

且說董已被抬上擔架，在化肥廠的教友德蘭姐姐急得如熱鍋上的螞蟻，幹部不同意她護送董去醫院。「急中生智」，她想到醫院還有我們自己人劉天真和張美瑜。德蘭寫了一張便條「交美瑜，天真收」，塞在董的手中，好讓董一入院就由她們照顧。在走到半路時，正巧其他隊裡有一位過去在修道院的趙修士，一看擔架抬著病人，就湊近去看看，原來是董大哥，主內的大哥哥，他馬上摸摸口袋，幸好還有五元錢，也立即塞在他的襯衣口袋中，抬著，抬著到了醫院，有人見到便條，立即叫嚷美瑜 「快來，快來，來了一位你們認識的病人」。美瑜、天真怎敢耽誤，一個立即通知值班醫生作急救處理，一個回宿舍馬上拿來面盆、毛巾、牙刷等生活必需品。德蘭在家心裡還是不踏實，雖然送了醫院，心裡想光靠西醫行不行，萬一他活了下來，但卻全身癱瘓，勞改隊怎麼過日子？靈機一動，那時慈幼會姚維理神父在附近養練隊（養練隊都是些老弱病殘者，拿極低的生活費 基本上只要做些很輕微的勞動或者甚至不勞動） 德蘭想到就火速派一教友陳佩青連夜趕到姚神父處，姚神父說可以用吳神父的腳底按摩法去試試，但沒有絕對把握，第二天清早姚神父坐第一班公共汽車到醫院，一直按摩到下午末班車回養練隊，開始兩天未見明顯效果，醫院

中有些護士醫生就嘰嘰咕咕的在說 「我們在治療，要這老頭每天在這裡幹什麼？」姚神父每天聚精會神用足力氣一個小時接著一個小時在按摩，右手酸了換左手，口乾、饑餓他都忍著，別人的諷言諷語，他當作聽不見。他知道董松齡是天主特選的，我們不能讓他死，也不能讓他癱瘓在床。董能堅持卅四年，姚神父下定決心也要堅持兩個星期以見分曉。十天過去了，一方面德蘭在大休日去醫院向有關醫生護士那裡送一些東西，溝通關係，減少姚神父的壓力。在將近兩個星期的時候，董睜開了眼睛，慢慢的對姚神父說 「神父，辛苦您了。」沒有隔幾天，他奇蹟般地痊癒了。是天主的仁慈救了他，是同一奧體中的神父，兄弟姐妹的愛心使他得到痊癒。我們怎能不稱讚美天主、感謝天主呢？

　　一九九八年冬我回上海時望了他的彌撒，我說 「董神父我怎麼能想到今天能和你重逢，你是把牢底要坐穿的教友，你在勞改隊的年數是打破紀錄的，你於一九五一年直到一九九〇年離開，十十足足的卅九年。我們都甘拜下風了。」他馬上說 「一個人的神修不能以勞改的長短來評定。」我從別人那裡知道在八十年代那時政策較鬆，人人都想離開勞改隊，有的人說服家庭同意遣返回去，有的人乾脆和老百姓結婚，雖不能回上海，但至少可以脫離勞改隊，有的人堅持數十年不和愛國會沾邊，但卻在這問題去委曲求全。董松齡自從病後當然也想離開，但他沒有路，他的家庭

不會主動接他回去,他不想結婚,更不願去投靠「愛」字頭。但天主是天主,祂自有祂的辦法。有一國際特赦組織,他們組織中有一規定任何國家的政治犯在關押卅年以上,如沒有新的犯罪行為必須釋放。他們在一九九〇年查到董松齡的名字,就以該組織的名義通知中國,請立即釋放董松齡。於是他就回到了上海,不久由范忠良主教祝聖為司鐸。

他實在是我的楷模,他不但在五十年來在各種威脅利誘下堅持信仰,更可貴的是中共這些年來對他的「洗腦」「攻心術」在他身上毫不起作用。他還是那麼坦率、真誠,對別人從沒有任何懷疑心或防一腳。(深怕別人會密告或欺騙。)據說 「他在勞改隊中把聖經公開放在枕旁,劃十字唸經也不怕。而我遠遠比他不如,好像吃足了中共的怕怕丸,做些理直氣壯的事也常常怕兮兮的,這實在是已中了中共的計,既然在天大父照看我們的一切,有什麼值得可怕的呢?我是被耶穌所謂小信德的人,而董神父一身正氣,始終有大無畏的精神。他非常謙虛地說:「我是沒有讀過神學的土神父。」我說 「宗徒中有誰讀過神學,耶穌挑選了漁夫,稅吏做他的接班人,耶穌沒有挑法利塞人、經師。你沒有讀過神學,因為你在勞改隊怎麼去讀?並非你不想讀。『神學』可以補讀,但這卅九年的勞改生活是使別人望塵莫及的。」多少人因在監獄坐過幾年當上了總理,當上了總統,但我們天主教友的國是在天上,不拿過去的成績

作爲資本。

現在董神父的腳仍是一拐一蹺的,但他終日忙於替教友敷油、送善終、去墓地,有時騎上一輛破自行車,生活相當儉樸,我爲教會中有這樣一位神父而感到驕傲,請讀者在祈禱中常常記念他!

董松齡神父

王仁生神父

第六十五章
跨出牢門

　　勞改隊的門檻很高,不易跨出。一旦進入其中,猶如跌入萬丈深壑,似乎怎麼爬也爬不出來,好像永世也無出頭之日。甚至只有判兩年、三年有期徒刑的,刑滿後也往往不准回家,除非家在農村的,回去後的生活遠遠不如勞改隊,在勞改隊生活還有保障,回家恐怕連吃住都成問題。家若在大城市的包括勞教在內,期滿一律留場就業。因此勞改隊流傳這樣一句順口溜:「不想回家的非要趕你走,真正要走的偏要把你留。」

　　按理說勞教不是法律處分,那些送來勞教的不應放在勞改隊,但事實上勞教和勞改犯混在一起吃大鍋飯,大哥二哥麻子哥,統統一樣,不分彼此。我曾遇到這樣兩個少教(未滿年送來勞教),兩人投入勞教都在十六歲左右,一般勞教均有定期,但對他們不定期限,說是什麼時候改造好,什麼時候可回家,實質上等於判的是無期徒刑。

　　此兩位中一位是我在「站在比拉多衙門前」一文中所提及的文媽媽的獨子石鍾渝,他父親石震疆在上海時(一

九四八年）任海軍後勤處處長，在中共掌握政權以前，飛往台灣，而他媽媽為了放不下上海山陰路的一幢房子以及一些其他固定不動產，不肯和丈夫一起同行。留下母子二人，一九五五年母親被判勞改七年。被捕後兒子孤單一人，當然常發牢騷，對人民政府不滿。高中畢業後，因家庭背景不好，無法考上大學，最後因思想反動送入少教，時年十六歲。母子兩人整整在勞改隊混了廿多年，到八十年代總算兩人輾轉在南湖農場相會合，後文媽媽逝世於農場。石鐘渝因朝思暮想跨出勞改隊，在沒有辦法之下，只得和當地老百姓結婚，將戶口遷入安徽小城鎮，才總算跨出牢門。他和我丈夫十餘年在同一中隊，我丈夫見他勤奮好學，就手把手的教他學習土木設計及施工，他多年年來一直是我丈夫的助手。一九八四年，他已年逾五十，才回到社會，到了小城鎮後憑他自學成績，參加了土木工程師的執照考試，竟然獲得了工程師的執照。他常常說這麼一句話：「我一生最大的收穫，能遇見老汪，總算不虛我在勞改隊的一場，不然我這數十年來算什麼名堂，回到社會，無一技之長，如何能自食其力？」我說「這是天主聖意的安排，在本性說來，你失去太多，但天主用這條路來使你認識我們夫婦倆，我帶你去見神父，好好思考一下人生的終向，後來他在張希文斌神父的教導下接受信仰，成為一名天主教友，所以他這數十年來的失落換得了認識天主，這是多大的財富！天主的聖意真是到

處值得讚美。」

另一位何青，他的祖父何漢民是和國父孫中山一起參加同盟會的革命元老。他的情況和石鐘渝有些相似。那時他母親已去美國，家中只留下他和妹妹，當他在高中求學時他的一位同學拾到了他的日記本，發現日記中有對政府不滿的言論，立刻將這日記本上交給校方。此同學藉此得到了校方的賞識，立即躍升為青年團支部書記以及學生會主席，而何青被送入少教，開始漫長的勞教旅程。時年他也是十六歲，高三程度。何青在勞改隊卅餘年，一直保持書生本色，不和別人說下流粗話，也從未有低級趣味的愛好，他最喜歡鑽研數學。有時每隔二個星期的大休日，他總是一道又一道的解數學題，常常連飯都忘記吃。說他有點書呆子氣，也許他也會像富蘭克林把手錶當雞蛋放在水中去煮。他和我們在一起時，被分配在木工房當木工，那時我家請他幫忙做一把小秤。他說：「好、好，我去做」待秤做好後，他送到我家，我們全家一見這秤個個笑得前仰後翻。這把秤有四公分粗，好像一根大扁擔，連拿都拿不動。他自己一點也不笑，說：「這把秤比較結實，你們家可以用上幾年。」還有一次別人定做一只放棉被的櫃子，他做成像一口棺材。我丈夫說「木工有兩種，一種是做傢俱木工，一種是造房子做模子板的木工，何青是專門讀圖紙按圖紙試工的木工，誰叫你們做秤，做櫃子不給他圖紙呢？勞改隊中何青的外號是「洋釘

木匠」因他不會砍筍頭，裝筍頭。我說這兩件事並非取笑他，而是說明他非常單純、正直，一點沒有染上世俗的味道。他從不會見貌色變，隨風使舵。他在一九八六年離開勞改隊在蛇口地區一家造船廠按圖施工做他的老本行（木工）至今仍然孑身一人，前幾天和他通了電話，他問我一個有趣的問題「我離開你們時，你的女兒是個小毛頭，現在她大了一些嗎？」在他的腦海中時光似乎定在那一個格上，有時做人有這種個性也可減免許多煩惱。

勞改隊門檻，不易跨出，還有幾個例子，在六十年代，有好幾年政策較鬆，很多就業人員走門路、拉關係，也有少數人得到當地政府的同意可以接收回家，這本來是件值得慶賀的事，但偏偏又出現一些令人遺憾的事。

那是在白湖，有一姓沈的就業人員，他是家中的獨子；父親已亡，母親年逾六十，一心盼望兒子團聚，想了不少的辦法，總算因他家在上海郊區，農場就同意他回去，他接到場裡通知，激動得幾天睡不著覺，急著把一些不需要的物品送給張三、李四。從白湖到上海需長途跋涉，舟車勞頓，既要坐長途汽車到合肥，再由合肥坐火車到上海，他走的那天，由於行李過多，要等隊裡的拖拉機送他到汽車站，正不巧，每天只有一班的長途汽車，等他到時已經開過十分鐘，沒有辦法只得明天再走。回到隊裡，別人都很納悶，怎麼又回來了。好在手續已辦妥多過一夜也無所謂。晚上大家又在

一起談談，一顆火熱的心，歸心似箭。世上的事誰也無法預知第二天要發生的事。

　　風雲突變，第二天清晨，指導員匆匆趕來問沈某有否離隊？大家都說還在，還在。指導員說場部昨晚有緊急通知說已離隊的算了，未離開的一律刹車，即使已辦好手續的也不准走了。有人把話傳給沈某，沈某正在挑著行李出來他一聽把行李一撂，發楞了，年老母親朝思暮盼，望的就是這麼一天，況且他媽媽已替他找好女朋友，現在萬事俱備獨缺東風，一切都只得泡湯，如何向媽媽交代？在勞改隊本來大家有一肚子冤屈，現在借著這個機會都放聲大哭起來，有的說當時為什麼不在汽車站附近找個旅館過夜而要回到隊裡，大家都在放馬後砲。連諸葛亮也難能推斷勞改隊政策變化得如此快速。後來聽說他媽媽不久因憂鬱而死，那個女的也改嫁他人。據說這樣的事不止在一個中隊出現。所以到八十年代離隊的人　當一拿到證明，立刻就走，前車之鑒，值得警惕，千萬不能重蹈覆轍。

　　一九八一年我們所在的單位安徽省消防器材辦公室通知我的丈夫汪以石，說他已戴了廿餘年的右派帽子准予脫去，並說我們可到社會上去聯繫工作，如有合適的單位可以回到社會。我聽到以後恨不得一步跨出牢門，真是越快越好，次日就到老汪的原單位安徽省煤礦設計院，經過商談，他們願意接收我們，但一定要通過上級黨委批准。我心急如焚，一

定要先把戶口遷出，防止變卦。在那時戶口跟著人走的，沒有戶口買不到糧食，也不能找工作，有點像現在非法移民。勞改單位同意我們立刻將戶口遷出，但遷到哪裡？沒有落實的地方，於是就成了袋袋戶口（把戶口裝在袋裡），一個月、兩個月、三個月過去了。設計院一再拖延，老汪急得團團轉，他實在沉不住氣了，他說「我們還是回去吧！在勞改隊就業，我們倆有大約七美元的工資，而且還有一間房間，總能過過日子，而如今變成了無家可歸的流浪漢，再下去怎麼辦？」但我卻堅持路是向前走而不是向後退，如果我們回去，勞改幹部會大事宣傳說：「你們想離開勞改單位嗎？你們看汪以石是個工程師，胡美玉是醫生，他們出去了都找不到工作，無路可走，仍舊回來，你們不要再痴心夢想要回到社會中去了。」如此我們不但斷送了自己的前途，而且連別人的路也給堵住。我寧死也不回去，至於以後怎麼辦？我來想辦法。

我當時就想起了耶穌復活拉匝祿的那段福音，為求一個聖跡，第一需要我們的信德，此信德必須確信不疑。其次，在天主發聖跡時往往要求天人合作。本來耶穌是全能的天主，祂要復活拉匝祿，完全可以一命即成，但祂走到墳墓前說「挪開這塊石頭。」我也要挪開這塊石頭。我們應該做到我們能做的，然後等待天主的聖跡。

首先我寫了一封信給香港二哥，告訴他我因天主教信仰

勞改廿六年，現已回到社會，但目前生活無著，請求他經濟上的支助，他沒有理由拒絕，一是我家沒有分家，他的公司是用爸爸的錢投資的，按中國人的習俗，我們身爲兄妹都有名份，二是他已是上千萬美元身價的富翁，他擔心的是他在有限之年怕錢花不完，而我們沒有錢就不能生存。那時朱樹德神父一再勸說美珍和我一定要家裡據理力爭，如他們堅決不給，不要怕打官司，朱神父說教會並不鼓勵別人做阿Q，並不要求窮人無條件地忍耐。教會主持公義我還清楚地記得朱神父反覆說的一句話「你們如有勇氣和哥哥們打官司這比你們忍耐更難。」但我們實在下不了決心去打官司，但要求他們在最困難的時候給以幫助，後來二哥同意每月寄來一百元港幣。

第二，我在家寫了一份材料，敘述我們兩人的專長以及如何跨出牢門的經過，第二天我就到省人事局（相當於這裡的勞工部）請求分派工作，我在辦公室和他們談了大約三個小時，心想人已到此地步，窮途末路，梁山是逼著上的，還有什麼可怕的？共產黨說得冠冕堂皇，如何愛惜人才，如何革命人道主義，那末就請在我身上體現這種精神吧！因那時社會上急需土木設計人才，故立刻將老汪介紹到合肥市園林局去工作，至於我，因醫務工作過剩，暫時擱淺，後隔三個星期，分配我到勝利中學去教英語。

第六十六章

當上教師

其實聖跡天天有,我這本書幾乎絕大部份都是從各種不同的角度敘述一個聖跡。聖跡並不局限於癌症的治癒或是某些不治之症獲得痊癒。無數的聖跡已發生在我的身上,但往往我還提出疑問「天主,你在何處,為什麼棄我不顧」這實在是小信德的人所發出的哀號。

一個被囚居廿六年的人,回社會已年近不惑。被捕前從未做過工作,僅是在校的大學生。在關押中不但受到洗腦以及各種不同形式的攻心術;依靠著天主的聖寵總算始終保持清醒的頭腦,以及良好的記憶力,這不能說也是一個聖跡,更想不到這輩子自己當上了一名教師。

那天我拿著一張人事局(勞工部)的一封介紹信到合肥市郊區的一所勝利中學去。上面寫「今有胡美玉前來你校工作,每日工資一點五元(不到零點貳美元)。學校接待我的是位殷副校長,他見我滿首白髮,問我是哪所大學畢業,他一聽是華東師範大學馬上就說人事局一定搞錯了,怎麼這樣一個老教師每天只有一點五元(那時一般教師每天

工資大約五元）我說 「且慢，校長因我過去曾坐過牢，目前仍戴有反革命帽子，所以人事局不給我正常工資。」殷校長說 「過去的已成歷史，我們不管這些，你能教些什麼？明天是否能來上班？」實在我家裡已到晚飯已揭不開鍋的時候，雖然我丈夫已找到工作，但前幾個月欠了一些債急於要歸還。我巴不得立刻就上班。我考慮俗語說「人窮氣短」。我卻不願意。如果現在十分遷就，將來有一日校長可能會說 「你當初求著上我們學校的，我就會很被動了。」因此我慢吞吞地說 「校長讓我考慮三天，你們也應考慮考慮，我家離校實在太遠，每天八時以前我趕來上班以及下午回去也太晚，同時也請校方也考慮我的政治身分問題，不要因著我背了一個包袱。我在三天以後給你們答覆。」我回家後一再思考，一個人無論在什麼情況下都應有點骨氣，不能因餓肚子而去賣嗨貨。三天以後，一進門，兩位校長等著我，他們主動對我說 「為了照顧你的實際情況，可以准許你上午推遲一小時上班，下午提早一小時下班。」看來校方很有誠意，我說 「既然你們不嫌我，那麼我可以來試試，就此決定第二天上班，先聽聽別位老師的課，一星期後教高中英語及化學。我說：「好，就此一言為定。」但心中急得如熱鍋上的螞蟻，廿餘年來唸的都是勞改經，英語已經荒廢得只熟悉廿六個字母，單詞只記得 BOOK　PEN 等單詞。一翻開高一的英文課本，連我自

己都讀不順，且看不懂，如何去教學生？參考書一本也找不到，家裡只有一本簡單的小字典。至於化學更是忘得一乾二淨，著急也是無用。反正還有一個星期的準備，看看別人怎樣教的。我被分配在外語教研組，組長蔣老師為人善良正直，她畢業於安徽大學英語系，全校也只有她是正規大學畢業，由於學校離市區太遠，生活不方便，她已聯繫到市裡學校，即將調離。所以她很希望我能接她的班，知道我沒有參考書，就將各種資料包括書、錄音帶……等等全部借給我，有了這些必要的資料，我每天備課到深夜。

想起以前神父們教導「天主聖神賞賜我們每人在做任何工作時都有一定的本位聖寵。有了聖寵再加自己的努力對各種工作總能勝任。」另外我也調整了自己的心理，謙虛不等於自卑，自尊必須自信。那時我已年近五十，在勞改隊中經歷過大的場面，在數千人的批鬥大會上，我孤身一人站立在台上，毫不懼怕，現在當上教師，學生要聽我的，又何必膽怯？我自信從小在聖心會修女所辦的聖心小學讀書，三年級開始姆姆就用英語上課，應該說我在英語上所受的薰陶比任何人更深更透，我沒有理由輸。上第一課時，三位校長，兩位教務主任，以及外語組全體教師都在後座旁聽。於是一開始，我就用英語說些課堂用語，例如 (Open your book, turn to page……)實質這些都是最簡單的英語，僅僅是裝裝門面，擺擺華容道而已。一下子同學有些震驚，摸不透

這位老師來自何方。他們聚精會神地聽課,整個教室鴉雀無聲。我在學生時代擅長演講,如今登上講台把一堂課說得有聲有色。結束時,大家來個滿堂彩,並一致齊聲說:「歡迎胡老師!」校長們滿面笑容說 「不愧是名門大學出來的老教師 上課能吸引學生,抓住重點,而且時間分配得極好。」我在暗自好笑,華東師大我沒有讀畢業,至於說我是老教師,我則連一天講台也沒有站過。今天的成功完全應該歸功於天主。一個在勞改隊打滾廿六年之久的我,沒有被搞成神經病已是大幸,怎麼如今又被尊為一個人才,實屬罕見。這也是天主的聖跡,一切光榮應歸於天主。

上第一節化學,我首先向學生介紹化學有它一定的規律宇宙中存在著一種「七」的規律,每星期七天,一個音度也是七,所以元素周期表以每逢七排列的,每族的元素由於外層電子排列相同,因此性質相似,同學對我這種的教學方法十分感興趣。

任教三個月,我仍是個代課老師,校方已任命我為外語教研組組長,並且每次校長,教務室主任開會時往往邀請我為特別來賓,徵求我對教學改革的意見。我常常提一些建議,他們十分尊重。在那些年來,我校高考的錄取率極高,尤其是英語單科成績,往往是全市最高的,我的很多學生都因英語成績特好而考上了名牌大學,有的成了研究生,獲得碩士銜頭。至今他們對我的尊敬不減往年。

其實一個真正愛天主的教友，常常是對國家對社會能有所貢獻有所成就的人，他的心境開廣，心裡裝的總是他人，只有這樣的人才是最有作為的人。

第六十七章

平　反

　　在一九八四年春天，記得有一天校長辦公室有急事找我，自從我到那所學校任教以來，校長一直對我十分尊敬，也從不找碴子。但那天打電話來通知我，囑我立刻趕去辦公室，並且說即使在上課，也得中途停頓。我實在猜不出有什麼事，一走到辦公室，心裡一驚，見到有一位穿警察制服的同志坐在那裡，我想可能又要老戲重演了，不然，警察來找我幹什麼？那位警察一見我入內就站起來對我說　「胡老師，你還認識我嗎？我是你卅餘年前的審訊員。」我想我沒有這樣好的胃口，把提審員的面孔牢牢記住。我說「不記得。」校長就說　「胡老師，坐下，今天不要上課了，法院來人要處理一下你過去的問題。」於是那位審訊員從皮包中拿出了一份文件宣讀一下，具體內容是說我過去進行的完全是宗教活動，判刑十五年是完全錯誤的，現在宣告無罪。待他剛一讀完，我還沒有來得及發表看法，校長把桌子一拍，大聲地訓責說　「你們法院在幹什麼的？胡美玉在大學生時入獄，如今已是白髮蒼蒼，現在已是八十年

代,才想到來平反,你問胡老師,我們校方早已給她平反了。去年出席市模範教師,我校兩百多位老師只有一個名額,有幾位黨員老師工作很出色,但我們學校領導再三考慮胡老師雖然仍戴有莫須有的「反革命帽子」,但她對學生的關懷以及對教育事業的熱愛,她不可能是幹過反革命活動的人,所以我們一致推薦她為「市先進教師」。那位審訊員聽了也只得連連說 「我們的工作做得太不及時了,一切請胡老師包涵。」我說什麼呢?說什麼也喚回不了我的青春,也歸還不了流失的歲月。我說:「已卅年了,這卅年的玩笑怎麼能開,你今天來平反,你能帶給我什麼呢?這當然不是你個人對我的問題,我但願今後國家健全法律制度,總不能再以這樣的方式來對待下一輩,不然國家就不會興旺了。」校長又接著說 「光是口頭說抱歉,有什麼用,這卅年來帶給胡老師精神和物質的損失無可計量,現在說說你們怎麼賠補。」審訊員說 「按照政策,最高賠償為人民幣伍百元,也請你們校方晉升胡老師的工資。」我對校長表示,我十分感激校方對我的厚愛,對錢的多少,我不介意。失去的不能追回,但願來日方長。後來審訊員在離開我校時對我說:「我這次出差來安徽各個單位宣佈平反的已有四、五十位,但是沒有一個領導像你的校長一樣,對你如此信任和重用,謝謝你的寬廣胸襟,對過去的錯判,毫無怨言,至於五百元補償,我一到上海就會寄來。」

到了暑假，我趁回上海的機會去了母校華東師範大學，校方已接到公函，知道我已平反。走進辦公室，我的一位老同學顧梅青在組織科人事科工作。當然她知道我已平反，說話的口氣就大不一樣了：「胡美玉同學，欽佩、欽佩，受委屈了，十五年的冤案如今昭雪平反。那時我是鬥爭你的積極份子，我也只是聽從黨支部的命令，你能原諒我嗎？那時候我們真擔心你會自殺，物理系的X同學，他受的壓力還沒有你大，但沒有數天他服毒自殺了。」接著又有一位其他老師走過來和我握手，她語重心長的幾句話，使我至今記憶猶新。她說 「胡老師，你是個真正的人，如果每個人都像你一樣，在任何情況下不肯出賣別人，那麼這場無產階級文化大革命又如何能發動起來。」她的話很有道理，人人都責怪毛澤東是罪魁惡首，的確他是的，但如果每人都能堅守原則，忠於信義，又如何能將這場文化大革命擴展到全國範圍呢？這實在由於每個人在共產黨的洗腦下，絕大部分的人都以私利為重，背信棄義，造謠中傷，才使道德敗壞，倫理倒置。我微笑地回答說 「因我是個天主教徒，我必須遵照教義教規。」

學校按照上級的規定給我補發了畢業證書，上面的照片已是滿首白髮的老太婆了，也總算圓了我的大學夢。

回合肥後，校方給我一下晉升三級工資，我從原來全校最低的工資躍升為最高者。世上的好事、壞事都難以預料，

天主時刻在引導。

關於平反，我的事例尚不算太典型，我丈夫的一位難友，他因曾參加過國民黨三青團，於一九五三年被判刑五年；於一九五六年中共政策寬鬆時，給他第二張判決書，說原判不當，應予撤消。一九五八年又重新被捕，說判刑五年本屬不當，撤消更為不當，應重判十五年，但八年後，他又獲第四次判決書，以前三次統統都屬判刑不當，如今宣佈無罪平反。

是兒戲？是法律？人能經受幾番驚嚇？能有多少個五年、十五年被當作賭注？親人、家屬都已被作弄得可以當上電影中的演員，第一幕，哭；第二幕，笑；當笑容尚未消失時，又得大哭。

一個國家的法治制混亂到如此程度，可悲可嘆！

第六十八章
渾渾噩噩

當人們在陰暗濕地，掀起一方石塊時，必會看到那藏在石頭下面的成千成百的小甲蟲，因為光線的突入，害怕得紛紛亂跳。當天主的聖神之光照亮於我，我發現，我心頭也充塞著黑暗的小動物，驕傲、煩擾、虛榮；也像這種小甲蟲，這些小甲蟲在沒有聖寵的地帶滋長。

一九八四年平反後，我在工作中一帆風順，這股風把我吹到半空，無數的讚美聲使我飄飄欲仙。我好如一只沒有翅膀的蝴蝶，雖然十分美麗，但卻不能飛翔，又像一枝瓶中的牡丹，無根無攀，不到三天即枯萎凋謝。神修生活好似雲霄飛車，一下從高空滑落到地面，人處於渾渾噩噩的光景中。靈魂內的景象正如上面所述的無數的小甲蟲在作怪。生活由逆境轉為順境時，如不提醒自己，則沉溺在工作的成績中，整天忙、忙、忙得連心都忙。自我不斷在膨脹，祈禱越來越疏忽。管理家庭教育女兒的時間全部抹去。為了全心傾注在工作中，將女兒寄居到上海婆婆家中，美其名可使女兒在較好的環境下求學。實質是內心已整個被虛榮、名利所佔有所壟

斷。天主已被趕出門外。這樣和一個外教人又有什麼兩樣？作為一個公教母親，在女兒童年時代失去了和她親近相愛的機會，未能以公教精神來教育培養她。而把工作凌駕於一切之上，這是本末倒置。天主是全能的天主，宇宙萬物祂一命即成，祂要求我們的是我們的愛情，假如我們忘卻了對天主的愛，即使築成萬里長城，發明了宇宙飛船，只能滿足自己的工作狂，卻絲毫不能光榮天主。在天主審判我時，祂將問我愛祂有多深？愛祂有幾分？又將問我對女兒是否盡到母親之責，我將無言回答。

回憶從八四年到八九年那渾渾噩噩的幾年，如今在天主聖神的光照下，洞察自己靈魂的醜惡，以及對天主的忘恩負義。過去在為信德作證的年代的愛主心火，由於不熱心祈禱已逐漸降溫，更可悲的是失落了超性的智慧。在各種冠冕堂皇的藉口下，好似一只被掩著雙目的驢子在牽磨，不斷地牽，一直在牽。由於雙目看不清，不知自己牽的是空磨，做的是無用之功，僅僅是自我享受自己的工作狂。記得那時我數次重病仍堅持上課，最後導致暈倒在教室，說起來是在立好表樣而事實是地地道道違反第五誡。

這五年來留在我心底的只是無法彌補的損失，也是我犯下的難以挽回的罪錯，想起這些，常常會使我十分消沉，但消沉不但無益，相反更會削弱自己的意志。我常常對天主說，我十分欽佩那些當上皇帝、皇后、公主的能修德成聖，

他們一生處於榮華富貴，高官厚祿中，但他們卻能視現世一切為過眼雲煙，不留戀於世俗的一切。而我實實在在是軟弱無能，經不起人世間的誘惑，便原形畢露，毫無神修的基礎。為此我感謝天主，我也意識到為何天主一再賞賜給我苦難和挫折，只有這些才能鞭策我不斷祈禱，一心依靠天主。我知道我是經不起世間福樂考驗的人，「悟已往之不是，知來者之可追」。逝去的歲月已無法追回，天主正在延長我的生命，這些時間是我的外快。有了時間我有了行善的資源，但願在這最後階段，一心衝刺，爭取在臨終時滿懷愛主之心情。過去的渾渾噩噩，鞭策我更應謙卑自下，不斷向上，持續祈禱，分分秒秒愛天主，時時刻刻做補贖。為自己、為親屬、為罪人，總不虛度一寸光陰。

第六十九章
天塹變通途

　　自我們呱呱落地一直到離開這個世界，在整個人生過程所發生的每一件事，遇到的任何一個人，總是「時辰不到，強求不了」。中國也有句成語 「天意不可逆」。因此有智慧的人常常順天行事，得到天主的保佑和降福。

　　一九五一年我們全家本有意去香港，因爸爸堅決留在大陸，故全家只得陪同他。一九五七年我媽媽從香港回來，一心要帶我去香港，我再三申請又被拒絕，就此像孫悟空一樣，被壓在大石底下，與世隔絕廿六年。那時我想恐怕永世不得出頭。但是在太陽之下，沒有不變的東西。天塹也有一日變為通途，且看天主的聖意。

　　一九七九年龔民仁，朱華德離滬去美，朱樹德神父和我以及其他數位友人都到機場送行。樹德神父是我所屬的堂口君王堂的老本堂，自從五一年聖母軍事件開始，他風風雨雨和我們一次次走過崎嶇坎坷的道路，我家中所遭遇經歷的事，他都一清二楚。正當那天在候機室別人忙著拍照的時候，他深有感觸地對我說：「我十分主張民仁、華德早日離開中國，

中共的政策時刻變化，你們國外有親屬的應盡量設法去美。你不要認為留在中國有致命的機會，致命是天主的特選，自己不要去找，誰也不能保證當機會來到時是否有勇氣和力量。到美國也並非去享受，那裡有不同形式的十字架。民仁和你年齡都不算大，也許美國需要一批在中國吃過苦為主作證的信友去介紹中國的情況。你幾個海外的哥哥現在對你很疏遠，你不必失望，民仁去美後她會替你牽線的，你自己作好思想準備，要積極配合天主聖意的引導。」我知道他這次是探親回家，兩天後還得回白湖。我告訴他「最近地震局有預測，說不久在白湖農場將有強烈地震，你是否可以過一段時期再回農場？」他不假思索地說「白湖仍有很多教友在那裡，他們都不怕，我做牧羊人的怎能放棄了自己管屬的羊群逃往一邊，這太說不過去。」他接著又說「那天我在你家做彌撒，勵德在羅馬伯多祿大堂做彌撒，不是同樣的光榮天主嗎？現在我在農場生活也比以前鬆散些，我常常寫信和寫文章，以後你如收到我的文章，把它複印散發給別人。」

樹德神父的一番話給我指出了今後的方向，人活著並不單為自己，看來是改換跑道的時候了。朱神父是非常實際的神父，他力勸我赴美，同時也囑咐了民仁一定要找到我哥哥勸說他接收我們。民仁華德先到香港，我的二哥在香港但他無絲毫誠意，我不願意為難民仁，但主內的兄弟姐妹的感情有時雖不是姐妹卻勝如姐妹。民仁抵港後雖然她本人有很多

困難要克服,她仍然抽出時間找到了我以前聖母軍的指導司鐸梅開和神父(Rev. Edward MacElroy)。他君子一言頂千鈞,他說過為了在聖教廣揚時他能以最快的速度回到大陸,他一定在離開大陸最近的地方在等待。他是哥倫布會會長,他可以回愛爾蘭,也可以去美國,但他卻一心留在氣候並不太好的香港。他朝思暮想也許明天能回到上海,回到江西他過去的傳教區。當他一見到民仁,萬分激動,聽到我為聖母軍判刑十五年,感嘆不已,況且在八十年代初似乎惡夢已經醒來,他總認為重逢有日。當他得知我在香港有個胞兄,他迫不及待地表示一定要去我哥哥的家,說服他同意接收我。他說至於來港後的生活以及工作他全部負責。當我得知此事立即去信給他,他是位德高望重的神父,我哥哥既是外教又很勢利。神父卻一再表示寧願冒著被我哥哥請警察趕他出門的風險,也要去試一試。我在不得已情況下告訴他我還有一位哥哥在美國,我要出國還是來美國為好。他想想這也是合情合理,於是他將此事交托給莫克勤神父(Fr. Aden Mac Grath),因他每年必去美一次。因著莫神父和五哥的頻繁接觸,民仁的不斷催促,五哥在一九八一年繳了兄妹移民申請。梅神父知道後真是喜上眉梢,但莫神父說此類簽證需等八到九年。梅神父說 「反正現在已有盼頭了,過一天總是少一天。」誰知在一九八二年十一月廿二日他因心臟病逝世於香港。

第七十章

像霧又像雨

一

　　五哥已為我們辦好了移民申請，接下來需等八年，這八年需在中國大陸這信仰時刻受威脅的國家中等待，簡直就等於八年抗戰。到底能不能去美，好像在大霧中開車，若隱若現，太陽是否升起，還是霧即將變成雨，這是個微妙的過程。如果朝前走三步，怕萬一將來去辦煩瑣的手續時，有一關卡住，結果弄得吃不到羊肉反而惹得一身羊騷臭，得不償失。如果向後退兩步，不作去美國行，國內政策時鬆時緊，很不穩定，有走的機會不走最後再鋃鐺入獄，現在已不比過去光身一人，目前有家有老小。到了那時成了「不到黃河心不死，到了黃河來不及」，那又如何是好？

　　中國有句俗話　「天下本無事，庸人自擾之。」作為庸人，心情總不能平定。生活好了有好的憂慮，光景太苦有窮的焦急，反正左也不是，右也不好。若我們對天主沒有一顆感恩的心，做我們的天主是難以使我們稱心的。對於去美之事，當然在那時因濃霧重重根本看不清動向如何，根據我一生的經歷，任何大事必定有明顯的天主聖意的指示。首

先，應以冷靜的頭腦等待，有當它無。待收到美領館來函通知，以大題小作，簡而化之的精神，該出什麼證明，辦什麼手續，盡力為之。堅決相信天主要的，一切能成。如果天主不要，也愉快地順天行事。

在一九八八年年底，那時基本上已辦妥一切手續。只等廣州美領館的時間面談即可。有一天住在我家不遠的一個已結了婚的愛國會神父老楊來到我家。直截了當地問我是否將全家移民到美國？我說「老楊，你怎麼知道？是公安局告訴你的吧！你來我家恐怕也是他們授意的。」於是他就說「你要好好考慮一下，別想你哥哥替你們辦好了移民手續，你就能去美，老實說，你能不能離開，一切由人民政府所掌握。你必須在最近階段用實際行動表達你對愛國會的支持。」我說「老楊，你過去常常說一切由天主所掌握，現在換成由中共所掌握，將來待我走後，看看到底世事由誰在操縱！」後來這位老楊經常不斷上我家，既要了解我目前在做些什麼，又想威脅我為了達到去美的目的，同意去參加愛國會各種活動。這好像是一場寒冬臘月的冷雨，淋在身上感到寒上心頭。據老楊自己介紹他是朱樹德神父的同班同學，升神父也快有四十餘年。在文化大革命中受不住批鬥，就匆匆和一個修女結婚。結婚後他一直對教友們說「不要來望我的彌撒，我已不是神父了。」幾次中共幹部命令他在教堂中做彌撒，他總是借故推辭。平時我們經常在

巷子裡碰到，他一見我總是低著頭一擦而過，不願和我交談。我從他的舉止似乎窺見了他內心的不安。直到最後見到他時，我對他說「老楊，我一直沒有稱過你為神父，事實上你即使結婚還是神父，我們都是原祖亞當厄娃的子孫，犯罪是人性的軟弱，犯了罪要相信依賴天主的仁慈，地上有不堪的罪惡，天上有無窮的仁慈。我去美的飛機票已買好，他們阻擋不了，事物的運轉是由全能者天主所掌握。老楊，你的心還不算太惡，不要疏於祈禱，盼望有一天你回到耶穌聖心的身邊。」

一九八九年九月廿二日當飛機冉冉上升時，我好如從石頭底下崩出來的孫悟空，感到渾身輕鬆。現在已從花果山上下來到自由世界。

那位老楊在一九九六年逝世，據說臨終時他將自己的遺產分文不留給那位修女太太，而是如數交還給當地教區，但願這也是他臨終悔改的一絲表現。

第七十一章
從零點開始

　　感謝天主　已經到了美國，滿腦子的理想，一肚子的美夢。心想有的人在美取得了碩士、博士學位；有的事業有成，我們將會怎麼樣？不到三天，發覺我們的長處到這裡都變成了短處，我丈夫擅長設計畫圖，但英語不過關，沒有這裡的學歷，誰來聘你？而我是教書的，聽說教師也是奇缺，我就試試去考教師的資格考試CBEST。此項考試難度極大，分英語、數學，以及寫作三項。我通過了英語及數學兩項，至於寫作，它的要求是在四十五分鐘內寫完兩篇文章，我想我一輩子也達不到這項要求。別人勸我再多次去考，直到考及格為止。我完全沒有信心，後來又去考教師助理，一考就考上高分，立即分配我去離家很遠的一所小學面談。校長見我滿首銀髮，又知道我是大學畢業的，連連用客氣的話推辭　「You are over qualified」。找工作到處碰壁，家中兄嫂不給以任何經濟支援，怎麼辦？我家老汪又是重唱舊調，說來說去：「我們在國內不是沒有人要的，我的園林設計曾多次得到過全國設計一等獎、二等獎，來美前連城市中

都千方百計勸留我們，現在落得連吃飯住房都有問題。」我說我來美國是為了享有宗教信仰自由，我在中國由於過去判過十五年，到那裡總受到公安局安全局的注意，即使我整天呆在家裡，他們也不放鬆我的。所謂「樹欲靜而風不止」，萬一我在國內再遭第三次被捕，家中如何能經得起？老的老，小的小，八十二歲的婆媽加上十二歲的女兒，本來這種年齡組合的家庭已很特殊，實在這也是吃那麼多年的官司的後遺症。為了挽救保持這個家庭必須來美。這裡是別人的國家，沒有人請我們來，既然來了，就必須從零開始，從起跑線開始，無人能代替我們越過這些障礙，不談過去、現在，眼下怎麼辦？

我又繼續去找工作，遍找廣告，到處不斷打電話。記得有一次到一個職業介紹所，那位女的工作人員問了我的情況後說，你懂點英文，這裡正巧有一家要找帶孩子的保姆，他們要求能講一些英文的，我看你很合適，等一下這家女主人就會來的。她也由不得我數分鐘的考慮，立即打電話通知那戶人家。我真的害怕起來了，我是個連飯都不會燒，連個罐頭都不會開的人，如何能去當保姆？接著這位工作人員似乎看出了我的心思，滔滔不絕地說「到了美國，一定要放下架子，有的在大陸當主任醫生的也在給別人帶孩子，有的教授在餐館剝蝦仁，到什麼山伐什麼柴，你要現實一些。」我聽了頭皮發麻，勞改隊出來的什麼苦都不怕，但到了美國

非要我去做不能勝任的事，那真將了我的軍了。我只得借故此事必須和我丈夫商量一下，匆匆離開職業介紹所。路過教堂跪在聖體面前，苦求耶穌，在勞改營雖然生活艱苦，但不必為自己的生活奔波，現在一家三口，開門七件事如無收入，如何能求生存？

　　第二天，我只得向五哥攤了牌，我對他說「我們假若找不到工作的話，只好坐吃你了。」這一激將法很有效，未過幾天，他就說「你們不要怕苦，我介紹你們去天主教的一家慈善單位 Vincent de Paul，拿的是最低工資，要站八個小時，如果你樂意的話，我已和那裡經理打過招呼，星期一就可去上班。」

　　我想這項工作也許我還能勝任，不妨去試試。第二天去上班，我的感覺是，這裡是美國勞改，無論在體力勞動，以及經理主管對我們的歧視，其味道也不亞於中共的勞改營。例如店裡特別為美珍和我制定規則，在工作時不准說一句話，儘管墨裔以及其他族裔員工可以站在一起閒聊一、兩個小時。我們倆連一句有關工作的話都不准說。至於請探親假，經理中意的人可以一年請數次，而我們不是每年都批准的，同時明明按照勞工局制定的條例，五年以上可以請三星期的探親假，而准許我們只有兩個星期。所謂他們中意的人也像勞改隊一樣，只要肯回報別人的，肯協助領導做營私舞弊的事，個個都得寵。據說這個單位上面有主教、神父領導

掛著大聖人「味增爵」的牌子，房產、捐款源源不絕，但對員工的刻薄無法形容。在九十年代初，從來不付加班工資，員工工傷也無任何補貼，不少員工被開除，也有不少人請律師告了他們，但由於公司有的是錢，買通大律師，我們怎麼告也告不贏。

　　我總是這樣想　以前受中共的迫害，我們有心理的準備，我們願為信仰而付出。現在在自己的教會團體中，受到來自同一信仰的、同屬一個奧體的欺侮凌辱，實在好像寒天喝冰水，點滴記在心。但為了承行天主的聖意，為了在美國求生存，必須吃下這粒苦果。在這裡我要在這單位忍受到什麼時候？只有天主知道。誰能料得在一九九七年我患上癌症，天主的時間到了，讓我很自然地離開公司，換另一條跑道。因為天主知道我這軟弱無能的人，如果再拖延下去，也許我會失望，也許我會失去對教會的信心。這些年來我在病痛中經常奉獻我的苦難，為難為過我的人做補贖，他們是超性上的盲者，為了追求現世的物質，已將天主十誡拋之腦後，他們是真正的貧窮者，因為他們從不積累天國的財富。

第七十二章
相見時難別也難

　　來到美國後總想在美國找到數位我們所熟悉的神父,其中最想念的當然是聖母軍的莫克勤神父。他是我們在中學時就認識的,這半個世紀來,他一直關心愛護著我們。如今來到了這個自由世界,真想向他傾訴一下數十年來的苦衷。從五哥處知道莫神父持有美國綠卡,每隔兩年到美國來一次。大約在一九九一年秋,他來美時找到了美珍和我。自從一九五一年至一九九一年,闊別已有四十年了,當他一見到我們姐妹倆　立即對我說　「你是妹妹胡美玉　你的聖名Rose　」指著我姐姐說　「你是胡美珍　聖名瑪大肋納。」這簡單的一句,不但使我們感到驚奇,而且溫暖了我們的心。分別這麼多年,莫神父能一口說出我們的中文名以及聖名,而且誰是姐姐、誰是妹妹,記得一清二楚。如果他不是常常將我們放在心上的話,如何能記得。他接著說「我還見過你們的二哥、四哥。二哥的臉和美珍長得一模一樣。四哥在香港時常去看梅神父。現在你們來到自由的美國,天主有意安排要你們這批為主作證的,把過去受過的苦

難敘述出來。你們倆一定要寫，如果沒有空，沒有精力，就對著錄音機，將它錄下來，記得一定要為下一代留下一些東西。這是歷史的見證，你們肩上負著這個使命。」那時我們在 Vincent de Paul 工作，每天幹體力活超過八小時，回家還要做家務，天天疲於奔命，哪有精力來寫作。我正有滿腹牢騷要向他發洩，神父好像一位老爸爸似的聽我不斷抱怨，我說：「神父，這個任務完成不了，每天忙得連腳都要舉不起來了，生活都應付不了，怎能談得上寫作，過去的讓它記載在天主的賬冊中，我們現在的苦也不比過去勞改時少。」

莫神父實在是位十分謙遜的神父，他聽我胡說八道從不訓斥一句，而且他很有耐心，這次說了，下回來時換一種方式再提出這個意向。以後他每次來美，不管再忙再累，必到我家來看我，知道他已九十高齡，仍然到處飛行，除了中國大陸以外，什麼地方都去，斐濟、台灣、馬來西亞，到處都有他的足跡。我說「你如此高齡，每年飛行的里程恐怕要打破金氏世界紀錄。你是中國大陸的頭號罪犯，不然你早已去過大陸了。」我們常常跟他開玩笑說「你從來不掛任何頭銜或職稱，因為你的唯一頭銜已經夠響噹噹的了。『中國頭號罪犯』這塊牌子已勝過一切。你的被捕遠遠早於龔主教。你被捕時，中共的宣傳機構到處宣傳說，在你的臥室中搜查出收發報機等等，你是中國五十年代最著名的人。」他哈哈大笑說「我真想再回中國，看看上海，看看

你們的震旦女中。」

一九九八年莫神父一跨進我的家門,對我仔細端詳了一下,就給我一個 Warm Hug,說著:「好一個漂亮的金髮女郎。」我隨即脫下假髮露出光頭。神父十分深情地撫摸著我的頭,接著他慢慢的說 「可愛的 Rose,你又在受苦了,我知道你患了癌症,做過手術,現在正在化療。把所有的痛苦奉獻給聖母吧,這是最中悅聖母無玷聖心的禮物,你在牢中受了廿六年的苦,放心,聖母將還你廿六年。」

聖母將還我廿六年,這句話是莫神父代替聖母對我說的,這是多麼使人感動的話,我不在乎再活六年、十六年、廿六年。實在我的乳癌發現時已屬晚期,已轉移到淋巴。這四年以來,有不少癌症患者,他們的症狀都比我輕得多,並且手術很及時以及各方面條件都比我好,但一個個都離開人世了。我的兩位主治醫生都說我能活著無論如何說起來,這是奇蹟,用醫學無法解釋的奇蹟,既然我是蒙受特殊恩寵的,我怎能不感謝天主賞賜給我重生之恩呢?況且目前已因病離開了工作,我更沒有任何理由再不寫作了。

莫神父的逝世,真是天主刻意安排的,他在二〇〇〇年聖誕節一連做三台彌撒,彌撒後由他姪女開車送他回家,在回家的途中,心臟病突發,他姪女立即將他送醫院搶救,兩小時他即蒙主恩召。死在聖誕節,地點是在自己出生的國家,埋葬地點是和家人埋在一起,一切都是非常理想的,這

說明神父愛天主,天主愛神父已經到登峰造極的地步!

　　莫神父!您已榮登天國,您在天之靈,可一目十行閱讀此書,您曾經十遍、百遍地對我說「要寫,要寫,一定要寫,」當您拿到我用英文寫的一篇"Human Suffering Is Spiritual Joy"時,您真是欣喜若狂　印了不知多少拷貝分發給聖母軍會員。

　　今天我要將這本書獻給您,感謝您五十年來對我的培養和關懷,我只求在這世上能利用一切來孝愛聖母,恭敬天主,效法謙遜的莫神父,默默無聞,平平凡凡,但願天主聖母常受讚美!

聖母軍中國支團的創始人——莫克勤神父

第七十三章

第二張判決書

「上主是我的牧者,我實在一無所缺……,縱使我走過陰森的幽谷,我也不怕凶險,因為你與我同在。」(詠廿三)

我於一九四九年領洗進教,隨即加入聖母軍。廿四歲時因是聖母軍團員而被捕入獄,正巧在生日那天收到一份因反革命一案判刑十五年的判決書,家中老母聞訊不思茶食,痛不欲生;同窗好友得知惋惜萬分,悲傷不已。十五年總共五千五百七十五天,在人的一生佔了很大的比例,然而站在永遠的角度,十五年與無窮大相比,算得了什麼?在世俗人的眼光中被捕入獄淪為囚犯,犧牲青春,失去自由是人生中最大的浩劫,但在天主教友的心目中是耶穌基督揀選了我,為祂作證與祂同走加爾瓦略山苦路,這是恩寵,這是福份。卑微罪人只有全心感謝天主賜如此洪恩

光陰似箭,日月如梭,四十年彷彿一瞬間,四十年後的今天我已六十有四了。天主安排的奇妙,在我生日那天,又收到一份異常珍貴的生日禮物,一份「乳腺癌」的診斷書。第一次判決書是我自己甘心情願接受判刑,所以得來全在我意料之中。而這一次我楞住了。回想我來美八年至今,

不斷受到挫折，常常處於逆境，我問耶穌為什麼世福常與我無緣，痛苦卻始終和我作伴，而如今更是一場浩劫；才雨過天青，跟蹤而來的竟是癌症的折磨。對我來說，吃苦好似看連場電影，一場接一場，沒有暫停，也不休止。剛上加爾瓦略山，如今又逼著我上梁山了。

我不是超人，從小最怕痛、怕癢，往往一碰就哭，是個出名的碰哭精，而如今癌症纏身，豈不是將我軍了。我很明白對於天主的聖意，無法抗拒，更不能迴避，逃不了、躲不開。當我默想到耶穌所說「西滿所背的十字架我願你一生常背。」是一生，不是「偶然」更不是「有時」而是地地道道、不折不扣的一生。

當今世界正處於廿世紀最後的幾個年代裡，魔鬼已正在竭盡其能大肆擄掠靈魂，形勢緊迫，刻不容緩，在此非常嚴峻的時刻我們能視若無睹，聽若罔聞嗎？法蒂瑪聖母對世人的警告已達八十年之久。天主的公義需要顯揚，耶穌聖心渴求安慰，聖母所受的凌辱務必賠補，基督的救贖工程，需要人共同參與。對我說來，青春已經奉獻又何必再斤斤計較這剩下不多的晚年。無論是癌症的折磨或是生活的勞累……，一切的遭遇都出於天主愛的安排，我沒有理由說不。我但願自己能肖似十字架旁的右盜，有顆真誠的謙虛之心、活潑的信德，希望在我臨終時聽到耶穌親口對我說「你偕予今日，共享天國榮福」我心已足矣。

第七十四章
聖母攙我走鋼絲

蔣經國的兒子蔣孝勇患食道癌,年僅四十八歲與世告別,著名電影明星英格麗褒曼也因患乳腺癌而逝世。我二哥一生享盡榮華富貴,每年數次定期健康檢查,偏偏他患上了胃癌,手術護理都是最上乘的,誰也沒有料到便蒙主召歸。這是不是說明癌症殺傷性特別強大,死亡率絕對高呢?我百思不得其解。

一九九七年四月十五日,我得知罹患乳腺癌,且腫塊已有雞蛋那樣大小。那時我既無保險,又想別人走不通的路,我又何必去重蹈覆轍。於是我去到艾祖煌醫生處,他檢查以後搖著頭說:「這不是癌是什麼?你怎麼這樣稀里糊塗,腫瘤已長得如此大才發覺。脈博又弦又滑,心跳無力,情況很不好,但有利的是你很篤定、泰然,目前吃湯藥和另一種較珍貴的藥丸,待六月十四日再複查一下。」照常規我必須立即進入醫院,以最快速度去動手術。多少個電話,無數封熱情洋溢的信催促我爭取時間,跑在癌細胞擴散之前接受治療。

親友的關心、規勸，我謝了。在美國西醫和中醫中藥兩擇之下，我在不得已情況下只得依賴中醫。但是我以最快速度向公司請了保險，爭取盡早手術。公司主管說要到七月份以後我的保險才能有效。自四月十五日到七月一日這兩個半月，所有的人都在為我捏一把汗。的確我要走鋼絲了。在六月底又收到移民局給我婆媽的通知，為她的綠卡需在七月廿六日到移民局面談，我先生和我一定要同去，作為擔保人要當面簽字。為了不耽誤媽媽的綠卡，我對醫生說手術推遲在七月廿六日以後。醫生久久說不出話，他問了我一句「你是否知道癌症細胞的厲害？」我說「我完全知道，但這也許是我為我婆媽最後所做的一件事，我得把她的事作為首先考慮。」醫生也只得把我的手術定在八月廿日。

從四月十五日到八月廿日四個多月的日子裡，我每天堅持上班，我沒有向公司任何人說出我患了癌症。在這些天中，我每天在倉庫站立八小時不斷地掛衣服打標記，每天要掛好七百件衣服；在七、八月份倉庫中氣溫有時達一百度，那裡既沒有空調，僅有幾只舊風扇，而且離我很遠，一般人都無法承擔這份工作，更何況對一個患有癌症的患者。我自己也不懂，我這麼軟弱的人怎能頂得起這樣重擔，這是天主在我身上很大的奇跡，聖母親手攙著我在走這段鋼絲，我一心依靠，完全信賴繫上安全帶，我深知這安全帶是掌握在造天化地，呼風喚雨全能者天主的手中，安全係數是百分之百

的了。

　　別人的經驗也是值得借鏡。一般病人患了癌症後總是多吃人參，各類動物脂肪蛋白來補充營養，殊不知，癌細胞對這種營養搶得比正常細胞還快，因此大大地餵飽了癌細胞，這也是為什麼有錢的人死得更快。聖母要我餐餐粗茶淡飯，天天封齋，飲食完全不是為了飽口福，僅僅能供給一些能量而已。其次對癌症最大的殺傷力是精神上的壓力。我說多數人是被嚇死的，如果能處之泰然，恐怕不致太壞。

　　我衷心感謝天主，我能感覺到天主對我的寵愛。我所以寫下這一段，並不在於表現自己，只不過想讓大家知道，天主是多麼全能，多麼眷顧我這卑微罪人。但是世途崎嶇，道路曲折，處處有陷阱，時時有誘惑，在剩下不多的時光，我常常需要鼓勵和鞭策，請與我同行！

第七十五章

世外桃源

　　耶穌說 「你們心裡不要煩亂,你們應該相信天主,你們也要相信我。」(若十四1)

　　八月廿日我動了手術,因癌症已轉移到淋巴,所以九月四日開始就要去做一系列的化療。九月四日我在姪女的陪同下哭哭啼啼地走進了醫院,作第一次化療,一到候診室見到不少病人,個個面呈土色,頭歪倒一邊,我輕輕地對姪女說 「怎麼個個像隔夜油條,一點也沒有精神」我心裡已有三分懼怕,在整個治療過程中護士醫生的體貼細緻非你所能想像。我說 「這下壞了,越是他們對我好,越是可以預料這是一杯難以飲下的苦爵。」為了遵守好第五誡,為了承行天主的聖意,再苦也不能做逃兵。下午兩點化療結束回家,九十高齡的婆媽見我高興地的樣子,真是笑得合不攏嘴,她說 「我說千萬別聽別人的話,把化療描述得像下地獄一樣,看你說說笑笑好像沒有事一樣。」我說 「媽,別高興得太早,不過讓我搶在時間的前面,拿一些有營養的東西讓我吃,只要吃得下,不會頂不了的。」

第二天清早，開始噁心、嘔吐、頭痛、腹痛，一切的不舒服感覺相繼而來了，在這種要活不成欲死不能的光景下，我勉強自己每隔一小時起床一次　喝大量的水　服Ensure……，這樣反覆的吐管吐，吃管吃，昏天黑地的過了四天，症狀逐步減輕消失，這兩天剛鬆了口氣，第二次預約的卡片又寄來了。

我應該以什麼樣的心態來對待這十次化療？開始，我想學鄭板橋的難得糊塗不做化療的時候不去想它，糊里糊塗的過日子，待去時，去捱一下，這也許能減輕一些思想負擔，但沒有充分善用我這些臨床上的痛苦。

現在我在天主聖神的光照下找到了正確的答案，眾所周知，化療很痛苦，但這不是災難，世界上唯一的災難是罪惡，是脫離天主，其他一切的事物都是相對的。所謂禍中有福，福中有禍，我們在思考問題時也應該面對問題，用反面的角度去思考，反面的問題用正面去對待。例如化療，一般的反應大約在一個星期左右，這僅僅是很有限時間的痛苦，而且在這段時間中，我不用再顧及其他一切身外的事務，排除一切干擾，謝絕一切親友的來訪，請護守天神帶領我到所嚮往的地方，陶淵明筆下的世外桃源，小 Alice 的 Wonderland 這樣美妙的地方不付代價能去嗎？世間一切美好的事物都是需要付出痛苦的代價。

九月廿五日是我的第二次化療日，我不但笑臉相迎，且

已經計劃利用這一週做一次大避靜,在這次避靜中我要百次、千次的感謝天主聖父生我、養我,尤其是一次又一次的揀選我。這次我患癌症,實在也是祂的洪恩,祂要我利用現世短暫的時光,為罪人做補贖,為司鐸們祈求,為搶救垂危者的靈魂,為煉靈們早日登天國祈求,祂用事實告訴我,這些工作是迫不及待,搶靈魂要分秒必爭。天主,您真的在催促我,在我手術不到兩個星期,巨大創口仍在劇烈疼痛時,已開始化療,這不是說明時間的緊迫嗎?不能再篤定,慢吞吞了,黑暗之子正在白天黑夜地策劃破壞我們的教會,我們豈能等閒視之。

在這次異常的避靜中,我也要緊緊地擁抱十字架上的耶穌,耶穌在哭泣,耶穌在流淚,也許是耶穌將我抱得太近了,也許祂茨冠上的刺將我的頭也刺得好痛,耶穌被鞭打五千肆百八十次,全身粘答答,血乎乎,當祂摟著我時,我也分擔了祂的感覺,多麼甘飴,幸福啊!能和自己所愛的人一起受苦,這就是天堂。耶穌啊!我願常常和您相愛在痛苦中,我還要時時不斷祈求天主聖神,沒有祂和聖母的合作,我們哪有聖子耶穌,沒有天主聖神的恩賜,今天我怎麼有勇氣來面對這場痛苦,沒有您,我怎麼能有超性的智慧,來明辨是非,棄絕罪惡……

聖母啊!您不要再流淚了,讓我陪著您,一步步地跟著耶穌走加爾瓦略山的道路,苦路總有盡頭,光榮的復活必然

會出現在苦難聖死之後，聖母但求您保佑我常常有勇氣與耶穌一起共飲苦爵，一分一秒也不浪費這剩下不多的時光。

大聖若瑟，天主目前賞賜我的工作（JOB）是受病床的苦，其他一切瑣碎雜務勞駕你了，另外請勿忘記在天主召喚我的時刻，請你和聖母一起，親臨我的床側來陪同我去享見我一輩子所仰望的至尊美善的天主。

諸位煉獄靈魂們，我知道你們的苦衷，你們在受煎熬，你們無法減輕自己的痛苦，如果我的痛苦能對你們起一些作用的話，我苦求天主，放放你們吧！我特別是為那些從來沒有人想到的靈魂。我好像常常聽到你們在對我說「如果你來煉獄看一下，那麼你會感到世上什麼痛苦你都願意接受了」，我相信這話，我絕對不願到了煉獄後再去後悔，我要現在立即行動。

我似乎沒有精力再往下寫了，今天頭髮一把把地丟落，肉身是將我和天主隔開的一堵牆，這牆正在慢慢地瓦解了，待到這牆消失時，我將含笑安逝，在聖母的懷中，我將永遠與天朝聖人聖女一起，永遠歌頌天主的仁慈於無窮。

第七十六章

病中狂想曲

當我領洗進教時，就想耶穌是無窮美善的天主，爲愛我們世人，爲愛我這卑微不堪的罪人，生於貧窮，死於十字架，他的愛情已如醉若狂，而吾主耶穌也期待我們也以瘋狂的愛情來還報他。生活在這偉大的廿世紀的教難時代，你如不願作隨波逐流的浮萍，而做一棵歲寒不凋的松柏，那你必須要有近乎瘋狂的愛情來愛天主，愛慈母聖教會。

感謝天主，我一生帶有幾分狂。這次我從醫院拿了病理切片報告回來，進門就對媽媽說我中了樂透，六個號碼全對上了。媽媽欣喜若狂的說獎金是三百萬還是七百萬？我說獎金是無價寶，天主的無限恩寵。老人家很聰明，馬上意識到我是患癌症了。她說反正你要準備開刀，伸頭一刀，縮頭也是一刀。我說什麼事我都愛漂亮一些，我一定要去伸頭一刀。

八月廿一日早晨我像吃喜酒那樣高高興興地去接受開刀，我心想就此萬事大吉，誰知五天後醫院又來通知，因我淋巴已有轉移，需立即進行化療，一共十次。我對媽媽說光

麵又要加交頭了,還要加兩塊排骨。這次媽媽眼淚滾滾而下了,她說妳的苦頭怎麼這樣吃不完,化療十分痛苦,妳能忍受十次嗎?我自己心中也無數,但如果不去化療,萬一癌細胞擴散怎麼辦,我有責任愛護自己的生命。第一次化療我做了一次大避靜。這是第二次,我請護守天神帶我到美麗的夏威夷海上,你看那一望無際的海洋,和風煦煦,我彷彿雙手緊握一隻機艇,在蔚籃的海洋上做寫意的滑水運動,時高時低,我知道這機艇是天主聖父所掌舵的,其安全系數是百分之百的,所以更顯得瀟灑自在,耳邊似乎聽到溜冰圓舞曲的優美旋律,此時世俗、名利、地位已與我無關了,我遨遊在天主愛情的海洋中有什麼比這更幸福的境界?正在我陶醉的時刻,時鐘敲了三下,我猛的醒悟我仍生活在有限的時間裡。也好,因為還有時間,我仍可用它來恭敬天主,為自己及罪人做補償,那麼我該面對現實的時候,讓我充分利用這分分秒秒吧。

　　天主是真善美,我也很愛美的印象。記得在我五歲的時候,被挑中替一位新娘子做小花童。那時頭髮燙得卷卷的,手裡拿著小籃子,十分可愛。我希望天主在召喚我時,我也是那個模樣,籃子裡放我一生的積蓄,耶穌所喜歡的五餅二魚。我要把這籃子當面獻給耶穌,並懇求耶穌說:當年你在佈道時,你十分中悅一個孩子所奉獻給你的五餅二魚,現在我用畢生的痛苦和折磨也做成五餅二魚,但不知是否你中

意？你也知道,我在這世上欠下的人情太多,所以這五餅二魚我既想奉獻於你,也想請你降福後分發給我的諸親好友,替我還還這一大筆人情債。耶穌不能拒絕一個小女孩純真的請求。她將我輕輕抱起說你現在已到天堂了,一切的債由我替你還。想起那時的喜樂,什麼癌症、化療……一切的痛苦我都有勇氣去擁抱了。

我的護守天神在你陪同我去見天主時,請你也不要空手,我要在你的籃子裡放上一張又一張的"THANK YOU"卡片。聖女小德肋撒是以愛為神修中心,她短短廿四年中充滿對天主對世人的愛,我沒有她如此深厚的愛,我對天主只有「謝」,靠托天主的恩寵,我一生特別是在困難、失意、病痛等的逆境中,我總是稱頌感謝天主的洪恩,越是在患難中,我對天主的讚美聲更是鏗鏘。這次我得癌症,我從來沒抱怨或叫苦,我說天主的聖蹟有兩種:一種是立即將病不治而癒,一種是賞賜你有超凡的聖寵,在痛苦中高舉心靈,感謝天主所賞賜的一切。

奇蹟已在我身上出現了,我是最軟弱不堪的罪人,今日我所表現的只表示是天主的全能在我身上完成了奇蹟。天主聖父是我們的好爸爸,祂慈悲的心腸怎麼經得起我一次又一次的跪在祂面前,我感謝你,我稱頌你,讚美你。祂對我說 「孩子啊,你不嫌我給你這麼大的考驗嗎?你在痛苦中能愉快地承行我的聖意,我十分喜悅,我知道你所需要的

一切，你不用焦慮。」另外我請護守天神替我捉一隻潔白的鴿子，我要獻給天主聖神，是他賞賜我智慧、勇氣與毅力。我沒有什麼可以獻給聖母，聖母悄悄地對我說你的名字不是 Rose 嗎？妳知道我最喜歡玫瑰花了，妳是一朵絢麗的 Rose，只要你把自己獻給我就行了。

朋友，請你不要覺得奇怪，凡是我能做到的，任何人都能做，Only you are willing to。聖女小德肋撒特別在天上指導我們如何效法她，讓我們立刻就跨出愛主愛人「神嬰小道」的第一步，讓我這「病中狂想曲」遲遲早早化為現實，現世瞬息即逝的痛苦又有什麼了不起，為了愛天主，為了妳的意願，為了我自己的意願，我要以最成全的態度翕合天主的聖意，願大家齊聲讚美全能、全知、全善的天主吧！

第七十七章
一石激起千重浪

張希斌神父是上海教區大通路德肋撒堂的本堂，他畢業於上海震旦大學，曾任揚州震旦中學、蘇州有原中學校長，他的門徒學生，真可說桃李滿天下。

張希斌神父

我在一九五二年後，我不斷去德肋撒堂探望他，一九五三年他開始做我的神師，他對信仰的堅持，教會的熱愛，一直是我勉力效法的對象。

一九七九年我回滬探親時，去淮海路他家中，那時他長住在徐家匯二〇一號，當他知道我已回滬，特地在家中等著，我們交談了數小時，他告訴我一些在監獄中的情況。

一九七一年上海市監獄中的一些管教人員深知張神父精通馬列主義且能說會道，已經有一些很有學問的囚犯，十分尊敬張神父。也有的已經由張神父替他們付洗。監獄組織了

一次「破有神論學習」。這次學習是針對龔主教和張神父的，犯人中挑選了幾個所謂「唯物主義者」以及「馬列主義者」。龔主教雖然也在場，但因他有國際影響，基本上不要他說話，而所有的砲火是集中對著張神父而來的。事實上這些自稱馬列主義者，對馬列著作有的略看了一些，有的根本一竅不通。但他們是中共的走卒，他們可以將白說成黑；將錯說成對的，而不論神父所說的什麼，總是錯的。更可惡的是當他們無法證明張神父所說的是錯的時，竟然叫唆幾個打手打他，其中有一犯人用一塊木板猛擊神父的心臟，一連數十下。此學習持續了九個月，在最後結束的一場更為動人。中共管理人員第一問龔品梅「你對天主教信仰怎麼認識？」主教站起來用心平氣和的語氣說「宗教信仰不變。」於是這些管理人員就歇斯底里大發作起來，尖聲一叫「那些信天主教的，都站起來。」張神父第一個站起來，接著有幾位教友站起來，接著有數位望教者，接著有數位張神父的崇拜者，人越站越多。幹部們慌了，心想這如何收場。九個月的學習換得越來越多的人信仰天主教，即使在失去自由的監獄中也膽敢坦認自己是信仰天主教的。神父講到這裡非常感嘆地說了一聲，越是在反宗教的地方，人們的宗教信仰越堅固。雖然那些幹部老爺在大呼結束聲中，還狂叫一陣「將來有的加刑，有的要處死你們等著瞧吧！」

說完這段，神父悠悠的說其實我在每次大批鬥後，回到

監房,至少有人願意領洗,這是共產黨幫著我們傳教。幹部也不都是壞的。有幾個幹部把神父從監房中提出說是要教育他,神父往往趁此機會向幹部講解基本要理,據神父介紹也有好幾位幹部由神父替他們付洗,這真是不可思議的事。

一九八五年我回上海,那時神父因心臟病發作住在上海市徐匯區中心醫院。在五十年代張神父心臟就不太好,在他的旅行包中常帶著心臟病急救藥,他常常對我說,如我昏倒請立即替我注射可拉明。入監以後又遭惡人猛擊心臟,因此經各種測試,二尖瓣、三尖瓣都受損嚴重,心律極不規則,心跳每分鐘達二百次左右,出現奔馬律。醫生一再囑咐家人,辦妥後事。但我一跨入病房,見他神采奕奕,拉著我的手說:「樹德發聖跡了,這是頭等聖跡。」我高興得幾乎跳了起來,他說:「不要急!你看我的心跳恢復正常了,你先吃些東西,我將經過的一切告訴你。」我說「神父,你老把我當作小孩,我現在已是老太婆了。我要聽你的故事!」

神父說 「一星期前,他們醫院以及邀請了其他醫院有名的心臟專家都來對我反覆檢查,得到的結果基本一致,醫生也已放棄,不用什麼藥。後來我將樹德神父的一塊聖髑放於枕下,對朱神父說如果天主意思要我再為天主工作幾年那麼請發一聖跡吧!第二天醫生來查房時,發覺心跳已正常,立刻用幾架不同的心電圖儀器來測量,未發現任何異常。醫生還是不信,說可能心電圖儀器失靈,再請其他醫院來

測試，其結果相同。於是醫生護士大感驚訝。」正說到這裡，有一位護士帶了一個小女孩，走向神父的病床說「張神父，你的天主救了你，也請你將我的女兒托付給你的天主。」神父覆手降福了這女孩。神父說已經有數位護士進教了。當然我們的信德的基礎並不在乎聖跡，但由於神父德高望重，本人的品格已使人欽佩，這一奇特的聖跡更無法用醫學常識來解釋。每人認識真理的途徑各各不同，讓大家一起讚美天主的全能和仁慈。

一九八九年我在離滬赴美前去向神父告別，心中有說不出的滋味，我說 「我們走了，留著你在這裡，我感到難受，將來如有可能，我願意接你去美國。」他說 「不要操心，你看這裡這麼許多羊群，需要看管。當善牧的，怎能只考慮自身的利益，你到美國後還要經受各種不同的考驗，一輛小車在前進，速度時快時慢，但最重要的是要常常記住你所去的方向，今世如不能再見，但願有一天重逢於天國。」

在天的瑪竇張希斌神父，你是我永遠的楷模！你一石已激起千重浪，你的血已播下了千百個新教友的種子，請在天父前不忘為還在受苦的中國教會祈求！！

第七十八章
兩袖清風的張希斌神父

　　我認識張希斌神父，是在一九五二年四月復活節前夕那天，那天是我家的大喜日子，因為我家的「掃祿」四哥富水，皈依天主教會而成為保祿的日子，我四哥在一九五一年聖母軍正式被取締時，他一再逼迫胞姐和我去向政府交代登記，但事隔數月，他在朱樹德神父的教誨下，決心接受天主教信仰，龔品梅主教為了鼓勵我們，特地和張希斌神父趕來君王堂，替我哥哥付洗，從那時起，我常常去德肋撒堂探望張神父。

　　數十年來他如慈父、良師、益友一樣的對待我，他以自己的言教、身教帶領青年一代走成全的靈修之道，他一再說，到如今要應付中共長期的威脅利誘，不在乎一時的匹夫之勇，而是要對世上的名利、物質、地位有正確的評估，如果你把這些東西凌駕于天主之上，既使主教、神父也會不堪一擊，被捕後兩三天便會投降或妥協，因為在他們的神修中，早已有著貪圖世俗的缺口，一旦有外來的衝力，堤壩立即倒塌，他還說，致命實在是以靈修為基礎，也是靈修的最

高峰。

　　張神父一生節衣縮食，一件棉背心已陳舊得不堪，他穿了大約十餘年，都捨不得換新的，每天兩餐稀飯，吃些簡單的小菜。八十年代他出獄後，中國較為開放，有不少海外的神父、教友去看他，送給他錢和聖物；但他總是作運輸隊長，這隻手來，那隻手去。有一次，我去看他，桌子上放著許多聖物，他說「你揀喜歡的拿，別人送給我的東西，最好不要過夜就送走，你要記住，流水不腐、戶樞不蠹，物質的東西一定要讓他流動，物質積得太多，心靈自然不能提高。」那天正巧有空，他接著對我講了一則白蟻的故事「從前他家院子裡有顆大樹，數十年來一直蒼勁有力地挺拔在那裏，風吹雨打，不被搖動；雷擊閃電，也屹立不動；烈日寒霜；更滿不在乎，然而隔了幾年樹葉逐步凋謝，樹枝日形枯萎，最後，這棵數十年的大樹死了，是什麼原因？原來在樹心中有一窩白蟻日夜繁殖，最後成群結隊蛀蝕大樹，如此日復一日、年復一年，大樹經不起，來自內部的長期侵蝕，終於死在白蟻之下。」張神父嘆了一口氣說「為我們也是如此，要記得魔鬼是無孔不入的，牠會套上各種假面具，有人能經得起監獄的各種考驗，但未必有力量抵擋世俗長時期的誘惑，不要躺在過去的功勞裏睡大覺，俗話說，英雄不提當年勇，天主只看現在，只有堅持到最後，才能得到勝利。」

張神父是一位富有神貧精神的司鐸，我請他獻彌撒，給他一些奉獻，他嚴詞拒絕的說「我這一輩子沒有拿過彌撒金，彌撒是不能用錢來買的，你要捐獻，那是另外一回事，但不要和獻彌撒在一起混淆，神父總奉獻彌撒，舉行聖事，送善終，絕對不是職業，也不是工作，而是天主的特恩，千萬不要把我變成一個庸俗的人」至於什麼是真正的神貧，他說「有很多財主富人，慷慨捐些錢給窮人或做些慈善事業，這當然是很不錯，但如果認為這就是神貧，這似乎太過膚淺了，不論在財富或智力上貧乏的人，都是耶穌在聖經中所說的『兄弟中最小的』，我們應該把他們看作是基督的化身，是他們幫助財主富人，在金錢上得到最有效的利用。你作為一個教師，在對待學生時也要先照顧、優待窮苦人家出生的學生，一個教友如果趨炎附勢，既使他捐了大筆金錢給教會事業也談不上神貧，要牢記這句話『在窮人身上見到基督，也讓他們在你身上看到天主。』」

　　張希斌神父的兩袖清風精神，也充分表現在他所寫的遺囑中「……不換衣服，不舉行遺體告別，不舉行追悼會，立即火化（因為中國大陸規定，每一個人在死後，必定要火化的。）」他對青年的諄諄教導，要捨棄一切，來跟隨耶穌，他一生勉力實行，他沒有扎根於現世，在天主召喚他的時刻，兩袖清風，輕輕飄飄飛向天國。

第七十九章
這不是天方夜譚（一）

那是在九七年某個星期四的早晨，在洛杉磯一座意大利教堂，此教堂建築富麗堂皇，大約能容納七百人，然而在這偌大的教堂內在晨間彌撒時只有我一人，這樣的情況已有過兩次，神父在祭台上說上文，

天主的好牧人

我則一人答下文，好像吾主耶穌要我們分享他在比拉多衙門受到眾叛親離的痛苦。我想世上有很多事物也許在失去以後，才認識它們的價值，健康的人只有在患病時才理解健康的可貴，對囚居牢房的犯人，他懂得了應該如何珍惜自由，至於宗教信仰自由也是如此，長期生活在美國的教友，總認為信仰自由是想當然的事，誰也不會稀罕。且讓我們跨過地球的一半，看看太平洋彼岸的中國忠貞教會的情況。

今年是九九年了　忠貞教會經歷了半個世紀的風風雨雨，五五年、五八年大逮捕，六十年代的文化大革命以及在

八十年代仍堅持「三自革新」，這五十年來造就了多少個致命者，各地無牧之羊非常熱心，教會也越傳越廣，在農村有的整個村莊歸化進教，在城市裡近年也有不少領洗進教。真正的教會不在石塊砌的教堂，而這些地下教會的神父和熱心教友才是真正的「活基石」，他們在聖神引導下茁壯成長，他們用鮮血和行跡書寫聖教會史上最光輝的一頁。

下面我要向你們介紹近期在中國大陸不到六十五歲，自五八年至今因堅持信仰　「五進宮」被捕、釋放、再被捕……一共五次。放出後他從來「不思悔改」總要「重操舊業」。他最後一次被捕，吃足苦頭，上面指使一些群眾在他的公判大會上腳踢手拉，完全好像在比拉多衙門的耶穌。第五次被捕的案由是為了他在聖母升天瞻禮，在江南某一漁鄉作彌撒，因那裡的教友絕大部分都是漁民，網船就是他們的家，這台彌撒就是在五條網船中一只較大的四十噸的漁船，祭台搭在這只船上，左右兩旁有四只小船。在此船上的教友看不到神父，也聽不到聲音，只是大家一起唸經而已。到送聖體時，神父手握聖爵，依次序跨到每條船上，大約有五百多位教友，又唱又唸。但在彌撒快結束家時，政府的巡邏艇頻打探照燈，看個究竟為什麼有那麼許多教友集合在一起，於是在彌撒結束後就尾隨跟蹤那位神父，立即將其逮捕，判勞教三年，期滿後，仍不斷在漁船上做彌撒。他吸取了以往的教訓，只在中間的一只船上，由輔祭者拿著手電

簡行彌撒聖祭，船上濃郁的魚腥臭，整個船上只有一絲光線、蚊子、小蟲都密集在神父的臉上，但這一切卻絲毫阻擋不住他對天主的熱愛，對教會的忠心。有時在彌撒中也聽到汽艇駛來，大家都不在乎，它一面拉著呼呼的警報聲一面打著強烈的探照燈，當他們見到許多人集合在一起，立刻興師動眾，既出動便衣跟蹤神父，又有武裝警察，待神父剛到達某教友家的門口，立即鋃鐺一聲，將神父銬上，而神父卻如一贖罪羔羊，無怨無尤。他是久經戰場的基督戰士，有什麼能使他害怕，這已是第五次進監獄了，所以他心神安定，像回娘家一樣踏著輕巧的步伐走上征途。入獄後又被判三年勞教，九八年期滿後仍然以漁船為家，與漁民為伍，但他已變得十分聰明了　以前所以被巡邏艇發覺，是因為船上有燭光，同時唸經聲瑯瑯，而現在，在做彌撒時，只有中間的一只船上，由輔祭者拿著一只手電筒照明行聖祭，其他船上漆黑無光，望彌撒都在黑暗中進行，困難的是送聖體，神父僅靠著一只手電筒的光線，跨入一只又一只的小船，把聖體一一送給教友，仇教者怎能想到在無聲無光中一位司鐸在帶領五百位教友在舉行著最神聖的彌撒聖祭。

　　好一位有聖德的司鐸，他是廿世紀耶穌基督的化身，他的牧靈工作，需要我們的祈禱和支持。

第八十章
這不是天方夜譚（二）

　　在離開上海不遠的郊區，佘山山腳下有個叫九里亭的地方，那裏交通閉塞，不論你坐公共汽車或出租汽車都必須步行十五分鐘才能到達兩間十分簡陋、破舊的小屋，稱它為房子，也僅僅因它有個屋頂有門、有窗而已，在颱風季節人們常常擔心這所陋室是否經得起巨風的襲擊，在嚴冬臘月室內的溫度幾乎與室外相同，在今天非常現代化的上海高樓盤立，郊區工房也似雨後之春筍一排接著一排，這座陋室可說是絕無僅有，也許已有條件列入文物保護對象了。

　　這所陋室雖然其貌不揚，但裡面所居住的四位神職人員，德行馨香，他們是李姓的一家，方圓數十里以外的教友都對他們十分欽佩尊敬，他們的雙親生前都是十分熱心虔誠的教友，對天主慷慨大方，將自己所有的子女，兩男兩女全部奉獻給天主，李家出了兩位神父，兩位修女，其中一位小李神父曾因天主教信仰被捕入獄，在牢房中度過十數載春秋，釋放後患有肝癌，但仍帶病在這陋室中做彌撒，聽告解一直到逝世那天。還有一位修女已於數年前蒙主召歸，現在

只剩下老李神父和一位姆姆，老李神父高齡九十三歲，五十年代曾因肺癌割去右肺，目前肺活量很少，老姆姆也已年逾八十。

話說在今年聖灰瞻禮的前幾天，他們兄妹兩人估計，今年來望彌撒的教友不會過多，一則因附近一座官方認可的教堂內，有一愛國會神父在做彌撒，去這教堂望彌撒，不但政府不會找麻煩，而且交通便利，用不著走這彎彎曲曲的鄉間小道。同時房間小，彌撒往往要分批，所以需要等待所費時間當然較多，老李神父說我們地下神父彌撒沒有規定時間，反正有教友來，我就做。

誰知事情的發生往往出乎人的意料之外，聖灰瞻禮那天，李老神父五點鐘就起床，沒隔多久第一批教友已來到，有的還攜老扶幼全家都來，說是這裏老教友的規矩每年聖灰瞻禮要開四規，所以不但望彌撒還要辦告解。老神父聽了心裏樂滋滋的，既然你們想辦告解這是好事，神父豈有拒絕之理，於是一台彌撒結束後就聽告解。在教友等待辦告解的時候，姆姆還親手爲教友們燒麵條雞蛋……等等，請教友們吃些簡單的點心。

到上午十時左右，教友越來越多，老神父說乾脆在室外做露天彌撒，這樣可以多一些教友望彌撒，教友們就跪在坑坑窪窪的泥土地上，但二月氣候畢竟寒氣逼人，又加那裏風聲呼呼，到了下午二時以後因室外溫度過低只得再遷到室內

做彌撒，聽告解，如此彌撒，接著一個個告解，再彌撒。老神父說他初步統計了一下，那一天他一共做了九台彌撒，聽了約四百多人的告解，替八百多位教友擦了聖灰。他說藉著天主的恩寵，一點都不感到累，但他擔心的是這間破屋有這麼許多人進進出出，萬一倒坍下來，壓傷了教友，怎麼辦？一位高齡九十三歲的老神父，況且有病，竟然在一天中完成了那麼大的工作量，這不是聖蹟，又是什麼？更可貴的是他這位善牧，絲毫不考慮自己本身的安適，只求餵飽自己照顧的羊群，一心抱起失而復得的迷途羔羊，他為了不使羊群受到惡狼的侵襲，已鞠躬盡瘁。也許我們很好奇不知那所官方教堂去的教友多不多，我實話相告，僅寥寥無幾。這棵葡萄枝是和教宗連在一起的，勢必是屬於聖統制的，它有旺盛的生命力，兩年來雖然經歷各種教難，但在天主聖神領導下茁壯地成長，那棵早已和自母枝砍下的椏枝，至今已卅餘年了，怎能不枯萎，不凋謝，連在農村的沒有文化的教友，他們都能清楚地判斷，誰是耶穌基督的代表。

第八十一章
他們全家爭當致命者

時光在流逝,歷史在延續。對過去一、兩百年以前的致命者,教會已作出了肯定。由於教難仍在中國大陸持續,有教難就出流血殉道者,廿世紀的殉道者遲早總有一天登上祭台,供人敬仰。

今天我在美國提起筆來書寫廿世紀五十年代至今的一些史實。我要感謝沈多才夫婦一家,尤其樂天、樂平兩位哥哥數十年來在我渾盹時勸我清醒,在我軟弱時給我勉勵和鼓舞,他們一家的善表深深地銘刻在我的心中。沈家一家七口,長子樂天、次子樂平,以及兩位弟弟樂安、樂仁和獨女梨霞,現在除了最小兄弟一家在美國康州外,其餘六位都是為信仰作證的致命者。這一家人的遭遇情節,真使人感動萬分。

父親沈多才,上海伯多祿堂口教友,被捕前是法商電氣公司的高級職員,一九五五年因不肯背棄信仰和龔主教一起被捕入獄。一九五八年被送到青海省德令哈農場,原先誤傳他因患肺炎,醫治無效而死亡。但若干年後,據和他一起

勞改時的難友回上海探親時，聲淚俱下地告訴沈家媽媽，說是多才因晚上起來出屋去解小便時，走錯方向，衛兵認為他逃跑，於是就砰的一槍將他打死。死後還在大會上對全體犯人說，沈多才企圖逃跑才遭此擊斃，如果誰不老實，和他一樣下場。在青海荒無人煙的冰天雪地，一望無際，能逃到何處？沈多才先生是不折不扣為主殉道，死於勞改營中，時年一九五八年十一月廿六日。

母親沈家媽媽，在一九五五年時她的丈夫，兩個兒子，一個女兒於一夜間四人被捕。當她的丈夫被捕去時，她鼓勵她的丈夫說「多才，依靠天主 勇敢些，我們天堂相會！」他們被捕後，她自己一無收入，身邊還有兩個未成年的小孩子，精神上所受的刺激且不說，還要忙著為他們四人寄郵包和接見，這些都是非常艱巨的任務。有時到郵局去不但要排長隊，工作人員一看到寄往勞改農場的郵包總是嚴格檢查，有時要沈家媽媽數次拆開郵包，但她既不怕煩，也不害怕，多去幾次後，有的工作人員也深深被她的和顏悅色所感動。她還幫著朱樹德神父的媽媽，因為她也有四個孩子在勞改農場，沈媽媽常常陪朱媽媽一起去寄郵包，並且告訴朱媽媽寄什麼東西較實惠有用，說真的，她這方面很有經驗。

一九六八年文化大革命開始後，社會上對一些「反革命份子」家屬的猛烈攻擊，實在罄竹難書。很多人經受不

起就以不同方式自盡。沈媽媽以及留在身邊的兩個小兒子當然是批鬥中的重點戶。日批夜鬥，有時還將沈媽媽的雙手反綁。兩個兒子雖年幼但也跟著陪鬥，其中一個樂安，因自幼有先天性心臟病，在批鬥中心臟病發作而突然死亡。沈媽媽心痛如絞，像十字架下的聖母把聖子獻給了天主。從此她帶了小兒子苦苦地捱過幾年，直到八十年代，她的兩個大兒子自農場回來，使她那受盡創傷的心靈得到了一點安慰。但不久即發現她患有肝癌。我去看望她時，她非常平安喜樂，她說「我感謝天主所賞賜的一切，他們曾經用各種方法要我檢舉別人傷愛德，要我脫離教宗，我一點也不怕。人只有一個靈魂，失掉永生，活著也沒有意義，現在樂天樂平已經回來 只求天主賞賜我安死善終，其他一切我都不指望了。」她去世時異常聖善平安，天主一定以百倍賞報她為主所受的痛苦。

大哥樂天是多年未被人所知的地下神父，一九五五年被捕後，一直在勞改農場。樂天在獄中因不肯承認龔主教是反革命，同時因他說了一句「是中共反對天主教，不是天主教反動。」所以他們不但不給他糧食，而且不給他水喝。一星期後他七孔流血，他們才給他一些水，因中共怕致命者（張伯達神父的致命給了他們一個教訓。他的善表感化了農場中的外教進教）。回家後一直居住在此陋室中。所謂陋室是在上海泰康路上的一間小的三層閣，這間閣最多時曾居住

過四人,面積只有一百平方呎左右,所謂閣樓,根本不是什麼正規的建築,僅僅是一搭出來的氣樓而已,因在三樓,樓下以及二樓大約有五、六戶人家所燒的都是煤球爐子,因此一氧化碳、二氧化碳全部廢煤煙氣都向上直竄,所以薰得他們個個日夜咳嗽,並面呈土色。從樓下走到沈家,需走一座又窄又陡的木梯,這木梯已年久失修,腳一踩上就吱吱作聲,好像立即要斷裂一樣。我每次去沈家總想起唐詩上的一句「蜀道難,難於上青天」。我想再可以加一句「上沈家比上蜀道更難」。但仔細一想,他們原先的房子在建國中路,整整的一幢房子,也由於堅持信仰不肯脫離教宗,因此被政府趕出,分配給他們這個人間地獄。他們有耐心長年累月住在那裡,從不抱怨。那我偶而去看望他們一次還說什麼牢騷怪話呢?

有一次我問樂平 「你哥哥既不能公開去執行司鐸任務,那麼他為什麼要升神父?」他說:「我們家是受重點監視的人家,萬一中共知道樂天是神父恐再要被捕,所以才如此保密。他升神父是因為整個世界充滿罪惡,每天需要有更多的彌撒祭獻來平息天主的義怒。所以樂天每日在家要做好幾台彌撒。」沒有過了幾年,樂天被煤氣薰得大咳血數次,後急送醫院不治身亡。

妹妹梨霞十八、九歲時因信仰被流放到青海,後患乳癌,在病痛中出奇的忍耐,教友們都稱讚她為上海教區的小

白花，在醫院中她的聖德感化了好多外教人「進教」

　　沈家本來就是既小又無光線。歷年來，一個個歸天，剩下只有樂平一人。床越來越少，骨灰盒越放越多，最後一次我去看樂平時，抬頭一望，兩排四只骨灰盒，一只挨著一只，放在他床的對面，我自忖由於他爸爸的遺體一直沒有找到，否則還要多放一只。這些骨灰盒如放在火葬場，每月昂貴的存放費，對一個一無收入的樂平來說，如何支付得起？再則親人一個個離他而去，如今只剩下他一人，他每天面對骨灰向他們傾訴，他們都是地地道道的致命者，所以他根本不在乎這些骨灰污染空氣。我心想樂平真好像居住在殯儀館中的骨灰存放所一樣，我說：「現在只有你一人了，你的親屬的骨灰盒我看還是趁你健在時早早入土為安較妥。」他說　「是的，是的，我打算去找一塊墓地，將他們都埋下。」數年以後，他在嘉定找到了一塊墳地，全家以及他本人後來也埋葬於此。

　　樂平在離開人世的前幾年，在上海既無戶口又無工作，那時在國內如無戶口連糧食都無法買到，但他對將來從不顧慮，他還利用替別人免費補習英語的同時講解教理，他的學生們經常送給他食品藥品等，但他總是藉口他家裡太熱，食品不能久放，所以他常常騎著他的老爺單車替這位阿婆送去西瓜，那位有病的叔叔送去維生素等藥品，上海有很多教友說　「樂平的心中總是裝著別人，唯獨沒有他自己。」直

到在他逝世前的數個月,他的雙腿已腫得像大象腿一樣,仍騎車到我婆媽家送去西瓜香蕉,怎不叫人心痛這位愛人勝己的樂平呢?

這個聖德出眾的一家,實在是上海教區的光榮,今天應該將它記載到聖教史的一頁。去年十月一日,當我在羅馬伯多祿廣場參與一百廿位中華致命封聖時,心中似乎也展望到未來教廷冊封沈多才夫婦及其子女和許多廿世紀中華致命者爲聖人時普世同慶的盛況。

沈多才先生

沈媽媽與女兒梨霞

沈樂天神父

沈樂平神父

■天主忠僕
——殉道者之家

第八十二章
東方的露德──佘山

上海教區的教友在五十年代形成一個慣例，在五月聖母月十月玫瑰月，每月的首占禮七，以及需求特恩時，必到佘山去朝聖，跪在中山的三聖亭，尤其在聖母亭前苦苦哀求聖母垂憐，為我等罪人在天主台前轉求。

佘山聖母是我的主保，一生蒙她蔭庇，得以度過各種患難，平息不斷風浪。回憶在中學求學時代，一年數次去佘山朝聖。一九五一年聖母軍事件以後，我失學失業，有的是時間不斷去佘山謝恩求恩，並常常在佘山做避靜，數次避靜都是由張希斌神父主持的。在漫長的勞改生活中，忘不了的是聖母對我的慈恩，兩次從美國回去，一到中國第一件大事就是迫不及待的要到佘山去朝聖。有一次正巧一大批的網船教友，他們撂下漁網，划著自己的船，拖大帶小，在佘山腳下就開始誦念聖母德敘禱文，耶穌聖心禱文，聖若瑟等等禱文，到中山個個非常虔誠地跪在聖母亭，有的乾脆跪在石頭上，根本不在乎膝蓋有多痛，玫瑰經一串連著一串，接著跪著上山拜苦路，直到山頂。這些教友終年生活在船上，生活

十分儉樸,但他們的信仰卻代代相傳,連小娃娃都會拉著調子背誦天主經、聖母經,瑯瑯入口。他們來佘山朝聖,得放棄一天的打漁,但他們毫不在乎,他們說得很對:「有聖母的保佑,雖然教友們實際的工作日比外教人少些,但教友們的生活,遠比外教人好的多。」

我在美國曾經遇到不少美國教友,他們問我在佘山是否也有像露德一樣的泉水?我說「沒有。」接著他們又問「你是否在佘山親眼見到過聖跡?」我說「沒有。」那麼為什麼佘山能吸引海內外那麼多的教友去朝聖?對這一問題,我也曾經反複推敲,佘山至今仍未發現山泉,一則可能聖母的時間尚未來到,也許將來有一天會出現山泉,但不知何年何日,再一個原因,佘山雖無山泉,但山中長有一種草叫脫力草,往往山腳下老百姓在叫賣。很多病人買些回家,也有的來佘山若感到疲勞,回家可將脫力草熬湯當茶喝,疲勞立即消除。過去上海教友中有一位名醫吳雲瑞醫生,曾從脫力草中提煉成仙鶴草素,用作止血劑,效果奇佳。至於佘山的聖跡很多,我曾遇到有些肝癌、肺癌的患者痊癒後回來謝恩,遺憾的是這些病人都沒有能力到醫院去進一步化驗、治療。另一方面中國沒有宗教信仰自由,即使進了醫院作過詳細檢查的病人,卻未見奏效,那些醫生們也不願意出具證明,那又如何證明最後痊癒是聖母的奇跡?

聖母發了許多聖跡,但仍默默無聞,聖母不在乎揚名,

去過佘山的人都有這種體會,特地去探望這位天上的媽媽的教友都感到一旦到了媽媽身邊,媽媽總是賞賜神,形恩寵一大包滿載而歸。

一九九八年回上海時,我曾親自聽到這樣一件聖跡,張樸橋有位教友,他有個四歲的孩子,自出生以來一直又聾又啞,那天他們全家帶了這個孩子到佘山去拜聖母,待到山頂時,遇見了一位姓王的地下神父,孩子的父親抱著孩子對神父說 「請神父降福。」王神父就在孩子的額上劃了個十字說 「因父,及子,及聖神之名亞孟。」語音剛落,這個孩子突然開口叫了一聲 「媽媽。」於是周圍的教友都大聲叫喚起來 「聖母發聖跡了,聖跡!聖跡!」這家人再去找王神父時,王神父早已隱沒在人群中不見了。王神父和我是數十年的朋友,後來我特地為此事問他,他說:「真有此事,不過不是我發的聖跡,而是聖母自己將孩子治癒的,為此事上海教區范主教曾託人到醫院去查閱了此孩子的病歷,證實他是聾啞(天生的)。現在確實已會說話,此事已獲范主教准許,可以宣揚。」

其實佘山聖母發的聖跡無法計數,自中共掌權後,千方百計迫害教會,教會卻在一天天地廣揚。無數致命者已登天國,不少新教友的種子都已播下,在聖母的保佑下總有一天喜獲豐收。

第八十三章
法蒂瑪──世界的中流砥柱

記得五十年代在上海的各教堂裡在唸完玫瑰經後經常誦念一篇求法蒂瑪聖母的經文。此經文幾乎絕大多數的教友都能背出。一九五五年九八事件後,主教神父教友紛紛被捕,教堂關閉。從此再也聽不見此經文的誦念聲。法蒂瑪聖母的預言中涉及了蘇聯即將散佈共產主義的邪說。因這一點法蒂瑪聖母就此被中共當局定為「反動聖母」。不但不准誦念此經而且不准掛貼法蒂瑪聖母像,不准安放法蒂瑪聖母態像,更有甚者有些教友因在教堂中帶領眾信徒唸此經文定為反革命罪名因而判刑。據說有一尊在世界各地巡迴的法蒂瑪聖母像,其組織者 BLUE ARMY 曾有心將載著聖像的一艘巨輪駛近中國上海海岸,但遭中共當局強烈拒絕,堅決不准登岸,以致中國信徒無法瞻仰聖母像的光彩。這位始孕無玷的天主之母,也為吾等之母,是我們在天主台前的中保,尤其無限眷憐照顧在共產國家的子女們,何罪之有?

我這次有幸能去法蒂瑪朝聖實在借了地下教會神長教友的祈禱補贖的功勞。是他們的轉求促使我朝聖之行的實現。

到了法蒂瑪首先我深情地向聖母像凝視了十數分鐘，我如離家的女兒多少年來無法見到媽媽，如今久別重逢，想想聖母的預言正在逐步應驗。共產主義邪毒是廿世紀主要的瘟疫，整個世界在被罪惡所淹沒而淪亡。聖母一手托起地球，一手拿著念珠聖衣告訴我們在天主公義的天平上罪惡的一端已遠遠超重。聖母顯現給三個小牧童，以法蒂瑪為世界的支點，領導著全世界世世代代的教友為賠補耶穌聖心以及聖母聖心所受的凌辱，唸玫瑰經做補贖……。讓已經傾斜于罪惡一邊的天平扶直修正。

聖母對方濟、雅琴、路濟亞說 「下地獄的靈魂如秋天的落葉那麼多，魔鬼正在大批擄奪靈魂，」黑暗之子正在加班加點地工作，不分晝夜，不擇手段。光明之子豈能穩坐暖房，對觸目驚心的事實怎能等閒視之。耶穌基督的救贖工程需要世人的合作。法蒂瑪是搶救靈魂的所在，法蒂瑪是賠補天主公義補辱耶穌聖心和聖母聖心的場合。那熊熊燃燒的地獄之火雖然只有三個小牧童看到，但太陽的奇蹟卻是成千上萬的信徒所親眼目睹，教會認可了法蒂瑪聖母就是承認地獄的存在。聖母當初挑選了三個小牧童，如今聖母也挑選你，挑選我。聖母歷次顯現給狄雅哥，伯爾納德，以及方濟、雅琴、路濟亞。都是既無地位又無高深學問的純樸教友；墨西哥璜地亞哥不但是個鰥夫而且是個新教友，他第一次見到聖母後，第二天怕再次遇見聖母，就在山上繞道而

走,而聖母又在另一條路上等著他,他對聖母說你是否可挑選某某,他們都比我強,會傳達你的信息。聖母直截了當地回答:「這些人不在我的名單上,我要你立即到主教府請求主教為恭敬我在此建一大堂」伯爾納德是個農村姑娘,連「始孕無玷」都不知道什麼意義,法蒂瑪三個小牧童顯現時最大的才十一歲。我們也由於軟弱無能,聖母已向我們發出 WAKE UP CALL,悔罪、祈禱、補贖!

請看每天數以萬計的教友,有的雙膝跪著上聖母大殿,有的懷抱嬰兒,拖大帶小,不辭辛勞。來到聖母腳下,有的手柱枴杖,有的推著輪椅,不分膚色,不論種族,異口同聲地讚美聖母、歌頌天主。尤其是晚間的燭光迎聖母,看到八位虔誠教友將聖母高高抬起,使我們都能清晰地看到聖母的腳踏破魔首,我為自己是天主教友而自豪,我更為聖母所挑選的聖母軍團員而無比欣慰。千萬支燭光照耀著舉心向上教友的面龐,世界上還有什麼比這更動人的場景。天主啊!在這裡你能找到的恐怕不止十個一百個一千個義人,也許更多些,請看在聖母的面上,看在這些義人的份上,請你收回公義之手吧!尤其垂憐那些仍在共產統治下的子民們。

我們朝聖團安排在法蒂瑪停留三天,所以除了迎聖母去聖母大殿外,還有足夠的時間去參觀三個小牧童的居所,這些居所仍然保持原來的簡陋模樣。那天碰巧的機會我在三牧童之一的雅琴的親戚家的一家聖物店,買些念珠聖牌等,聖

物店門口坐著一位老伯伯，衣著樸素，他們介紹這是雅琴的胞兄，年事已高約九十三歲，耳朵有些重聽，說話已不太清楚。我請他在我買的一本有關法蒂瑪聖母的書請他簽了名，我並且告訴他我來自中國大陸，那裡共產主義仍很囂張，神長教友仍在經受極大的考驗，請他轉言雅琴，請她在天上特別為受苦受難的中國教會祈求。後來去參觀路濟亞居所時，路濟亞的一位姪女正在講解。她說她每月兩次去探望見面時，路濟亞不多說話，僅提醒大家要多多祈禱，我又拜托她轉言為中國多多祈求。在參觀故居後，我對三位小牧童更增加敬慕之情，不但他們自己是聖善的，而且他們的家人親戚沒有因他們蒙聖母揀選而發大財。這也更證明了他們實實在在是天主眼目中的聖人，與世俗一分為二。

　　不管世途如何艱險，魔鬼如何猖狂，瑪利亞無玷聖心必將在全世界凱旋，獲得大大的勝利忠心於聖母的教友必將獲得永生。讓我們每天誦念：「吁法蒂瑪聖母，往者曾降于葡國，賜以和平……」苦求法蒂瑪聖母賜予我們久久渴望的和平！

第八十四章
水和祈禱的二重奏

　　中國有句成詞說　「嚐盡天邊鹽好　走盡天邊娘好。」我們縱然走遍世間的名山大川。閱盡了無數旖旎風光，欣賞了不少的雄偉建築，瀏覽了世上各種奇觀。但若是我們去過露德朝聖，大部分的教友都有這樣的感覺，即使去任何地方比不上露德，因為我們天上的媽媽每天在這裡大施洪恩，孩子到了媽媽的身邊，這樣的感覺真好。

　　是天主特大的恩典，使我走出廿六年的低谷，來美又患上癌症，已廣泛轉移，經手術化療後能有精力和機會去露德朝聖。這本身已是一個極大的聖跡，一到露德，感到慈母的洪恩洋溢在空氣中，信德的細胞似乎出現在每位教友的面容上。當我們一進入山洞，和我們一起的一位法籍神父就囑咐我們跪下、跪下，親親這塊福地。這是當初聖母發現給聖女伯爾納德要聖女所做的舉動。我一再親吻這福地，耳裡傾聽到的泉水淙淙。聖母用了這山泉，這有靈氣的水，壹百多年以來治癒了難以數計的病人。我卑微罪人來到這裡如一牙牙學語的兒童，在學習走路時東歪西倒，有時被人欺侮，一旦

回到媽媽的懷裡，不知由於感動欣喜，還是在受過委屈後要向媽媽傾訴。到了露德我的眼淚就像斷了線的珍珠，一顆顆地連續掉下來。接著去排隊入水浴，由於是第一次，既不知道怎麼做又好像人已不在這世上，兩位義工扶著我，當去親聖母像時，哇的一聲更是大哭起來。我請聖母洗淨我靈魂的污穢，我求天上媽媽治癒我肉身上的疾病。兩位義工也不知因我哭得太厲害，還是我的動作不合乎要求，總之她們感到十分驚訝，連聲說「You pray for us You pray for us！」

出了水池，感到如釋重負，一身輕快，接著用盛水器去接山泉，水是最有用的物質，人可以三天不吃飯，但不可一日無水，水也是教會中最重要的，付洗需用水，如無水領洗聖事完成不了。司鐸祝聖各種聖物，也往往要灑聖水，將來我們的遺體也要神父灑聖水，棺材也是如此，先請神父灑聖水。所以不論在超性和本性方面，都離不開水，而露德的聖跡很多是與水有關。從露德歸來，人人手拿數只水箱，把聖母的恩寵帶給世界各個角落的患者。

露德晚間的燭光迎聖母，更使人一心向上，心曠神怡，聖母的孝子孝女們都手持念珠，蠟燭，一步步跟在隊伍的後面，誰能說祈禱沒有用處，這些坐在輪椅上的殘疾者，嚴重病患者，他們在病痛最劇烈時在感動讚美天主的仁慈，他們個個面帶笑容，在輪椅上奉獻自己的痛苦，不論聖母是否治癒他們肉身的疾病，他們是人類中的佼佼者。他們認清生命

的意義，生命是天主所賜與的，無論在什麼情況下，我們無權要求及早結束自己的生命。這是露德聖母給予的最大恩典，教會不主張所謂的「安樂死」。我們的安樂死是死在天主聖意所安排的時刻，妥領各種聖事安死善終。

在露德我念念不忘的是在中國大陸的地下教會的神長和教友們。教難已在那裡持續了半個世紀以上，唸玫瑰經，敬禮聖母往往被視作反革命罪行。廿世紀五十年代的公青們目前都已是老弱殘兵，很多已癱瘓在床，有的已患上老年痴呆症，他們是多麼想望到露德來朝聖，但聖母還要他們繼續奉獻，做徹底的「全燔之祭」。他們是聖母皇冠上最光亮的寶石，總有一天，聖母要揩乾他們的眼淚，在他們臨終的床前，聖母一定親臨到他們的身邊，牽著他們的手去到天國，永遠享見天主於無窮世。

第八十五章
你往何處去？（Quo vadis?）

　　大約距今五十一年前，當我在高中求學時曾經閱讀了不少的世界文學名著；例如《死亡的意義》《簡愛》及《你往何處去？》等等，其中尤以《你往何處去？》對我的影響最深。它是一本敘述宗徒大事的傳奇式故事。我從小沒有閱讀過聖經或宗徒大事錄等書，但我對各位宗徒的殉道事蹟：如伯多祿倒釘十字架而死，聖巴爾多祿茂宗徒被剝皮而致命等等都是讀了《你往何處去？》此書而得知的。

　　「你往何處去？」（Quo vadis?）這句名言傳說是伯多祿為了宣揚福音，在羅馬城備受攻擊，伯多祿於是想連夜逃出羅馬，企圖躲避殉道的機會。就在離開羅馬數十里的郊外，遇見了正在背負十字架上山的耶穌顯現給他，並問伯多祿說：「你往何處去？」伯多祿感到羞愧萬分，心想吾主耶穌為救贖人類受盡苦楚，而自己身為宗徒之長卻欲逃避苦難。當他見到耶穌後，立即返回羅馬，為主殉道。

　　在一個人的生命歷程中，尤其在教難的年代裡，往往會有十字路口要我們選擇。是走現世能保持名利地位的很現實

的道路，還是為保持信仰忠於教會棄捨一切的十字架苦路？這是中國大陸的神長教友們在這五十年中所面臨的選擇。在一九五一年中共取締聖母軍時，耶穌在問我們這些黃毛丫頭和一些年輕小伙子 「你往何處去？」我們中絕大多數教友說 「我們願意背起十字架跟著你走。」上海教區在聖母的助佑下打勝了聖母軍的第一仗。一九五五年九月八日中共更大肆逮捕教會的一批忠貞兒女，他們似乎都像伯多祿一樣見到了正在背負著十字架的耶穌。當我被捕，戴上手銬時，我說耶穌你已知道我往何處去了，我要跟隨你直到加爾瓦略山山頂。這是個偉大的時代，要保持信仰必須付出血的代價，而且還要打長時間的持久戰。教難時代不是致命者就是叛徒。耶穌也素來不喜歡不冷不熱的溫吞水教友。

廿六年在勞改營中耳邊常常響起「你往何處去？」此言，因為生命尚未結束，即使在勞改營中還要不斷表態。你是否願意脫離梵蒂岡？是否願意和教宗劃清界線？如果願意的話，他們會立刻向上級申報給你減刑或提前釋放。我也親眼見到了這些例子。我在勞改營中常常以聖多默摩爾為楷模，他是當時英國的大臣，具有卓越超見的有識之士，高官厚祿，嬌妻愛女在當時他無一或缺。平時他謹慎行事，從不輕易得罪君主，也就是說平時不惹事，但到緊要關頭他一切皆可放於身後，唯天主第一。他不怕事，敢於掌握原則，他以瀟灑自然的姿態上了斷頭台，成為一個殉道者。但時代在

變遷，歷史在重演，過去羅馬三百年教難及中國清朝時期的致命者，他們差不多都死於一刀一槍，這樣的致命當然需要極大的勇氣以及天主賞賜大量的恩寵。但廿世紀的致命則需要長期的毅力，更大的韌性與時間抗衡。要求我們像水一樣看上去軟弱，但卻刀槍不能阻攔它流向大海，不管現在的仇教者的手段是如何陰險和多變，但只要我們堅決與主同行，步步踏在加爾瓦略山的苦路上，一切無足畏懼！

　　天主奇妙的安排在五十一年以後的十月一日晚我有幸和諸多朝聖者在羅馬郊外的 Quo vadis 飯店共聚一堂，為慶祝中華一百廿位的中外殉道冊封慶典。這彷彿是電影中的情節，一個在勞改營囚了廿六年的教友，竟然來到美國，患過癌症如今又糖尿病纏身，能獲得天賜良機來到羅馬，來到 Quo vadis 的舊址，我似乎聽到吾主耶穌又一次在問我「你往何處去？」是的，朝聖是充電，是加油，朝聖後我應該過一個怎樣的教友生活？這是個很嚴峻的問題，世俗物質影響了社會道德，教會也正在帶領她的子女們排除各種誘惑。二千年來教會曾遭受各種各樣的教難，仇教的目的始終未能得逞。哪裡有教難，哪裡就有致命者。過去的致命者，今日登上祭台；今日正在致命的，他日也必然受人敬仰。當前的中國大陸教會正在孕育無數的致命者，他們的血將換來不計其數的新教友。願他們的精神鼓勵著我們，請大家不忘為正在受迫害的中國祈求，願聖教早日廣揚於中華大地！

第八十六章

破　繭

我從小喜歡養蠶，每天上學，我總帶著幾條蠶寶寶，數片桑葉，放在書包裡，在課間或午膳時，把桑葉慢慢餵著，自有一番情趣。誰都知道蠶要經過一次、兩次、三次入眠後，然後吐絲作繭自縛，然後化成蛾，蠶的一生也體現了天主造化的奇妙，也給我對自己的一生有了較簡明的總結和啓迪。

我一生也如蠶一樣，三次入眠，三次得新的生命，每次入眠，節節脫殼，但新生命卻越茁壯旺盛，第一次，我於一九四九年領洗，因看耶穌基督的苦難聖死，為我打開了天國之門，我由一罪人而變成天主的兒女，第二次，蒙天主挑選，於五十五年九月八日和龔品梅主教、神父、修女、修士等和聖母一起誕生在為義而受窘難之地——監獄，這廿六年春秋是我一生最甜蜜的歲月，我彷彿感到聖母將我摟在她的懷中，她慈祥的目光始終注視著我，我的耳朵聽不到仇教者的咒罵聲，我所聽到的是聖母在我的搖籃旁輕輕哼著催眠曲，哄我入睡的溫柔歌聲。我的眼看不見惡徒們的醜惡面

貌,我所見到只是端莊,清秀的聖母的容貌。在這藍色天,黃土地的世界裡,耶穌臨終遺言,已將我們全托付給祂的母親,天上母皇,還有什麼比這更偉大更幸福的事?任憑它地動山搖,即使天崩地裂,對於一個安睡在聖母懷中的嬰兒,連毫髮都不能損害。感謝天主,在這坎坷的年代裡,不但使我堅守信德,更寶貴的是我的心靈未曾受到扭曲,我總寬恕為難我的人,我仍然以滿腔熱情來待人接物,天主保護不允許仇恨、懷疑、妒忌等等腐蝕我的心靈。第二次生命帶給我開始靈修的生命,這實實在在是聖母眷顧她的卑微的婢女。

天主為了使我不浪費自己的時間和生命,在兩年前賞賜我患癌症,一般人在得知自己患癌症,常常要說「Why me?」我跪在聖體前一再感謝說「Why not me」,癌症不可怕,可怕的不要在自己的靈魂生了腫瘤,我好像多次聽到耶穌對我說:「你的信德救了你。」天主在復活拉匝祿時,先命令把墳墓上的一塊大石取走,然後耶穌再令拉匝祿起來。天主發聖蹟的前提,凡是人所能做的,人必須去做。留下的事給天主。現在我天天做我該做的事,至于做不了的事,明天的煩惱,一切交給天主,天主已使我如此軟弱之人,跨過火海,越經死谷,有什麼再使我擔心呢?在這滾滾紅塵世界,一批批人歸天,一個個嬰兒落地。若干年後恐怕我在這世上已無影蹤,世間名利如過眼雲煙,但人除了這

些功名地位外,還有一樣很難捨棄的,那就是人與人之間難免有個人的恩怨。有的家庭姑嫂不和,婆媳翻臉,有人曾經說 「要我每天多唸幾串玫瑰經,那倒容易,要我和XX去合作,那不可能」,天主要求的就是我們不想放棄的,我是個重感情的人,我常常默想如果天主現在召喚,什麼東西我尚不願放棄?什麼人我對他心裡還有疙瘩?打算在最後一分鐘要放棄的,我現在就放棄,那就是說我對于最後一關的衝刺,必須穿越感情的屏障。人生如旅途,天下無不散的筵席,即使親人也要生離死別。與人之間保持一定距離,留有空間與時間給全能,全知,全善者天主,對我不喜歡的人,盡量忘記過去,以最真誠的態度去對待。

現在該是我作繭自縛的時候了,死於世俗,死於自己待到天主召喚時,破繭而出,蛻化成蛾,飛向天主,飛向永遠的天國。

第八十七章
用三度空間透視生命

目前時興一種立體圖像,乍看一下所見到的是一些不和諧的變形的圖像。由於在開始時我沒有掌握正確的方法,怎麼看也看不出名堂,我想這也許是廣告商所擺的噱頭,這似乎有些「皇帝的新裝」味道,明明什麼都看不見,卻裝作你已看到了立體圖像。後來在一位朋友的指導下,先把畫面從眼前移開,然而左右兩眼交叉地看著畫面的某一點,忽然在我眼前出現了一個美麗的圖像。以後只要我照著這個方法,只要盯著畫面上的同一位置,總是能清楚地見到那立體圖像。

從這件事啟發我對世界上任何一切發生的事情,各種現象,也是否能透過現象看本質,從表象中尋獲原理,從具體中獵捕抽象,從危機中洞察轉機,從有形中捕捉無影,並且從這些真知睿見中得出有益的結論。

有不少的科學家能在第二層次看待事物,例如

常人看見煮開的水掀起了壺蓋,這是日常生活中最常見的現象,然而瓦特看見了蒸汽引擎的可能性——把蒸汽約束

在汽缸裡，它可以推動活塞作工。

常人看見大禮堂的吊燈，隨風擺舞。伽利略看見了鐘擺原理，用它頻率的規則性來計時的可能性。

常人看見蘋果熟透了，從樹枝上掉落地面，牛頓看見了萬有引力的原理。

科學家所以能做些有益於社會，有益於人類的事，因為他們站在較高的層次，從現象而推論它的規律，進一步了解自然的奧秘。

其實人生也是一幅立體圖畫，當我們生活在節奏快速的現代生活中，你看到的是一連串沒有意義的圖案，甚至變形的東西，怎麼看也看不出所以然。但假若你在不斷奔忙中偶而停頓下來，驀然回首，從走過的沙土中看到足印，得到智慧與力量。記得在中學時曾讀過一首著名的詩，Foot prints（足印）。有一人在夢中看見自己走過的一生，有兩雙足印，一雙是屬於天主的，一雙是他自己的。但令人納悶的是在生命中最失意低沉的時刻，卻只看到一雙足印，原來是吾主耶穌抱著他走過那失意的時刻所留下足印。

教會中的諸位致命、精修等聖人對世事的看法，是用三度空間法來透視生命的真正價值。他們之所以能列上祭台供人敬仰，是因為他們清楚地認識到耶穌基督救贖工程的重要，他們的一言一行，一舉一動都是為著搶救靈魂，光榮天主而作。

常人遇到苦難挫折,百般抱怨,萬分不樂意。但聖人們不論在什麼情況下,總會棄絕自己,翕合天主的聖意。聖女大德肋撒說 「或者是痛苦,或者是死亡。」

常人看見疾病,不斷訴苦,常常對天主說 「Why me?」聖人們在患病時萬分忍耐,常常高聲讚美天主聖意的無窮美好。

我藉著天主所賞賜的恩寵,願意勉力效法諸聖人聖女。

當我兩次被捕時,我看到的是天主親手發出請帖邀請我赴宴,何等幸福甘飴的機會,天主值得我不斷稱頌感謝。

當我在漫長的勞改生活中,看到的是主耶穌背著我走過死蔭的幽谷,使我得到毅力和信心。

當我罹患癌症時,看到耶穌再一次揀選我,與祂同行,陪伴祂同上加爾瓦略山,和祂分享十字架上的痛苦,使我的生命日臻成熟完美。

當我患糖尿病時,是主耶穌揮手要我和祂同受口渴的難熬。要我為自己,為罪人奉獻自己的病痛,這是天主所賞賜多麼大的恩典啊!

要寫出一本書,並不是太艱巨的事,關鍵是要在日常生活中活出愛天主愛人的精神。我常常願意發奮努力棄絕,與天主結合,如果我能做到一些,請大家和我一起將一切的光榮歸於天主,只有祂是值得我們所欽崇的!

第八十八章
又是品梅的季節
（憶龔樞機逝世一週年）

梅花歡喜滿天雪，眾香國裏真豪傑，真豪傑；英姿挺秀，報春芳烈。這是我在讀中學時背誦過一首調寄憶秦娥有關詠梅的詞，至今依稀地只能背出這兩句。竹梅蘭菊一直是各朝詩人畫家所歌頌的對象，尤其是梅花，它玉骨冰心，不附炎勢，不屈淫威，不慕繁華，不嬌艷爭春，雖經風雨冰霜的侵襲，在朔風凜冽百花凋殘的季節中，唯它紅梅傲雪開。這是梅花值得人們歌頌欣賞的品格，也正是我們敬愛的龔品梅樞機一生德行的寫照。目前正是冬去春來，各地梅花爭相開放。很多人踏雪去觀梅，有的上山去品賞，實在這是我們鑑賞教會中的一株超凡獨特的紅梅——龔品梅樞機最好的時分。三月十二日是龔樞機逝世一周年紀念，我曾是樞機羊群中一隻微不足道的小羊，過去風風雨雨的數十年中，在羊群遇到惡狼襲擊時，他奮不顧身，為了保護羊群，與惡狼搏鬥。一九五五年九月八日中共大逮捕時，樞機首當其衝，為了不與中共妥協，毅然接受無期徒刑。在天主聖神的引導

下，龔樞機懂得在教難時期領導教友不是坐在主教的寶座上，而是在監獄中的鐵窗下。每當我們在身居囹圄中想到敬愛的主教，很多神長和很多教友都在同一條巷道，心中頓添無限力量。龔樞機說得少做的多，那時上海有些變了臉的神父們到牢獄中來軟化我們，說了一大套似是而非的道理，而污蔑龔主教，說他對教友漠不關心，也不向大家說說道理。我回答說：「上海弄堂裡那些賣洋線團賣假肥皂粉的人總是在又是唱又是說，因為賣的是假貨所以要大吹大擂，你們可看到惠羅公司、大新公司是這樣做生意的嗎？」那位神父被我氣得臉色發白，連連說：「胡美玉妳太惡毒，太惡毒了。」

梅花香自苦寒來，他用數十年的苦難塑成了自己的雕像。卅餘年來他被囚於禁閉室，他用祈禱、補贖領導著整個上海教區。晚年旅居美國，念念不忘的是中國大陸的教會。大陸的教友們每當提起龔主教時，也個個熱淚盈眶，他們中有多少人想來美，在他的墳地上獻上一束鮮花，更想在墓地前為他們家裏的親友請求主教的代禱。這份同一奧體中的感情非山水所能隔離，更不能用任何其他力量來控制。

在這裏我提出一件事說明主教當時對我們聖母軍的支援。一九五一年中共正式取締聖母軍，當時有不少青年，很多人家庭尚是外教，所以壓力似乎更大。但大家都很堅決。雖然警察局，學校以及工作單位，有的甚至串通我們的親屬日以繼夜地進行疲勞式談話，或是以停學、停工來威脅，迫

使你交出名單，讓他們可以擴大他們欲迫害的範圍。靠托天主的恩寵，絕大部分聖母軍公教青年都做到寧可受苦而不出賣別人。姐姐和我自領洗後即加入聖母軍，五一年十月聖母軍事件開始上演。我的爸爸生來就是膽小怕事、奉公守法的人，現在一聽到兩個上中學的女兒竟然變成了反革命，他日不思食，夜不入眠，整日惶惶不安，幾次他問我們倆說「我給你們下跪吧！你們再不去登記，我的命要送了。」五二年一月廿六日晚（農曆年卅晚）他突然中風，第二天農曆新年逝世，臨終前接受天主教信仰。在他臨終前幾天，爸爸對四哥說「你到美珍、美玉的房裏去檢查一下，她們倆這樣下去政府一定要來捉的，你要把他們所有的書看一遍，有反共的趕快拿掉。」我四哥照爸爸的話去做，隔了一天他對我說「我想和你們的神父談談，因為我看了一本《馬列主義和宗教》的書，有些問題想提出來討論討論。」我說「你不是一天到晚要逼著我們去登記嗎？是否你又想找神父的麻煩？」後來我到君主堂遇見朱樹德神父，就把這件事告訴他，他一口答應，他說各人認識真理的途徑不一樣，神父不能拒絕一個願意探求真理的人。後來我哥哥每週三次去看朱神父。一九五二年復活節前幾天，神父告訴我們他已將我哥哥歸化的事回報主教府，主教聽了十分欣慰，為了鼓勵大家堅定不移地走加爾瓦略山苦路，主教將親自到君王堂為你哥哥大禮付洗。那天我跪在聖母像前見到

四哥虔誠的情景，我的眼淚慢慢地流下，天主知道我們的軟弱，我們家兩個靈魂歸化，並非因為我們受的苦比別人多，而實在因為我們在神修的路上還不成熟，走累了需要吃口糖。洗禮成後主教親自接見我們，並送念珠等禮品。主教勉勵我們說：「前面還有不少的路要走，一定要一步一個腳印，依靠聖母不斷攀登聖德的高峰。」

最後我以一篇經單國璽樞機批准的禱文來結束此文。

為求龔品梅樞機列品的禱文：

全能永生者天主，你眷顧所有的受造之物，求你賞賜聖寵給這有病之軀，在我們呼求你的時候，請你不要不屑和我們在一起。

因你的忠實僕人龔品梅樞機的轉求，他曾為忠於羅馬伯多祿繼承人作證而數十年在中國大陸長期受苦於仇教者的手中，請垂憐XXX病人，治癒他的疾病，使其恢復健康，並用你的全能加強他、保護他，或為他重回教會所需要的神益，因著耶穌基督的聖名而祈求。亞孟。

第八十九章
稀世珍寶──百年的天爵

上海教區有一稀世珍寶，那就是百年的天爵，它的珍貴不只在於它已有百年的歷史，已屬古董級的文物，而且它是用純金所製。所謂真金不怕火來煉，它確確實實已經過卅年的熬煉，不含任何雜質，符合孟子所說的「仁義忠信，樂意不倦，此天爵也。」

龔天爵主教是在一九四九年大陸動盪不安，危急存亡的時期，由教宗任命為上海教區主教。在半個世紀的牧職生活中，有卅三年是在監獄中度過，當然不穿主教禮服，不戴主教禮帽，而是壓著一頂中共加給他的反革命政治犯無期徒刑重犯的大帽子。卅三年來他幾乎都是一人獨囚一室，就這一點來看，主教所受的苦比任何人都多。天主造人就造一男一女，所以人應該合群，有一定的社會性。如今一人獨囚，面對牆，不但沒有電視報紙可看，而且也無人說話，這是違反人的本性，如果長期處在這種環境下，能逼使人精神失常或患嚴重的憂鬱症。在很多小說中，主人翁因長期獨囚，結果記憶失常，如狄更斯小說《雙城記》中的老人，也有變得滿

腔仇恨，不通人性。

我是判有十五年徒刑的反革命份子，有一段時期我也曾被關獨囚六個月，在剛關進去時我很高興，一人一室總比十餘人擠在一間狹窄的小房中好多了，既沒有「人和人」之間的傾軋，空氣也要好些。但進去一天後就感到不是滋味，我從來也沒有感受到地球轉得那麼慢，那分分秒秒似乎粘住不肯走動一樣，每天要經過多少個六十秒，從早晨望到晚，似乎在望見一片沒有邊際的大海。再加我生來就是生活上的低能兒，生活不能自理，一人獨囚時碰到襪子破了或是鈕扣掉了，不知如何是好，曾經也有想過還是寫些坦白交代書，回家結束這場戲算了。但一拿起筆，以前神父們講的道理一句句在耳邊響起：「地獄是永遠的，你連現世這些苦都不能忍受，那麼想想永遠吧！地獄裡不但有永火永遠燃燒著，還有那些仇恨你的壞人魔鬼都要永遠和你在一起。」想到這裡我不禁冷汗一身，那時的感受是上接不到天，下踏不到地。跌倒妥協換來的良心責備會使我變成瘋子，那麼只有碰鼻頭轉彎硬挺下去，自己好像走在高空的鋼絲上，稍一分心立即會摔得粉身碎骨。在此時我只有緊緊握住護守天神的手，同時將身上的保險帶繫在全能者天主掌握中，這樣才躡手躡腳踩著鋼絲慢慢行走。於是我每天神望彌撒，拜苦路，唸玫瑰經，我慢慢醒悟我並非孑然一人，而是和整個聖教會在一起。和我們的主教神父教友們在一起奉祭獻，還有天上已得

勝利的教會正在為我們祈求，在煉獄的煉靈正在央求我們的通功，那麼這囚居的生活變得多有價值。

龔樞機一人獨囚卅三年，想到這點，他正如一座喜馬拉雅山，矗立在我的面前。樞機已是上了年紀的人，不但經得起離家乏人照顧的處境，經得起不斷對他的各種利誘，威脅考驗。從我所見到他在獄中所寫的有關耶穌苦難的禱詞中，可以看出他在監房中是以祈禱作中心內容，同時也使他有足夠的力量來領導在受試探中的中國教會。

我曾於一九九〇年有幸能夠見到被囚禁了卅三年的龔樞機時，看到的第一個印象是他容光煥發，心平氣和，慈愛良善。龔樞機今年的實際年齡雖然已是九十八歲，但他還是青春滿面，不顯皺紋，和藹可親，帶著慈祥的笑容，謙和地和大家握手交談。

我在那時就想從現在看過去，樞機充滿慈祥的臉，說明在逝去的歲月中，一直以寬大為懷，他對迫害他的人不斷寬恕，永遠諒解，所以他的內心充滿平安喜樂，他是一位不流血的殉道者，他是一位愛主愛人的精修聖人。我們祝願他早日登上祭台，成為上海教區的傳教主保！

第九十章

疾風見勁草

　　正當我結束本書時，從一摯友處聽到一些有關上海教區前副主教朱雪帆的情況。一九五五年十二月八日被捕後，教友以及親友們從未獲得有關他的點滴信息，更談不到見到他。多年後人們從出獄的一位黃姓教友處得知，朱主教已於六十年代的某日在獄中為主殉道。他在獄中受盡折磨，卻始終堅貞不屈，臨終時蝨子滿身，衣衫褸襤。遺憾的是我們所知的僅是這些，望神長教友中知悉更多有關朱主教致命的情況，盡量提供，作為史實，也鼓勵我們努力步他的後塵。

　　朱主教出生於上海浦東，聖名西爾思維，與龔品梅樞機為同窗學友。他自幼熱心事主，立志修道，天賦出眾，學業用功，寫得一手十分漂亮的中外文，為人且十分謙遜。由他書寫的拉丁文圖片說明詞，一直懸掛在徐家匯修道院裡。他還曾設計了建於董家渡堂內的惠主教的墳墓，並親自監督施工驗收，陵墓外觀極美，工程又快又省。

　　才學出眾的朱主教卻常勉勵修士們要善用天主的恩寵，發揮天主賜予各人專長。朱主教原是上海主教座堂（董家

渡聖方濟各堂）的理家司鐸，辦事精幹而富有創意。一九四八年由他主辦的歡慶董家渡大堂建堂一百週年大慶（一八四八～一九四八年），慶典莊重，場面空前。感謝上主的豐盈恩寵，並體現了中國近代天主教會的傳教熱誠。慶典持續三天，賓客紛至沓來，博得中外神職界的一致讚譽。

朱主教在上海教區副主教任上，每天搭公車到主教府上班工作。晚上仍居住在董家渡堂，兼任堂區的領導。教友都視朱主教為本堂區的大家長，如有教友入王家庭或恭迎聖母，副主教常親臨主持。他對青年倍加關切愛護，曾幫助許多清貧學生完成學業，培養了多位有志青年棄俗修道。

朱主教主持教務工作，井井有條，安排上海教區的神職人員避靜，輪休及諸多事務，計劃周詳，任勞任怨，工作力求完美。

一九五五年九月八日震驚全球的上海教區大逮捕時，朱主教初被軟禁在董家渡堂內隔離審查，單獨「洗腦」。一天，被隔離洗腦的呂修女托送飯的老師傅傳達一張紙條給他，問「是否可承認龔品梅為反革命」主教當即回條「堅信、全信，天主第一」。中共妄圖威脅利誘，指望他做共產黨的傀儡代理主教。但主教堅持原則，全心仰賴天主，始終不為所動，終於大義凜然地赴難。

主教一生辛勤耕耘，最後為主殉道直赴天庭　永享榮福，在天的朱主教，為我等祈！

編者的話

　　生命的開展,像大海一樣,波瀾壯闊而深厚。人生的美好,在於無私的愛。

　　胡美玉女士,可貴的正在她生命開展之際,就遭受漫長而不可言語的痛苦和折磨。她出身富裕家庭,但沒有嬌生慣養及自傲;她平易近人,喜與人為友。她在人生的道路上,反覆思索,尋求真理,高中時代,接受天主教信仰,不久,就參加了聖母軍。

　　一九四九年,無神的中共掌握政權,開始鎮壓天主教。在一九五一年十月政府公佈聖母軍為反動組織,下令取締聖母軍,凡是團員,必須登記自首,違者定予嚴懲不貸。美玉堅持信仰,否認參加聖母軍有罪,拒絕登記,下決心寧為玉碎,不為瓦全。頭可斷、血可流,信仰絕不打折扣。當時,她與無數手無寸鐵的青年男女,紛紛被捕入獄、判刑,被迫離開了繁華家鄉——上海,流放到幾無人煙的窮鄉僻壤,住草棚、吃雜糧,赤著腳在田間勞動,日晒雨淋,不叫苦、不抱怨,一切為愛主,並為教會作完整的見證。最終,是信仰的力量,克服了她持久痛苦的勞改生涯。《樂在苦中》就

是她的真實寫照。

　　她的九十篇短短寫照，文字是次要的，主要的還是她的每一篇，都不是詞藻的堆砌，而是富有深度的信仰感受和它的真實性，完全可看出她心情中的精神富源，是一種誠摯的愛——愛主、愛人、愛受苦的人，可說是一枝奇葩，希望這愛的精神能發揚和廣傳。今天我們的時代真正需要的就是這樣的愛。

　　那麼美玉的愛的精神，從哪裡得來的？從她的書中可深深地體察到是信仰帶給她的。

　　這樣，讓我們不得不為此衷心地感謝天主、讚美天主。

　　作者和編者分隔東西兩半球，半年前手稿寄來，即刻打字、排版，之後以快遞寄回讓她認同和校對；接著多次電話、傳真，又快遞二校。半年後的今天，由於編者與作者是同路人，互相默契，終於完成此書。但其中不免有錯誤和不足之處，請讀者多多諒解和指正。同時，在我們編印過程中，特別要感謝常士宣、史曉榮夫婦，林更生和趙中興先生的徹夜核對。在此，祈求天主報答他們！

「九八」編輯委員會主編朱立德謹識
二〇〇一年十二月八日

First Chinese Edition 2000
Second Chinese Edition 2020

ISBN: 978-1-7327175-9-6

To order additional copies, please contact:

DOLOROSA PRESS
www.dolorosapress.com

Email: avemaria@dolorosapress.com